« L'AVENTURE CONTINUE »
Collection dirigée
par Patrice Franceschi, Laurent Laffont et Didier Regnier

DU MÊME AUTEUR

Le Royaume perdu du Quintana Roo (Éditions Plon).
Mustang, royaume interdit (Éditions Arthaud).
Bhoutan, royaume d'Asie inconnue (Éditions Arthaud).
Les Cavaliers du Kham (Éditions Robert Laffont).
Le Grand Passage de l'Himalaya (Éditions Robert Laffont).
Himalaya, continent secret (Éditions Flammarion).
Les Portes de l'Or (Éditions Robert Laffont).
Zanskar, royaume oublié aux confins du Tibet (Éditions Robert Laffont).
L'Or des fourmis, la découverte de l'Eldorado grec au Tibet.
La Tibétaine (Éditions Robert Laffont).

LIVRES POUR ENFANTS

Le pays où les enfants sont rois (Rouge et Or).
Voyages avec Sho-Sho (à paraître).

MICHEL PEISSEL

ITZA

ou

Le mystère du naufrage Maya

ÉDITIONS ROBERT LAFFONT
PARIS

Version française
de Pascale Raciquot-Loubet et Véronique de Bure-Maton

ISBN 2-221-05884-4

Je dédie ce livre à l'équipage de l'Itza,
mes compagnons et amis :
Pilar Luna et Erica Romero Rivera,
Charles Stephens et Tito Von Wutenau,
Jacques Falck et Frederic Michaud,
Pierre Olivier et Pascal Despres,
à Robert Jordan, José-Luis Romero, Peer Winfield,
ainsi qu'à Fidel et Juan Canche.
Mes remerciements vont aussi à tous ceux qui nous ont aidé,
en particulier à Philippe et Colette Dreyfus
sans l'enthousiasme desquels ce voyage n'aurait pas eu lieu.

Michel PEISSEL

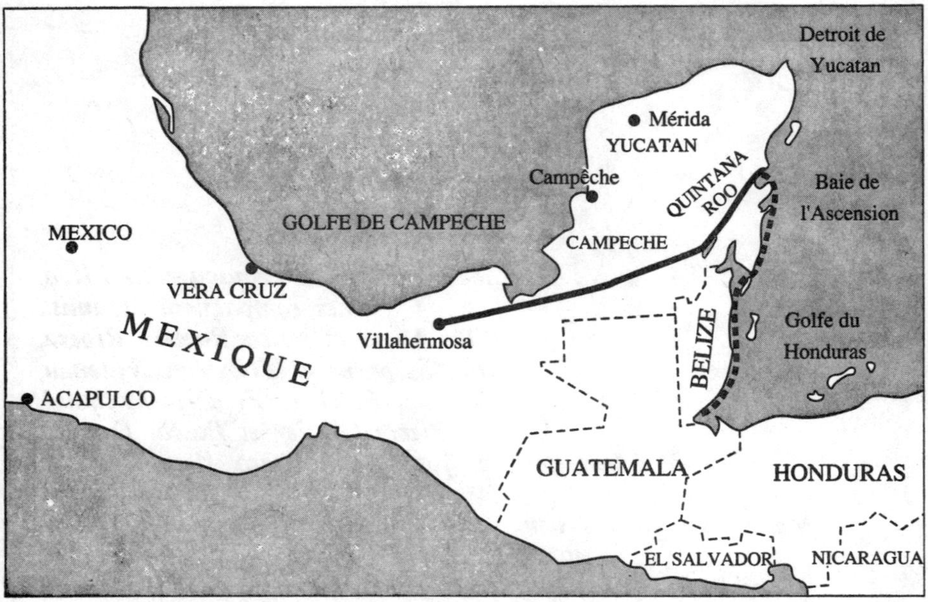

De Villahermosa à la baie de l'Ascension en camion

De la baie à la frontière guatémaltèque en pirogue

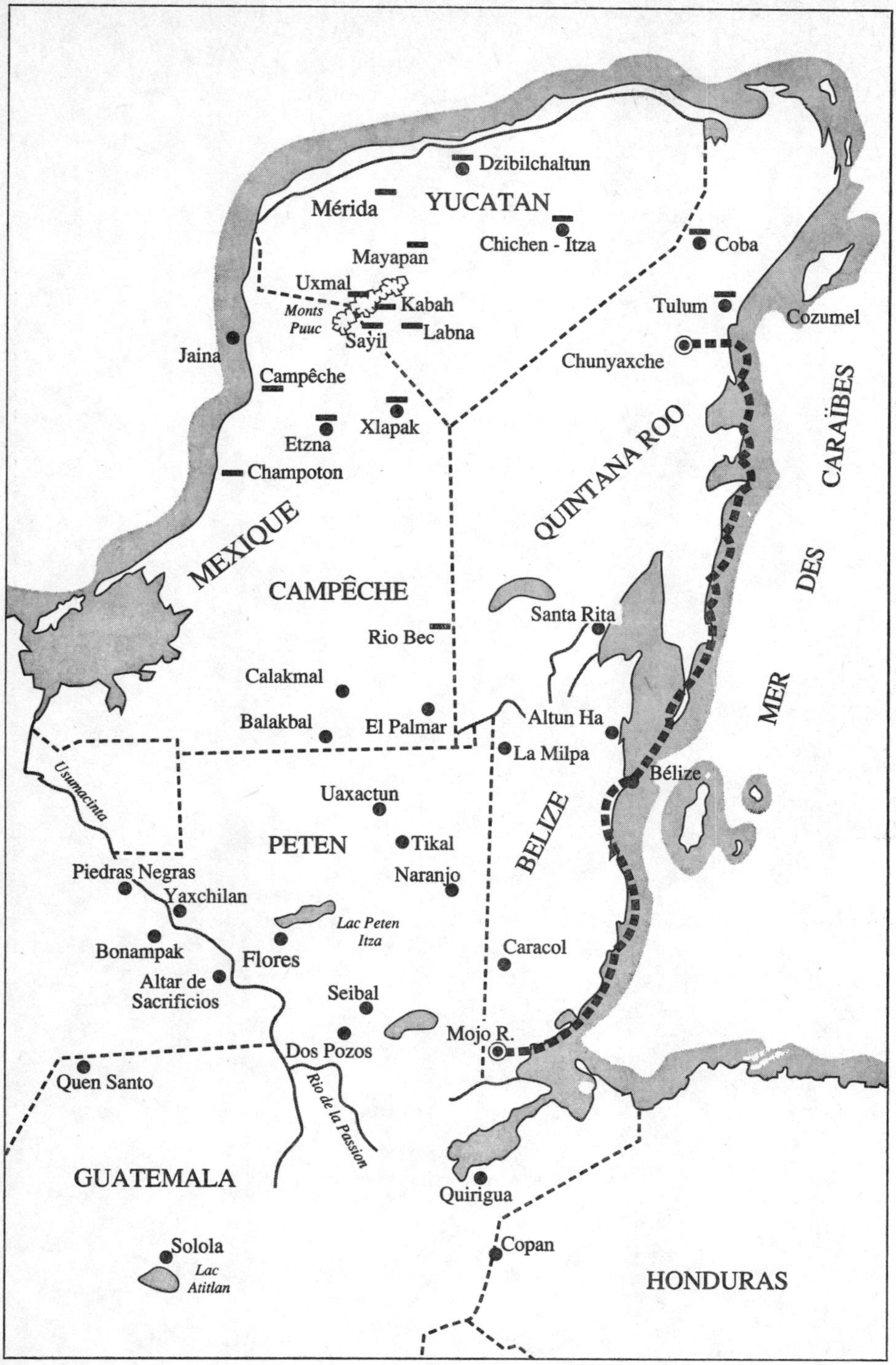

Dzibilchaltun
Mérida
YUCATAN
Chichen - Itza
Coba
Mayapan
Uxmal
Kabah
Monts Puuc
Labna
Sayil
Tulum
Cozumel
Jaina
Chunyaxche
Campêche
Xlapak
Etzna
Champoton
QUINTANA ROO
CARAÏBES
DES
MER
MEXIQUE
CAMPÊCHE
Santa Rita
Rio Bec
Calakmal
El Palmar
Balakbal
Altun Ha
La Milpa
Bélize
Usumacinta
Uaxactun
PETEN
Tikal
BELIZE
Piedras Negras
Naranjo
Yaxchilan
Lac Peten Itza
Bonampak
Flores
Caracol
Altar de Sacrificios
Seibal
Mojo R.
Dos Pozos
Quen Santo
Rio de la Passion
GUATEMALA
Quirigua
Copan
Solola
Lac Atitlan
HONDURAS

1

Un bateau de papier

Enfant, je regrettais amèrement d'avoir vu le jour alors que les pôles Nord et Sud avaient déjà été atteints. J'enviais les conquistadores espagnols et, en songe, je me voyais aux côtés de Christophe Colomb, tenant le gouvernail de la *Santa Maria* faisant voile vers l'Amérique.

En Angleterre, j'ai vécu la frustration d'un monde sans mystère. Pour y remédier, j'ai passé la plus grande partie de ma vie dans l'Himalaya à la poursuite des derniers horizons oubliés d'un monde où l'inconnu se fait de plus en plus rare. Pourtant, aucune de toutes les aventures que j'ai pu vivre au cours de trente années d'explorations ne m'a fait oublier ce rêve d'enfance où j'accompagnais Colomb. C'est sans doute pourquoi, un beau matin de février, je me suis retrouvé à la barre de mon propre navire. Après toutes ces années, j'étais enfin comme le grand découvreur capitaine, seul maître à bord après Dieu et, comme mon inspirateur, je faisais à mon tour route vers une terre oubliée.

Empli de fierté et d'allégresse, je n'imaginais pas le ridicule de ma situation : un homme mûr, déjà dégarni, assis à l'arrière d'une pirogue primitive, tenant une rame qui faisait aussi office de gouvernail.

Depuis la poupe de mon étrange embarcation, faite du tronc évidé d'un arbre gigantesque, je voyais les dos courbés de mon équipage, ramant contre le vent. Autour de nous, dans la lumière mauve du crépuscule, la mer des Caraïbes soulevait d'énormes vagues sombres. Il était cinq heures du soir, le 8 février 1988. L'air était lourd du roulement des vagues déferlant sur les récifs bordant la côte. Dans le lointain, sur le rivage à travers la vapeur d'embruns qui s'élevait de la barre écumante, une frange brumeuse de palmiers agitant leurs cimes évoquait des guerriers mayas coiffés de plumes. Le rugissement des vagues faisait battre mon cœur d'angoisse, tandis que je scrutais la barrière bouillonnante. C'était une véritable haie de rochers tranchants qui nous séparait de la terre ferme.

La peur, mêlée à un sentiment de culpabilité, me nouait le ventre. J'avais commis une erreur fatale. J'avais beau m'user les yeux sur cet horizon, je ne distinguais pas la moindre ouverture, pas la moindre brèche dans cette traînée de vagues blanches qui s'élevait comme un mur infranchissable entre nous et la côte.

Toute la journée, nous avions pagayé vers le sud en longeant la barre. Je m'étais efforcé de chasser de mon esprit une évidence à laquelle je devais désormais me rendre. Je n'osais pas la formuler à haute voix de peur qu'elle ne soit vraie : la brèche que nous recherchions n'existait plus. A travers les embruns, je voyais des cabanes de palmes. C'était sans aucun doute Tantaman, notre destination. Je savais que ces cabanes sont, du moins en général, construites en face des ouvertures de la barrière de corail. Et si Tantaman était l'exception qui venait confirmer la règle ?

Devant nous, ballotté par les rouleaux qui déferlaient de l'est, j'aperçus notre bateau de ravitaillement. Debout, je vis Manuel, notre pilote. Il n'y avait pas besoin de l'interroger pour comprendre qu'il n'avait pas pu trouver, lui non plus, la fameuse brèche. Confirmant mes craintes, il vira de bord pour s'approcher de l'*Itza*, notre pirogue.

« *Todas las brechas estan cerradas.* »

Toutes les brèches sont fermées. Manuel venait de nous annoncer ce que je redoutais le plus.

Depuis le matin, je scrutais avec appréhension les vagues qui s'amoncelaient depuis l'est telles d'immenses dunes d'eau à l'assaut du rivage. Elles avaient enflé à mesure que la journée passait, obscurcie par les pluies et les lourds nuages noirs, entrecoupée d'éclaircies et de grains subits. Ces mêmes vagues s'écrasaient maintenant en gerbes d'écume à travers cette ouverture disparue qui nous aurait permis de franchir la barrière de corail et de nous abriter.

Pendant une année entière, j'avais ruminé cette éventualité, comme lorsque l'on prend le volant, on imagine un horrible accident, tout en priant pour qu'il n'arrive jamais.

« Si tu te retrouves bloqué au large de la barre, qu'est-ce que tu feras ? »

Je n'avais pas de réponse. C'était bien pour cela que les bateaux ne s'aventuraient jamais dans cette zone et que les rares capitaines téméraires finissaient par se fracasser sur ces récifs qui composaient le plus long cimetière de navires de toute l'Amérique.

C'est avec appréhension que, la semaine précédente, nous étions passés devant des dizaines d'épaves rouillées, vestiges de naufrages depuis longtemps oubliés. Ces spectres tragiques tendaient, hors de l'eau, ici une cheminée, là une plaque de cuivre portant un nom en partie effacé. Partout se lisaient les signes lugubres de la fureur de l'océan impitoyable et de la violence du récif, tôles d'acier éventrées, géants brisés en deux comme des jouets qui rouillaient maintenant au soleil. Chacune de ces épaves était là, sinistre augure, pour rappeler qu'il ne faut pas naviguer le long d'une côte sous le vent et encore moins si elle est protégée par une longue barre de corail, la deuxième au monde après celle qui borde l'Australie. Pire encore, vouloir longer cette côte sur une pirogue peu maniable relevait de la folie pure. Le regard tourné à travers les embruns vers ce rivage si proche et pourtant hors d'atteinte, je commençais à comprendre mon inconscience.

Cette aventure était une folie.

Pour en réchapper, il n'y avait que deux moyens : ramer toute la nuit en espérant que les vagues s'apaiseraient ou s'élancer sur la barrière en priant pour que les lames nous soulèvent au-dessus de ces coraux tranchants comme des couteaux.

Avec un bateau « normal », la première solution aurait été la meilleure, mais avec une pirogue comme la nôtre et un équipage épuisé, il était inconcevable de passer la nuit à pagayer. En outre, le canot à moteur qui nous accompagnait n'avait plus de carburant que pour quelques heures. Il serait alors précipité par le vent sur les récifs ? Mieux valait encore mourir noyé en plein jour...

Je compris qu'il nous faudrait abandonner la pirogue et risquer l'affrontement avec les récifs dans le canot à moteur. C'était une solution désespérée.

C'est alors que m'envahit un sentiment d'abattement qui chassa la peur. Alors c'était fini ? C'était la fin de mon grand rêve et peut-être de nos vies ? J'étais prêt à me dresser et à faire un petit discours, une sorte d'adieu à mes compagnons, pour leur demander pardon de les avoir menés jusque-là. Mais qu'aurais-je pu dire ou expliquer qui eût un sens ?

Mais que diable allais-je faire dans cette galère ? Avais-je fait fausse route dès le début ? Et puis que faisait donc un spécialiste du Tibet comme moi, à risquer les vies de tout un équipage dans les Caraïbes ? Officiellement, j'effectuais des recherches sur la navigation précolombienne. J'expérimentais les capacités des bateaux monoxyles mayas. A vrai dire je n'étais pas un véritable monoxylogue (si tant est qu'une telle discipline existe) : en fait, ce n'est qu'une fois l'expédition terminée que je découvris qu'une pirogue faite d'un seul tronc d'arbre évidé se nomme une embarcation monoxyle. Pour l'heure, je me trouvais sur cet énorme tronc dans l'espoir de trouver une solution au plus grand mystère de l'histoire américaine pré-colombienne : je recherchais l'origine de l'effondrement soudain et mystérieux de l'empire maya du IXe siècle.

Peut-être étais-je trop ambitieux, mais j'avais des raisons de me croire sur la bonne piste, le monde des anciens navigateurs mayas ne m'étant pas totalement inconnu.

En fait, cela faisait trente ans que la côte maya de l'Amérique centrale me fascinait. Depuis qu'à l'âge de vingt et un ans, j'avais été débarqué par accident sur ces rivages par un petit voilier. J'étais encore à l'âge où l'on commence tout juste à s'apercevoir que les rêves ne se réalisent jamais et je m'étais presque résigné à devenir un homme sérieux, peut-être un banquier... ? Mais le bateau qui m'avait débarqué sur la côte n'était jamais revenu et, pour m'en sortir, j'avais dû arpenter quarante jours durant l'un des rivages les plus inhospitaliers et encore inexplorés d'Amérique centrale. Ce voyage forcé bouleversa ma vie ; à mesure que je progressais, je vécus une aventure bien au-delà de mes rêves. Jour après jour, je découvris des ruines mayas que nul n'avait encore jamais vues ni répertoriées. Quatorze ports dont la jungle avait envahi les temples et les pyramides ressuscitèrent pour moi un univers disparu. Ce fut une grande révélation : il y avait donc encore place pour l'aventure en ce monde et, à une époque où des satellites étaient lancés dans l'espace, il existait encore des régions inexplorées.

J'abandonnai mes études à la Harvard Business School pour vivre enfin mon rêve d'enfance. J'appris le tibétain, car je pensais que ce pays recelait la dernière frontière inexplorée, et je partis pour les régions les plus secrètes de l'Himalaya. Au cours de ces expéditions, j'eus la chance et le privilège de pénétrer dans le royaume de Mustang, de visiter les terres mystérieuses du Bhoutan oriental et de connaître le Tibet tropical ainsi que d'autres régions inconnues du toit du monde. Si j'acquis là-bas le titre douteux d'explorateur, je n'oubliai pas pour autant durant ces expéditions orientales la côte du Yucatan et les énigmatiques Mayas, où avait débuté ma vie d'aventures.

La civilisation maya était la plus raffinée de toute l'Amérique. Ces Indiens qui peuplaient le sud du Mexique et l'Amérique centrale comptaient de remarquables architectes et de brillants mathématiciens. Ils avaient également inventé une écriture complexe que nous n'avons pas encore réussi à déchiffrer totalement aujourd'hui. Partout, dans le Yucatan, au Guatemala, au Belize et dans certaines parties du Honduras, ils ont laissé derrière eux les restes de grandes cités dont les immenses pyramides culminent à près de soixante mètres et dominent de vastes palais et d'innombrables cours bordées de pierres, où s'écoulaient les jours de leurs seigneurs. Des dignitaires portant la coiffe de plumes avaient foulé ces lieux et érigé çà et là d'énormes piliers de pierre ciselés de caractères entrelacés qui déclinaient leurs titres et les dates de leurs règnes. Ces stèles, dont certaines étaient ornées des portraits de ces rois, témoignaient de la richesse des grandes cités de la jungle.

Pourtant, lorsqu'en 1504 Christophe Colomb aperçut pour la première fois, au terme de son quatrième voyage, le Honduras et le continent nord-américain, la grande civilisation maya qui avait peuplé cette région tropicale était déjà défunte. Elle avait en fait disparu depuis cinq siècles!

Si Christophe Colomb avait pénétré à l'intérieur des terres, il aurait découvert ce que les touristes contemplent désormais : les cours d'innombrables cités bordées des ruines de temples dont la vigne sauvage et les racines d'arbres gigantesques ont maintenu les pierres ensemble. Un monde recouvert par la mousse d'un voile de mystère et d'oubli. Un monde qui s'éteignit, semble-t-il, en l'an 904 de notre ère, date de la dernière inscription maya des basses terres.

Pourquoi cette civilisation raffinée de l'époque classique disparut-elle si soudainement ? Qu'arriva-t-il au cours de ce IXe siècle ? Cette énigme a fasciné les archéologues depuis que le comte Waldeck redécouvrit les ruines mayas à la fin du XVIIIe siècle, persuadé qu'elles étaient l'œuvre de Grecs ou peut-être d'Égyptiens qui se seraient établis en Amérique.

Depuis, nous avons appris bon nombre de choses sur les Mayas. Nous savons désormais que seules les cités du Sud disparurent au IXe siècle pour une raison qui reste encore inconnue, alors qu'au Nord la civilisation maya subsista, quoique de manière plus modeste, jusqu'à l'arrivée des Espagnols qui « découvrirent » le Yucatan en 1517.

Au cours des siècles, les archéologues ont émis diverses hypothèses pour tenter d'expliquer la chute de la civilisation maya classique. Certains prétendent qu'elle fut la conséquence d'une terrible disette. D'autres avancent que l'épuisement des sols en fut la raison. D'autres encore supposent que la sécheresse décima les Mayas, ou qu'une terrible épidémie dévasta les cités. Dans les années soixante, une nouvelle théorie eut son heure de gloire : on prétendit qu'une révolution avait dressé le peuple contre le clergé et la noblesse, qu'ils furent assassinés et que la civilisation dégénéra ensuite avant de disparaître tout à fait.

A mesure que les années ont passé, les recherches archéologiques ont invalidé ces hypothèses l'une après l'autre, si bien que l'énigme était encore entière lorsque je rentrai des jungles du Tibet tropical en 1986 à la recherche de nouveaux horizons. J'avais, moi aussi, une hypothèse à proposer.

J'ai toujours eu le don malheureux de me lancer dans les projets les plus invraisemblables. Cela commence toujours de la même façon. Je me réveille un beau matin avec ce que je crois être une bonne idée. Avant que n'arrive l'heure du déjeuner, j'ai réussi à me persuader et à convaincre mes amis qu'elle est merveilleuse. Et à l'heure du thé, j'apprends déjà à tout le monde que je vais mettre sur pied une fantastique expédition qui prouvera le bien-fondé de cette idée. Arrive le dîner, et je commence à me demander si la fameuse idée est si bonne que ça. Le doute s'installe en moi, mais il est trop tard. Je me suis engagé publiquement à prouver la justesse d'une idée et il n'y a plus moyen de faire marche arrière.

Chaque fois, irrévocablement, je me trouve pris au piège de mon propre enthousiasme.

C'est à l'automne de 1987 que l'idée subite de vouloir apporter une réponse au mystère du déclin des Mayas s'empara de moi. Immédiatement, sans réfléchir une seconde, je m'en ouvris à un ami, lequel en parla à un autre et, avant même que je me rende compte de ce qui m'arrivait, je me retrouvai en train de parler devant le conseil d'administration de Midial, entreprise très sérieuse qui s'occupait, entre autres choses... de chocolat.

Tout le monde était là : le président, le directeur, le secrétaire général, ainsi que les différents directeurs des nombreuses filiales. En bout de table, le directeur financier semblait me regarder de travers, dévisageant mon costume d'homme d'affaires élimé, réminiscence des anciens jours passés à Harvard, au temps où je rêvais de diriger ce genre d'entreprise.

A la vérité, depuis que j'avais quitté Harvard, je n'avais plus guère besoin de costume. Et, dernièrement, j'avais frôlé l'indigence de si près que je pouvais difficilement m'en offrir un neuf. Les années m'avaient appris que non seulement les pierres qui roulent n'amassent pas mousse, mais qu'en plus elles finissent par s'user. Le crâne dégagé, les cheveux grisonnants, le visage marqué par les ans et un costume rayé qui aurait pu présider à la fondation d'IBM, je faisais piètre figure au sein de cette assemblée. Mon vieux portefeuille exsangue à force d'expéditions autofinancées ne contenait plus que le ticket d'un métro qui m'avait servi de limousine pour venir à cette réunion très officielle.

Je me sentais quelque peu mal à l'aise quand je dus me lever pour prendre la parole après un délicieux déjeuner. Pendant tout le repas, le responsable financier, me semblait-il, m'avait dévisagé d'un œil soupçonneux tandis que j'essayais de convaincre mes hôtes que j'étais un véritable homme d'affaires, qui en était arrivé à monter des expéditions par le plus grand des hasards.

Une fois debout, je m'entendis dire que j'étais ravi de me trouver enfin à un véritable repas d'affaires, que le déjeuner avait été encore meilleur que ce que j'avais pu imaginer et qu'en fait ma présence ici n'était finalement due qu'à la gastronomie.

« Comme nous le savons tous, l'économie du monde maya reposait sur le cacao ! »

Un silence étonné accueillit ma déclaration.

« Lorsque je dis cacao, j'entends les fèves de cacao, qui servaient de monnaie dans la majeure partie du Mexique précolombien aux Aztèques et aux Mayas. Les fèves tenaient lieu de pièces. Quatre fèves permettaient d'acheter un lapin, dix les charmes d'une prostituée et pour quatre mille, on pouvait acquérir un esclave. Le cacao était également très apprécié comme boisson rafraîchissante, à tel point qu'il faisait l'objet du plus important commerce de l'Amérique précolombienne. »

Tout le monde sourit : Midial était spécialisée dans le cacao, d'où ma présence à ce déjeuner.

Je me lançai alors dans l'explication de mon projet :

« Je souhaite donc démontrer que les causes du déclin de l'Empire maya étaient économiques, et que c'est le développement du commerce maritime du cacao par les pirogues des Chontales-Putuns-Itzas qui a ruiné les grandes cités tropicales mayas et provoqué leur disparition. »

Chontales-Putuns-Itzas, ces mots barbares et incompréhensibles avaient gâché tout l'effet de mon discours. Je devenais obscur. Je tentais de m'expliquer plus clairement. « Les Chontales-Putuns, que l'on a appelés plus tard les Itzas, étaient de grands navigateurs. C'étaient les Phéniciens d'Amérique, les Vikings du Nouveau Monde.

« J'ai donc l'intention de construire une pirogue géante », poursuivis-je avec l'inébranlable assurance de celui qui ne saurait même plus fabriquer un bateau en papier...

« Avec cette pirogue je me propose de naviguer au large de la barrière de récifs qui court le long de l'Amérique centrale, la plus grande barrière du monde après celle de l'Australie.

« C'est en effet l'une des côtes les plus dangereuses de notre planète, le plus grand cimetière de navires de l'Amérique », continuai-je en me laissant emporter.

Des fronts soucieux me firent comprendre que j'en avais un peu trop dit. Le mot cimetière présageait le pire.

Récifs de corail, cimetières marins et naufrages évoquaient davantage la faillite...

« Comment, où et quand avez-vous prévu de construire votre pirogue ? » fut la première question qui fusa une fois mon discours terminé.

« J'ai l'intention de soumettre le problème aux archéologues du Musée National de Mexico », répondis-je.

« Tout d'abord, j'effectuerai des recherches à Paris, à Harvard et au Mexique en consultant tout ce qui a été écrit sur la navigation et le commerce à l'époque précolombienne. L'itinéraire n'est pas encore fixé. Il sera décidé à une date ultérieure.

« C'est simple, poursuivis-je. Avec ma pirogue, je compte prouver que la vitesse et la charge utile des embarcations mayas permettaient de pratiquer le commerce maritime sur une large échelle. »

Le déjeuner terminé, je ne pouvais qu'espérer et attendre la suite.

Le lendemain, le secrétaire général de Midial, Jean-Claude Charpentier, accompagné du président, Philippe Midy, du directeur de la filiale Chocolats Poulain, me donnèrent leur accord : Poulain financerait l'expédition.

Je dois une grande reconnaissance à Poulain pour cette aide

et une admiration à peine moindre pour leur courage. L'expédition était risquée pour moi, mais plus encore pour les Chocolats Poulain qui s'engageaient à répondre de beaucoup pour faire avancer leur connaissance sur l'origine du chocolat. Mais l'entreprise s'était toujours intéressée à tout ce qui touchait aux origines et à l'invention du chocolat.

Ce fut ma première expérience de financement extérieur. Pour une raison ou pour une autre, j'ai toujours répugné au « sponsoring »; l'idée de devoir mastiquer des biscuits publicitaires dans l'Himalaya ne m'avait jamais vraiment séduit... Étant de la vieille école, je croyais que recherche et affaires ne pouvaient faire bon ménage. En outre, j'ai toujours détesté les casquettes, tee-shirts et autocollants publicitaires. Lorsqu'on m'informa que je n'aurais pas à m'afficher avec quoi que ce soit de ce genre, je fus ravi, mais aussi gêné. Pourquoi les Chocolats Poulain me finançaient-ils, alors ? « Nous ne cherchons pas à faire de la publicité, mais à connaître les origines du cacao. » Telle fut leur réponse.

Perplexe, j'étais néanmoins aux anges car j'avais enfin trouvé le moyen de réaliser mon rêve.

Le soir même, je prenais pleinement conscience de la folie de mon projet. La vérité, c'était que j'avais une petite expérience des pirogues et qu'elle m'avait laissé un assez mauvais souvenir.

En 1974, accompagné d'Angel, un vieil homme du Yucatan, j'avais traversé en pirogue les marécages et les lagons de Bacalar. Rester coincé des heures dans une pirogue humide et devoir pagayer sans relâche avec au ventre la peur de se renverser, cela n'avait rien de réjouissant. Bien pire encore était mon souvenir de mon seul et unique voyage en pirogue en pleine mer. C'était une course de dix kilomètres entre Punta Gorda, un port au sud du Belize, et la rivière Moho. Cela nous prit cinq heures. Un véritable cauchemar.

Agrippé aux bords du canoë, on m'avait dit de ne pas bouger. La moindre vague transformait l'esquif en un bain de siège glacé et, en désespoir de cause, les deux Indiens avaient dû ramer et écoper en même temps. Vues au ras du canoë, les vagues qui s'abattaient sur nous à chaque coup de pagaie prenaient des proportions gigantesques. J'étais persuadé que nous allions vers la noyade certaine et, pire encore, mes compagnons de voyage semblaient partager mon angoisse. A chaque vague, ils hurlaient « *cuidadao, cuidadao* », (« Attention ! ») tandis que je contemplais la scène en retenant mon souffle, hagard et totalement paralysé de terreur, et que les vagues d'un vert brunâtre s'abattaient sur nous.

Il faut bien l'avouer : depuis ce jour où j'étais tombé dans la piscine de l'école en Angleterre à l'âge de huit ans, j'ai une peur bleue de l'eau. Quand il faut que je nage, j'ai toujours un léger moment de panique. Panique accompagnée de l'inébranlable certitude que je vais me noyer lentement, d'une manière horrible.

Comment se fait-il donc que moi, qui ai tellement horreur de l'eau, j'y passe le plus clair de mon temps ?

2

Les Mayas de Harvard

Le meilleur endroit pour préparer une expédition en pays maya, c'est l'ensemble des bibliothèques de l'université de Harvard, où avaient travaillé les célèbres fondateurs de l'archéologie maya, Morley et Tozzer, suivis du Dr Samuel Lothrope. Aujourd'hui, c'est le lieu de travail du Dr Gordon Wilie, pour ne nommer qu'un seul des grands universitaires spécialistes des Mayas qui continuent à hanter le sinistre Peabody Museum, bâtiment de briques noircies qui rappelle davantage les ateliers de Manchester à l'époque victorienne qu'un musée.

A la Widner Library, où j'avais préparé mes expéditions Himalayennes, je cherchais désormais des renseignements sur les mystérieux Acalans-Chontales-Putuns-Itzas.

J'étais retourné à Harvard pour mettre à l'épreuve ma théorie.

J'étais persuadé que c'était le commerce qui avait fait la fortune des grandes cités mayas du Sud. Convaincu de cela, je pensais tout naturellement qu'un « krach économique » les avait ruinées.

Les anciennes villes mayas de l'intérieur seraient mortes non pas de la famine, de la peste, d'une révolution ou de la guerre, mais de pauvreté, ruinées par les navires des marchands de Tabasco.

Ces marchands, les Phéniciens d'Amérique, auraient ruiné les villes de l'intérieur en détournant le commerce par la mer, principalement celui du cacao, qui auparavant transitait par ces villes.

Cette idée pourtant simple s'était progressivement gravée dans mon esprit au cours des trois précédentes expéditions que j'avais entreprises sur la côte du Yucatan, depuis mon premier voyage en 1958. Les ports que j'avais découverts, que faisaient-ils là, et qui les avait construits ?

La réponse semblait assez simple. En 1958, j'avais parmi d'autres ruines découvert une douzaine de petits bâtiments rectangulaires, oratoires minuscules, si petits en fait que les Indiens locaux croyaient qu'ils avaient été construits par des nains. Tous avaient exactement la même forme que le petit bâtiment qui trône au sommet de la grande pyramide de Chichen Itza.

Chichen Itza est probablement la plus célèbre de toutes les cités mayas mais c'est une ville « tardive », de celles qui furent bâties après le IXᵉ siècle dans un style dit toltèque ou mexicain.

En me plongeant dans les documents de la Tozzer Library de Harvard, je découvris que Chichen Itza était gouvernée ou, plus exactement, fut conquise puis dirigée, au IXᵉ siècle, par les Itzas, princes originaires du Tabasco. Les Mayas les appelaient « ceux-qui-ne-parlent-pas-la-langue-correctement ». C'étaient de toute évidence des étrangers qui venaient du « Pays des Moustiques », nom employé par les Mayas pour désigner le Tabasco, cette étroite bande de terre du fond du golfe du Mexique, face à la Louisiane.

Le Tabasco était également nommé le « Pays des Eaux », en raison de son labyrinthe de lagons et de marécages. Paradis des moustiques, c'était aussi le royaume d'un peuple de navigateurs, les Putuns, ou Potons, dont étaient issus les Itzas. Les Putuns étaient également appelés Chontales par les Aztèques mexicains, *chontal* signifiant « étranger ». Certains de ces Chontales-Putuns-Itzas étaient aussi désignés par le terme Acalans, signifiant « peuple des pirogues ». Selon moi, c'étaient eux les responsables de la chute des Mayas.

Je voulais à tout prix savoir à quoi pouvaient ressembler leurs embarcations, ces pirogues géantes avec lesquelles ils avaient quitté les marais du Tabasco pour prendre la mer et conquérir le monde maya.

J'étais aidé dans mes recherches par le directeur du Peabody Museum, le Dr Gordon Wilie, aujourd'hui devenu un vieux gentleman. Trente ans plus tôt, il avait daigné écouter le jeune étudiant boutonneux de Harvard qui lui avait relaté sa découverte de quatorze sites mayas inconnus dans le Yucatan oriental.

Avec le Dr Lothrope (un impressionnant vétéran des premières études d'archéologie maya), il avait écrit une lettre qui qualifiait mes trouvailles de « découvertes d'une importance considérable ».

Très aimablement, le Dr Wilie entreprit donc de m'aider, non sans m'avoir averti :

« Les choses ont bien changé depuis notre dernière rencontre. Notre connaissance du monde maya n'a pas seulement progressé, mais notre approche a elle aussi changé. »

Il me tendit une réimpression de sa dernière publication, « Évolution des conceptions de l'histoire de la culture mayas des basses terres ».

Par le passé, le peuple maya avait été étudié comme une civilisation indépendante, isolée de ses voisins. Aujourd'hui, cette conception s'est modifiée, comme l'expliquait le Dr Wylie dans son article. Les Mayas sont dorénavant considérés comme une branche de la très ancienne civilisation olmèque qui, semble-t-il, aurait jeté les bases de ce qui devait devenir la culture maya, c'est-à-dire leur religion, leur méthode de calcul et leur écriture. De récentes études ont également démontré que les Mayas entretenaient d'étroits contacts avec tous leurs voisins et en particulier, les Toltèques et les Aztèques du Mexique.

La théorie du commerce et de la navigation considérés comme un lien entre les différentes cultures d'Amérique devenait prépondérante. J'étais donc sur la bonne piste.

Cependant, en ce qui concernait les causes du mystérieux effondrement de la civilisation maya classique, aucun nouvel indice n'avait été découvert. Pour citer le célèbre archéologue Michael D. Coe, « nous n'avons pratiquement qu'une seule certitude quant à la chute de l'Empire maya : elle a réellement eu lieu ».

L'énigme restait entière, aussi entière qu'elle l'était lorsque, à vingt et un ans, j'avais visité pour la première fois la cité maya de Palenque. Palenque était alors un site étrange que les touristes ne connaissaient pas encore et où les énormes pyramides avaient l'air minuscules auprès des arbres démesurés qui l'avaient envahi, comme pour rappeler la supériorité de la nature sur l'homme.

Si les ruines grecques, drapées dans une poussière de sable doré au sommet d'acropoles rocailleuses, peuvent être romantiques, les ruines mayas ont toujours quelque chose de fantastique, d'inquiétant et de tragique, peut-être dû à la jungle qui les dévore. Un sentiment de mort brutale flotte encore sur Palenque. Ce n'est pas la mort romantique du temps qui passe, mais une mort violente et mystérieuse. Une impression lugubre que ne parviennent pas à disperser les sourires et les traits délicats des sculptures baroques que le grand poète et archéologue Carlos Pelissier me montra lorsque je passai quatre jours à Palenque en sa compagnie. J'étais à la fois stupéfait devant la splendeur des Mayas et envoûté par le mystère de l'extinction d'une grande cité.

Pourquoi Palenque était-elle morte ?

Durant toute ma vie, j'ai été fasciné par la décadence des empires, et les villes fantômes. La chute de Rome, le déclin de Constantinople, la disparition de civilisations entières, les raisons et la manière dont des cultures se sont évanouies ont toujours suscité en moi un émerveillement auquel se mêle une crainte indéfinissable.

Notre civilisation pourrait-elle elle aussi s'éteindre du jour au lendemain ?

A mesure que les années ont passé, j'ai été le témoin du déclin de certaines villes et j'ai commencé à comprendre que les cités modernes n'échappent pas, elles non plus, aux lois de la nature, que tout ce qui est né doit mourir un jour et que, plus subtilement peut-être, elles meurent à cause de la façon dont elles ont vécu.

Bien entendu, nombre de gens ont avant moi proposé des raisons à la disparition de la civilisation maya classique.

Déclin de l'agriculture, dû à la sécheresse ou à l'épuisement des sols, épidémies de toutes sortes, révolutions, migration forcée par des étrangers, voire un déséquilibre dans la répartition des sexes, tout cela avait déjà été invoqué pour expliquer la mort soudaine des cités des basses terres et la disparition progressive des populations locales.

Je ne trouvai cependant qu'un faible nombre d'arguments venant étayer ces théories. Une épidémie, si elle avait été assez étendue pour décimer des cités aussi vastes, aurait dû agir rapidement, pratiquement du jour au lendemain. Or, il existait de nombreuses preuves que, si la construction des temples et l'inscription de cartouches avaient cessé dans un délai relativement court, la population, elle, avait continué à subsister dans les cités pendant un siècle ou plus. D'autres catastrophes naturelles brutales telles que la sécheresse ou la disette auraient été tout aussi soudaines ou, si elles avaient été progressives, auraient affecté toute l'Amérique centrale. Mais ce n'était pas le cas, il était prouvé que certaines cités avaient été épargnées.

Au fur et à mesure des longues heures que je passais dans la bibliothèque, je commençai à me demander si d'autres grandes cités avaient connu le même sort ailleurs dans le monde. Je me mis à penser aux cités de la Reine de Saba en Arabie Saoudite. Les cités romaines dont les ruines se dressent encore dans le désert d'Afrique du Nord me revinrent également en mémoire, tout comme celles jalonnant la route de la soie en Asie centrale.

Les raisons les plus communes de la mort des grandes cités semblent être la guerre et la politique, un changement de pouvoir et de frontières qui prive la ville de son roi et de la cour. Cela pouvait difficilement être le cas de toutes les villes mayas, car elles étaient gouvernées par des dizaines de caciques – nom donné aux princes mayas – indépendants, et ceux-ci n'auraient guère pu être renversés en même temps.

Le manque d'eau peut expliquer l'abandon de villes comme Fathpur Sikri, en Inde, ou de certaines des villes d'Afrique du Nord qui ne pouvaient subsister que grâce à un fragile et complexe système de canaux d'irrigation nécessitant un gouvernement central assez organisé pour l'entretenir. Là non plus, ce ne pouvait être le cas des villes mayas, dont la plupart sont situées près de rivières qui, la preuve en est, n'ont jamais cessé de couler.

La seule raison que je pouvais trouver, c'était un changement économique radical. J'avais remarqué que les villes mouraient de la perte de ce dont elles tiraient leur subsistance, et c'était généralement le commerce. J'avais pu voir dans l'Himalaya des villages ruinés du jour au lendemain parce que les caravanes tibétaines qui les traversaient et y faisaient du négoce étaient arrêtées par les Chinois.

Telle fut la cause de la mort de plusieurs des grandes étapes commerciales des caravanes de la route de la soie. Elles tombèrent en ruine lorsque le négoce de la soie se fit par voie maritime à la venue des Portugais. Le détournement de certaines voies commerciales expliquait également la disparition des grandes cités d'Arabie Saoudite qui jalonnaient la route de l'encens.

A mon grand étonnement, personne n'avait encore pensé, semble-t-il, que le commerce aurait pu être la première cause de la ruine des grandes cités mayas.

Avec un enthousiasme renouvelé, je passai au peigne fin tous les rayonnages des bibliothèques pour trouver d'autres preuves qui viendraient consolider la théorie que j'avais soutenue à Paris avec une telle assurance.

Poursuivant mes recherches, je m'aperçus que, depuis mes premières découvertes, plusieurs universitaires s'étaient intéressés aux sites côtiers.

La première de ces études concernait la datation précise par les archéologues mexicains et américains des sites que j'avais découverts sur la côte de Quintana Roo. Il apparaissait que tous, sauf un, avaient été agrandis, sinon fondés, juste après le début du déclin des grandes cités mayas du Sud. Était-ce une simple coïncidence ? J'en doutais.

C'est alors que je tombai sur un article, publié en 1977 par l'archéologue Christopher Jones, dans *American Antiquity*, sur « Les dates d'avènement des trois derniers princes classiques de Tikal au Guatemala ». Tikal est le plus impressionnant des nombreux sites mayas qui se trouvent dans les jungles des basses terres du district du Petén, au Guatemala. Il abrite plus d'une douzaine de pyramides dont la plus grande culmine à environ cent mètres d'un sol envahi par la jungle. Comme Palenque, Tikal disparut brusquement au IXe siècle. En examinant les dates et les inscriptions des stèles qui se trouvent au pied de ces pyramides monumentales, Jones remarqua que les glyphes de la stèle 16, érigée par le prince A, l'un des trois derniers princes de Tikal, établissent que son titre était « fabricant » ou « marchand » de cacao. Qu'est-ce que cela signifiait donc ? Jones l'interprète comme « producteur de chocolat », mais ce n'est qu'une spéculation. Quoi qu'il en soit, Jones suppose que « la source de la richesse de Tikal (était) probablement un monopole sur les routes commerciales entre le Mexique et l'Amérique centrale... » et que ce monopole aurait pu être perdu suite à un changement d'itinéraire, au profit d'une route maritime qui contournait le Yucatan. Jones poursuit : « Si tel était le cas, la ruine de Tikal serait due à un progrès technique en matière de navigation. »

Bien que Jones ne précise pas de quel progrès technique il s'agit, son observation en ce qui concerne le prince de Tikal, « fabricant » ou sans doute « marchand » de cacao, venait étayer ma théorie et des travaux plus anciens sur le commerce maritime et la navigation.

En tout état de cause nous tenions là une preuve que le cacao et le commerce étaient la source de la richesse des grandes cités mayas.

Entre 1985 et 1988, des recherches et des fouilles effectuées par Richard E.W. Adams et Grant Hall à Rio Azul, autre grande cité non loin de Tikal, établissaient que Rio Azul avait été fondée pour défendre la même route commerciale nord-sud. Selon Adams, le déclin de cette cité était survenu en l'an 830 de notre ère, lorsque Rio Azul fut temporairement envahie par des peuples du nord-ouest du Yucatan, des Indiens qui avaient auparavant dû faire du commerce avec la cité, comme en témoignait le cacao découvert dans les tombes parmi les offrandes funéraires.

Mes recherches montrèrent que Tikal n'avait apparemment pas dû être une grande productrice de cacao car, selon un missionnaire espagnol, le père Avendano, dans le récit de ses deux voyages au Peten, en 1695, les Itzas installés à Flores « avaient du cacao, mais en petite quantité... ». D'un autre côté, Tikal était effectivement située sur la route terrestre nord-sud qui ralliait les champs de cacao du sud Peten et des rives du fleuve Ulua dans le Honduras au Yucatan du Nord privé de cacao par la sécheresse de son climat.

A mesure que passaient les jours, je me rendis compte que, pour la plupart, les cités des basses terres des mayas classiques étaient toutes situées le long des grands axes qui liaient les zones tropicales, productrices de cacao, aux sites commerciaux et portuaires du Nord. A mon sens, il était évident que la richesse de ces cités et leur existence même était liée à ces routes commerciales. Ces routes ne servaient pas seulement au négoce du cacao, mais aussi à celui de l'or, de l'obsidienne (une pierre dure, noire, semblable au verre, qui servait à fabriquer des lames) et surtout les précieuses longues plumes vertes de la queue de l'oiseau quetzal, plus prisées encore que l'or, le vert étant le symbole du luxe pour les Indiens. Ces plumes étaient utilisées pour orner les coiffes et les robes royales. Toutes ces marchandises étaient échangées contre du sel, lequel abondait dans le nord du Yucatan, du miel, des haches de cuivre fabriquées dans les hauts plateaux du Mexique, des vêtements de coton et, enfin, des esclaves.

Nous n'avons que peu d'information sur les grands marchés du Yucatan et nous n'en savons pas davantage sur ceux des grandes cités qui disparurent cinq siècles avant l'arrivée des Espagnols.

Cependant, ce que nous connaissons du grand marché de Mexico à l'arrivée des Espagnols est suffisant pour témoigner du rôle du commerce dans le reste du Mexique et de l'Amérique centrale à l'époque précolombienne.

Les marchés mexicains étaient nombreux et fréquents, mais ce qui les distingue de leurs équivalents européens ou asiatiques, c'est la diversité et l'intensité du commerce. Apparemment, dans l'Amérique précolombienne, chacun (et non pas uniquement des marchands professionnels) s'occupait de fabriquer et de vendre quelque chose. C'est encore le cas aujourd'hui, la survie des paysans étant tributaire de l'économie de marché. Pour pouvoir joindre les deux bouts, les fermiers s'adonnent à l'artisanat, de même que les fermiers des Alpes, qui ne peuvent pas travailler le sol durant les longs mois d'hiver, ont dû se lancer dans la fabrication de montres ou d'autres travaux artisanaux dont le négoce fournit des rentrées d'argent supplémentaires.

Les Indiens ne possédaient pas de cheptel ; les vaches et les moutons étaient inconnus avant l'arrivée des Espagnols. En outre, la brièveté des saisons des pluies laissait les paysans sans travail pendant des mois. De ce fait, l'économie était beaucoup plus dépendante du commerce qu'en Europe ou dans la plus grande partie de l'Asie.

Cette courte saison des pluies dans le nord du pays explique toute l'ampleur du commerce avec les régions tropicales du Sud : les fruits, les nombreux piments et épices tels que la vanille ou l' « oreille divine », très appréciées comme adjuvants pour parfumer le chocolat, étaient très recherchés. D'autres produits exotiques étaient également importés : le caoutchouc, avec lequel on fabriquait des balles, du *chicle* (caoutchouc comestible, ancêtre de notre chewing-gum), mais aussi des plumes multicolores. En conséquence, le commerce nord-sud revêtait une importance considérable. Le cacao était le produit tropical le plus convoité et faisait donc l'objet d'un négoce particulier très intense puisque, exigeant une pluie abondante et un climat très chaud, il ne pouvait pousser dans les régions arides du Nord.

Il n'existait qu'un seul obstacle, mais de taille, à ce commerce entre le Mexique central et le Sud tropical maya. Cet obstacle, ou plutôt ces obstacles étaient les grands marécages, les lagons et les rivières de Tabasco. Dans cette région, toutes les marchandises devaient transiter par les bateaux des Putuns-Chontales-Itzas.

Il n'est guère surprenant que les Chontales se soient enrichis et que leurs trois grands ports et cités commerciales, Comacalco, Xicalango et Itzamkanak, aient prospéré.

Il est encore moins étonnant qu'ils aient été de grands navigateurs et qu'ils aient lancé leurs pirogues à la conquête de la côte. Leur « flotte » était, semble-t-il, invincible, et c'est ainsi qu'au IXe siècle, ils conquirent toute la côte du Yucatan jusqu'au Honduras, où ils atteignirent enfin les riches plantations de cacao du Sud.

La logique la plus élémentaire portait à croire que, lassés de devoir acheter leurs marchandises aux arrogants seigneurs mayas des grandes cités de la jungle, les Chontales-Itzas ont décidé de les court-circuiter, et de transporter le cacao par voie maritime en contournant la péninsule du Yucatan pour approvisionner les régions du Nord.

La plupart des archéologues étaient apparemment d'accord avec moi, à une objection près :

« C'est une bonne idée, mais il y a tout de même un problème : les grandes pirogues pouvaient-elles transporter de lourdes charges de marchandises sur de longues distances ?

« La côte est du Yucatan est l'une des plus dangereuses d'Amérique. Elle est exposée aux alizés et aux vagues qui se sont amassées sur l'Atlantique et la mer des Caraïbes. Chacun sait en outre que c'est une zone instable où se déchaînent des cyclones, et le vent du nord. »

Peu à peu mes détracteurs commencèrent à mettre en pièces mes belles théories. « Que faites-vous de la barrière de corail ? Six cents kilomètres de récifs pratiquement sans interruption. Un mur battu d'immenses lames et jonché d'épaves. Comment naviguer aux abords de ce cimetière sur une simple pirogue chargée de marchandises ? Et que faites-vous du redoutable courant sud-nord qui longe la côte ? »

« Votre théorie est excellente sur le papier », me déclara enfin un archéologue, « mais elle ne tient pas la mer : les pirogues ne peuvent pas effectuer le genre de transport de marchandises dont vous parlez ». En bref, sa conviction, comme celle d'autres prétendus experts, était que « des pirogues faites d'un seul tronc d'arbre sont incapables de transporter en haute mer de lourdes charges, ni de circuler à des vitesses suffisantes pour pouvoir concurrencer le commerce terrestre ». Ou, comme on me le signifia plus explicitement, les grandes pirogues nécessitaient tellement d'hommes pour les manœuvrer qu'il ne resterait pas la moindre place pour les marchandises : elles pouvaient, au mieux, servir de pirogues de guerre, pour transporter des hommes.

Bref, mon idée n'était pas bonne. Il ne me restait plus qu'à rentrer bredouille en France ou à partir pour le Mexique et prouver envers et contre tous que j'avais raison.

3

Le monde précolombien

A mon arrivée à Mexico, je me rendis immédiatement au Musée d'Archéologie. Situé dans un parc à l'ombre des pins, c'est l'un des plus beaux musées du monde ; c'est également ici que se trouve le siège de l'Institut National d'Anthropologie et d'Histoire du Mexique, le célèbre INAH, chargé de gérer les innombrables sites archéologiques du Mexique.

Alors que je traversais Mexico, la plus grande métropole du monde à l'heure actuelle avec dix-huit millions d'habitants, les visages indiens de la foule me rappelèrent les débuts de la conquête espagnole, en 1520. Mexico était déjà l'une des plus grandes villes du monde. Lorsque les Européens la virent pour la première fois au début du XVIe siècle, selon les estimations de l'époque, elle comptait quelque trois cent vingt mille habitants. Selon d'autres estimations, la population de la vallée atteignait le demi-million, un chiffre énorme si l'on considère que l'Angleterre, en 1500, ne comptait qu'un million d'habitants. Londres et Paris faisaient alors figure de gros villages, avec leurs quelque dizaines de milliers d'âmes.

La plupart des conquistadores ne connaissaient que Séville, qui n'était en comparaison qu'une petite ville. On imagine sans peine leur émerveillement devant la richesse des magasins de l'empereur aztèque Moctezuma. Le roi possédait une salle du trésor aussi vaste qu'un garage, recelant des montagnes d'objets d'or. Il en fit don aux Espagnols, les prenant pour des dieux venus de l'Est. Mais en outre, Moctezuma jouissait d'une *casa de cacao*, une sorte de maison du trésor, une banque, remplie de fûts d'osier et d'argile si grands que six hommes joignant les mains faisaient difficilement le tour d'une seule de ces jarres. Ces entrepôts contenaient l'équivalent de quarante mille charges d'homme de cacao! Chacune de ces charges représentait vingt-quatre mille fèves. Certaines femmes étaient spécialisées dans le comptage des fèves, tout comme les guichetiers des banques comptent leurs billets. Selon les récits de l'époque, ces femmes pouvaient compter jusqu'à deux cent mille fèves par jour.

Bien que certains auteurs doutent de l'exactitude de ce chiffre extravagant, il semble qu'il soit confirmé par ce que nous savons de la consommation moyenne de cacao d'une famille indienne de six personnes. Une telle famille préparait environ deux cents bols de cacao par mois en utilisant deux ou trois fèves à chaque fois, ce qui représente au moins cinq cents fèves par mois, soit six mille par an. A la lumière de ce calcul, il apparaît que les réserves de Moctezuma ne contenaient jamais que l'équivalent de deux ans de consommation de cacao pour la seule cité de Mexico. Et encore, la majeure partie des fèves était utilisée comme monnaie et non pour fabriquer des boissons.

Tout cela me fut expliqué en détail par le Dr Eduardo Corona, ethnologue historien de l'INAH, qui avait mené des recherches sur le cacao. C'est lui qui m'apprit également que non loin des célèbres pyramides du Soleil et de la Lune de Teotihuacan, à soixante kilomètres de Mexico, dans le quartier de Tepantitla, se trouve une peinture d'un cacaoyer représenté comme un arbre de vie. Ceci tendrait à prouver que le cacao était connu, et sans aucun doute bu, par les Mexicains au IVe siècle sur l'*altiplano* du Mexique central, région au climat sec et froid où abondent les cactus mais où le cacao ne peut pas pousser.

Ces détails étaient importants parce qu'ils indiquaient que le commerce du cacao florissait sur de longues distances il y a au moins mille cinq cents ans.

Nous savons, grâce au Codex Mendoza, l'un des rares livres aztèques épargnés par la destruction perpétrée par les Espagnols, que les Aztèques levaient un impôt sous forme de cacao auprès des différentes provinces qu'ils contrôlaient.

Le cacao était une marchandise populaire que l'on trouvait en abondance sur les nombreux marchés que Cortés décrivit en ces termes à Charles Quint : « « Ils se tiennent sur des places entourées d'arcades deux fois plus grandes que celle de Salamanque, et l'on y trouve quotidiennement plus de six cents âmes... »

Cortés remarqua que l'on vendait sur ces marchés « du miel et de la cire d'abeille, de la mélasse de tiges de maïs, sirupeuse et aussi douce que du sucre, un autre miel qui provient d'une plante appelée *maguey*, qui est le meilleur de tous. Ce *maguey* fournit aussi du sucre et du vin que l'on nomme *pulque...* » Ceci bat en brèche la croyance répandue selon laquelle les Indiens, n'ayant pas de canne à sucre, ne connaissaient pas le sucre et buvaient le chocolat amer ou épicé avec des piments. En fait, ils buvaient le chocolat froid, mais additionné de miel, de sucre de maïs ou de sève de *maguey*.

Les Espagnols s'engouèrent immédiatement pour le chocolat froid des Mexicains. Il fallut plus de temps pour que le reste de l'Europe s'en éprenne car, à l'époque, la plupart des Européens considéraient les boissons froides comme mauvaises pour la santé. Ce sont en fait les Européens qui ajoutèrent des piments comme ingrédient « chaud » au cacao, pour en contrebalancer les propriétés « froides ». Les Indiens préféraient boire le cacao sucré, parfumé à la vanille ou à d'autres plantes aromatiques comme l' « oreille divine », fort prisée. Le premier chargement de cacao fut expédié en Espagne en 1585 et connut un succès immédiat. Il devint ensuite extrêmement populaire lorsqu'on commença à le préparer avec du lait chaud, du sucre et de la cannelle, ce qui était assez éloigné de la boisson légère et rafraîchissante des anciens Mexicains.

Les Espagnols ne mirent pas longtemps à se rendre compte que le cacao était véritablement « de l'argent qui pousse sur les arbres » et qui avait autant de valeur que l'or. On remarquera avec étonnement que, avant de conquérir Mexico, Cortés avait non seulement obtenu de Moctezuma une plantation de cacao en présent pour le roi d'Espagne, mais qu'il avait aussi envoyé des hommes pour exploiter une plantation à Chinantla, une région qui n'était pas sous le contrôle de l'empereur aztèque. Deux mille cacaoyers furent ainsi plantés par les Espagnols à peine un an après qu'ils eurent débarqué en Nouvelle-Espagne.

Si Cortés perdit la plantation offerte par Moctezuma lorsqu'il attaqua les Aztèques de Mexico, Chinantla, en revanche, semble avoir prospéré, et produisit rapidement du cacao. Très vite après la défaite de Moctezuma les Espagnols s'emparèrent des plantations des Indiens et en établirent de nouvelles sur les meilleures terres.

Comme la Nouvelle-Espagne ne battait pas monnaie, malgré tout l'or et l'argent qu'il envoyait en Espagne, Cortés en fut bientôt réduit à payer la solde de ses troupes en fèves de cacao. Ce fut la cause de bien des troubles car, si les conquistadores appréciaient le chocolat, qui était considéré comme excellent pour la santé et même très efficace contre les morsures de serpent, ils n'en préféraient pas moins l'or. Quoique quatre-vingts à cent fèves fussent déclarées égales à un réal d'argent ou à un huitième de peso d'or, les Espagnols auraient préféré recevoir des pièces. C'était tout le contraire des Mexicains. Lorsque au tout début les Espagnols donnèrent des pièces aux mendiants de Mexico, ceux-ci les portèrent machinalement à leur bouche, tant ils étaient habitués à recevoir des fèves en aumône. S'apercevant qu'il s'agissait de pièces de cuivre non comestibles, les mendiants les jetèrent dans le lac avec dégoût.

Je venais donc de recevoir du Dr Corona la confirmation de ma théorie : le cacao était à Mexico depuis plus de quinze siècles l'objet d'un important négoce avec les zones productrices du Sud. La majorité de ce commerce traversait le pays maya depuis le Honduras tropical et le Nicaragua. Ce cacao devait nécessairement passer par les cours d'eau et lagons du Tabasco avant d'arriver à Mexico.

Comment ce négoce était-il effectué, à l'aide de quel type d'embarcation était-il transporté au Tabasco, c'était ce qu'il me restait à découvrir.

Tout d'abord, je n'avais pas la moindre idée de l'endroit où commencer mes recherches. Mais, lorsque je quittai le bureau du Dr Corona, j'aperçus deux portes plus loin un écriteau qui signalait : « Département d'archéologie sous-marine ».

Naturellement, cela m'intrigua, et je me hasardai à frapper timidement à la porte. Une belle jeune femme aux longs cheveux de jais et aux yeux noirs me guida dans le dédale de bureaux. Sans le savoir, je venais de faire la connaissance, en la personne d'Erica Romero, du premier des quatorze membres de l'expédition que j'étais venu organiser.

A mon plus grand plaisir, j'appris que le département d'archéologie sous-marine ne s'occupait pas seulement des centaines de galions engloutis le long des côtes mexicaines. Erica Romero était parfaitement informée des ruines côtières précolombiennes et s'intéressait à la navigation de l'époque. Elle avait également lu mes livres et avait visité la plupart des sites que j'avais découverts. Elle semblait même heureuse de me rencontrer. Mais son plaisir ne pouvait égaler la joie que j'éprouvais à me trouver enfin en face de quelqu'un qui partageait mon intérêt pour le commerce maritime.

« Il faut que vous reveniez voir la directrice, le docteur Pilar Luna », me dit-elle tandis que nous examinions différentes cartes de la côte et que je lui expliquais mon projet.

« Je voudrais construire une pirogue du type de celles qu'utilisaient les anciens Mayas ou plutôt les Chontales-Putuns-Itzas », dis-je. « Je pourrais ainsi descendre toute la côte du Yucatan. » J'épiais le visage d'Erica Romero dans l'espoir d'y surprendre la moindre réaction, peut-être même un signe d'approbation. Tout ce que j'y décelai fut un intérêt amusé. Au moins, elle ne pensait pas que j'étais fou.

« Vraiment, revenez voir Mme Luna, répéta-t-elle. En attendant, je ferai des recherches et je verrai si nous avons quelque chose sur la construction de pirogues monoxyles. »

Une semaine plus tard, je me trouvai devant Pilar Luna, directrice et fondatrice du département d'archéologie sous-marine. Il faut bien l'avouer, je fus un peu surpris : je m'attendais à trouver une espèce de sirène universitaire et je découvris une dame à cheveux gris, joviale et rondelette, que l'on imaginerait plutôt dans un salon qu'en train de hanter un galion englouti. Néanmoins, comme j'allais bientôt l'apprendre, Erica Romero et Pilar Luna étaient d'excellentes plongeuses, de véritables poissons. Le docteur Pilar Luna s'enthousiasma pour mon projet.

« C'est incroyable. A ma connaissance, personne n'a encore essayé de reconstruire une pirogue précolombienne de haute mer, observa-t-elle. Bien sûr, il y a des milliers de pirogues de rivières, mais pratiquement aucune qui puisse prendre la mer. »

A ma grande joie, Pilar Luna accepta de présenter mon projet à l'assemblée générale des directeurs de l'Institut National d'Archéologie afin d'obtenir le soutien du gouvernement mexicain.

« J'ai là deux articles sur des pirogues, l'un sur leurs représentations précolombiennes et l'autre sur les techniques de construction des « pirogues faites d'un seul tronc de la baie de Chesapeake aux États-Unis », me déclara-t-elle en me tendant des exemplaires de ces articles. « Je dois vous avertir qu'il semble que la construction des grandes pirogues soit difficile : elles ont tendance à se fendre en deux. »

De retour chez moi, cette nuit-là, je dévorai l'article du Calvert Marine Museum. Cela se lisait comme un roman d'épouvante et on aurait pu l'intituler : « Les affres et déboires d'un constructeur de pirogues ».

Horrifié, je lus : « Malgré les précautions prises, apparurent deux larges fentes qui menaçaient de séparer la partie supérieure de la partie inférieure... » Les fentes furent rapidement colmatées, mais rien ne s'arrangeait : « Il fallait enfin boulonner les deux morceaux. » Et plus loin : « Des déformations apparurent ensuite. Le fond de la pirogue s'incurvait vers l'intérieur et le tronc se tordit, à tel point que la poupe et la proue n'étaient plus alignées dans le même axe... »

Je commençai à me demander comment j'allais réussir à construire l'embarcation de mes rêves sous la menace constante de déformations et de fentes.

Je me lançai ensuite dans l'article du Dr Hammond sur les dessins, sculptures et fresques mayas. C'était déjà plus encourageant.

Il existe très peu de représentations de pirogues mayas. La plupart étaient de type religieux, pirogues transportant en enfer des dieux à tête d'animaux, ces embarcations étaient de toute évidence uniquement destinées à naviguer sur les rivières, ressemblant en tout point à celles qui avaient été extraites de la boue de ce qui avait été autrefois le lac de

Mexico. Elles avaient une proue et une poupe carrées, au même niveau que les bords. Ce genre d'esquif embarquerait de l'eau à la première vague. Au Belize, plusieurs exemples de jouets en forme de pirogues, dont un en os, avaient été découverts, mais ils étaient tout à fait primitifs. Proue et poupe étaient à peine esquissées et de telles pirogues auraient encore moins bien tenu la mer que les autres. Selon les calculs du Dr Hammond, les pirogues précolombiennes mesuraient en moyenne six mètres de long, ce qui était plus court que je ne l'avais imaginé.

« Le problème », m'expliqua Pilar Luna lors de notre rencontre suivante, « c'est que nous n'avons pas la moindre idée de ce à quoi pouvaient ressembler les pirogues de haute mer. En fait les seules dont nous sommes certains qu'elles étaient destinées à prendre la mer sont celles qu'on trouve sur les fresques du temple des Guerriers de Chichen Itza. »

Je connaissais très bien ces fresques reproduites dans pratiquement tous les livres sur les Mayas. Elles représentent des pirogues à proue haute et bombée. Les poissons, raies et langoustes, qui les entourent prouvent qu'elles étaient utilisées en mer. Ces fresques représentent la conquête du Yucatan par les habitants du Tabasco.

La première fois que j'avais vu ces pirogues, j'avais été frappé par leur proue qui évoquait un énorme gant de boxe. Je n'arrivais pas à imaginer comment elles avaient été fabriquées. C'est seulement bien plus tard que je découvris que cette forme ballonnée était en partie due à l'imagination des restaurateurs. En effet, dans la publication originale de Charlot et d'autres auteurs sur ces fresques, découvertes en 1924, les proues et les poupes n'apparaissent pas sur les fragments à partir desquels la fresque a été reconstituée. En ce qui concerne les autres fresques du même temple, elles montrent des proues relevées pointues ou légèrement arrondies, mais jamais en forme de bulbe.

Là encore, d'après la taille des rameurs, qui d'ailleurs sont debout, les pirogues sont relativement courtes, environ six à sept mètres, peut-être. Quoi qu'il en soit, je pouvais difficilement utiliser les fragments de fresques comme plans pour reconstruire mon embarcation.

Le temps était venu pour moi de me rendre dans le Tabasco et au Yucatan pour rechercher sur place le moindre indice concernant la navigation de l'époque précolombienne.

J'avais besoin d'un compagnon pour ce voyage de reconnaissance. Aussi, j'appelai Pico Harnden, un vieil ami doué d'une énergie peu commune et passionné des choses de la mer.

L'expédition commença réellement lorsque, le 8 juillet, Pico m'appela de Mexico pour m'annoncer qu'il venait d'arriver de New York pour m'accompagner.

Nous devions longer ensemble la côte mexicaine, de Veracruz à Belize City. Notre véhicule serait une vieille Volkswagen.

« Je te prendrai à trois heures demain à Mexico », lui dis-je au téléphone. Une heure plus tard, j'étais à l'hôpital et le lendemain matin, j'étais papa.

« Je crois qu'il va falloir décaler notre voyage d'une semaine », déclarai-je à Pico qui me félicitait.

Le bébé et ma chère épouse allaient très bien lorsque, une semaine plus tard, nous quittâmes la vallée encaissée de Tepotzlan où j'habitais. Juillet est le pire moment de la saison des pluies, mais nous eûmes malgré tout la chance d'apercevoir le sommet enneigé du volcan Popocatépetl, que nous devions contourner pour rejoindre Veracruz sur la côte.

Nous étions en train d'emprunter en sens inverse pratiquement la même route que Cortés lorsqu'il s'était mis en route pour conquérir Mexico.

Cortés restera toujours une figure très controversée de l'histoire. On lui reproche d'avoir exterminé la fabuleuse culture mexicaine et d'avoir fait montre de cruauté et de traîtrise. On le juge responsable des inévitables abus qui se produisirent à l'occasion de la rencontre de ces deux civilisations, l'une née sous le signe de l'épée et l'autre de l'arc. Les Espagnols et les Aztèques étaient tout aussi arrogants et belliqueux. Les derniers venaient de soumettre la majeure partie des tribus pacifiques du centre du Mexique, et les Espagnols venaient de terminer de chasser les Maures d'Espagne. Tous deux étaient avides de « gloire », une denrée qu'ils prisaient juste un peu plus que l'or.

Le Mexique devait offrir à Cortés l'or et la gloire, si bien qu'il fut à la fois envié et haï de tous.

Les archéologues lui reprochent volontiers d'avoir beaucoup détruit et de ne pas avoir consigné davantage d'informations sur ce monde qu'il avait conquis. Pourtant, ses lettres à Charles Quint sont parmi les plus précieuses sources d'information sur ce qu'était Mexico lorsqu'il y arriva. Écrites dans le feu de l'action, elles sont un témoignage de première main sur ce qu'il fit et vit.

Sa cinquième lettre présentait un intérêt tout particulier pour mon projet; il y raconte son étonnante expédition, depuis le Mexique jusqu'au Honduras, à travers les marécages et lagons du Tabasco et les jungles de Peten dans lesquelles gisaient les ruines de la civilisation maya classique.

Durant ce voyage qui dura une année, Cortés subit bien des déboires. Pourtant, son expédition fut facilitée par sa rencontre au Tabasco des Chontales-Acalans, le peuple des pirogues, dont il visita la capitale, Itzamkanac.

Cortés est le premier à mentionner les Chontales du Tabasco, ces marins dont je prévoyais d'emprunter les voies maritimes.

4

Les Olmèques

Il nous fallut une journée entière pour traverser dans le brouillard la chaîne d'Orizaba et ses sommets enneigés culminant à 5 479 mètres avant de redescendre vers le golfe du Mexique.

Nous étions beaucoup trop pressés pour faire halte à Veracruz, si bien que notre voyage commença véritablement dès le lendemain matin, lorsque ayant traversé la rivière Coatzacoalcos, nous pénétrâmes dans les forêts tropicales du Tabasco.

Il fallut ouvrir les vitres embuées de la voiture alors que nous nous frayions un chemin à travers une pluie brûlante, aspergeant au passage, à leur grande joie, des enfants demi-nus qui jouaient dans les mares.

« Nous allons choper un rhume ou le paludisme », se lamenta Pico, les cheveux trempés de sueur et de pluie, avec cet inimitable sourire qui lui valait le bon Dieu sans confession, et faisait pardonner ses mille excentricités.

« Retiens ton souffle », criai-je alors qu'un bus nous dépassait en rugissant dans un nuage de fumée noire âcre et suffocante. Accroché désespérément à l'échelle arrière, un Indien émacié ricana avant de disparaître dans la fumée. L'air empestait un mélange d'essence et de feuilles pourrissantes. Depuis le matin, notre paysage se composait de tubulures répugnantes des raffineries de pétrole et de l'arrière-train de monstrueux camions : derricks sur remorques, citernes, tracteurs, bulldozers, grues et pompes, toutes les machines requises par l'industrie pétrolière que l'on transportait d'un gisement à un autre.

Pico était pâle comme la mort. « Nous n'avons plus de tequila », annonça-t-il, lugubre. « Où allons-nous, d'ailleurs ?
– Vers la côte », répondis-je, plein d'espoir, m'imaginant déjà sur des plages de sable blanc et devant une mer azurée.

Depuis ma plus tendre enfance en Angleterre, j'ai détesté la pluie. C'est cette bruine implacable qui descendait d'un ciel grisâtre qui m'a fait ardemment désirer vivre sous les palmiers des tropiques. Je n'avais jamais imaginé que les palmiers en question puissent être eux aussi trempés de pluie et j'étais donc mal préparé à affronter la triste réalité de la mousson indienne et les saisons des pluies tropicales mexicaines.

Situé au bas-fond du golfe du Mexique, le Tabasco ne connaît pas la saison des pluies car des ondées y tombent toute l'année. En fait, le climat étouffant et humide du Tabasco est proprement épouvantable. C'est là que Somerset Maugham enverrait mourir ses personnages les plus sinistres, et Graham Greene y traîna le prêtre alcoolique et apostat de son plus beau roman, *La Puissance et la Gloire.* Le Tabasco est un véritable petit coin d'enfer sur terre. Au tournant du siècle, l'un des gouverneurs anticléricaux de la province appela d'ailleurs son fils Lucifer et son chien Jésus, et entreprit de faire démolir toutes les églises de l'État. Le Tabasco rappelle au mieux le feu des piments, lesquels équivalent à ceux de l'enfer. C'est un endroit sur lequel on peut écrire des pages. Mais à ne pas visiter.

J'avais déjà traversé le Tabasco dans ma jeunesse, une seule fois, en train, lorsque j'étais descendu à Palenque. Il n'y avait pas de routes à l'époque, c'était avant que le boom pétrolier ne vienne ajouter une nouvelle dimension à l'aspect déjà bien sordide du Tabasco.

« Pour La Venta, c'est la prochaine à gauche », hurla Pico pour couvrir le vacarme d'un camion qui changeait de vitesse.

La Venta, tel est le nom étrange donné à ce qui est censé être le berceau de la civilisation américaine.

En remontant une route, nous passâmes devant un stand de Coca-Cola suivi de piles de canalisations rouillées avant de foncer dans une haie de roseaux pour déboucher sur les murs écroulés de bâtiments en béton, le cœur de La Venta, où, au bord d'une piste d'atterrissage désaffectée, gisaient les carcasses de trois autocars auprès d'un poteau de basket pourri. La Venta a été fondée il y a trois mille ans, en l'an 1000 av. J.-C., et fut abandonnée pour une raison obscure cinq cents ans plus tard.

Site de la plus ancienne civilisation de tout le continent américain, La Venta mériterait d'être La Mecque de tous les pèlerinages culturels du Nouveau Monde. En effet, si laide soit-elle devenue, avec ses stations de pompage de pétrole, c'est le plus important des sites archéologiques olmèques.

Les Olmèques furent le premier peuple d'Amérique à atteindre ce que nous nous plaisons à considérer comme un « haut degré de civilisation ». Ils avaient commencé, dix siècles avant la naissance du Christ, à élaborer un calendrier astronomique sophistiqué, une religion complexe et même, semble-t-il, les éléments d'un alphabet, le tout premier d'Amérique. Plus spectaculaire encore, les Olmèques nous ont laissé d'énormes sculptures. Ces têtes colossales rivalisent avec celles d'Égypte, taillées dans des blocs de pierre dure pesant entre dix et trente tonnes. Ces gigantesques têtes rondes aux traits étrangement négroïdes continuent aujourd'hui de poser sur nous leur énigmatique regard.

Quatre de ces énormes têtes olmèques ont été découvertes à La Venta avec plusieurs autres sculptures colossales, dont trois autels monolithiques de trente tonnes que j'examinai avec Pico, alors que, encore enveloppées de bâches de plastique, elles venaient d'être extraites du sol par des grues pétrolières géantes.

Ces gigantesques autels de pierre étaient placés à la base de la grande pyramide de La Venta qui dresse encore ses trente mètres d'adobe vers le ciel, étrange pyramide en forme de moule à charlotte. Du sommet de cet ancien tumulus, nous pouvions étendre le regard au-delà des derricks jusqu'aux marécages de la côte. Quel étrange endroit pour ériger un site religieux. Qui étaient ces étonnants Olmèques, ancêtres de la culture américaine ? Que faisaient-ils là ? Nul ne le sait.

Ce que nous savons, en revanche, c'est qu'il n'existe pas la moindre carrière de pierre à cent kilomètres à la ronde autour de La Venta. Ces statues géantes sont sans doute venues là par bateau, car il serait impossible de les traîner à travers des marécages. Quels bateaux pouvaient donc transporter des charges aussi énormes ? C'est un mystère de plus.

Les Olmèques n'étaient pas seulement de grands sculpteurs. C'étaient aussi d'étonnants agronomes.

De récentes recherches en linguistique ont établi avec un assez haut degré de certitude que les Olmèques parlaient un ancêtre du langage mixe-zoque. Des progrès supplémentaires en ethnolinguistique ont prouvé que nombre des mots de ce proto-mixe-zoque, langue supposée des Olmèques, se rapportent aux produits et aux techniques agricoles tropicaux. Il s'agit de mots liés entre autres au maïs, qui ont été par la suite empruntés par toutes les langues du Mexique. On connaît également le mot *kakawa* (cacao), que l'on retrouve dans toutes les langues du monde et dont l'origine n'est ni maya ni toltèque, mais olmèque. Nous avons donc toutes les raisons de croire que les fermiers olmèques ont véritablement élaboré les premiers hybrides de maïs comestible et de cacao d'Amérique, pour ne citer que celles-ci parmi leurs nombreuses et importantes prouesses agricoles.

Plus récemment, comme nous l'avions appris à Harvard, des recherches ont démontré que les Olmèques étaient les authentiques ancêtres de la culture maya. Ce sont eux qui jetèrent les bases des mathématiques et de l'écriture mayas.

Il était donc tout à fait approprié que nous commencions notre expédition à La Venta.

Quittant ce site, nous nous dirigeâmes vers la capitale du Tabasco, Villahermosa. Nous espérions que, là-bas, les archéologues nous aideraient à localiser des constructeurs de pirogues et nous donneraient quelques lumières sur les descendants des Chontales.

C'est à Villahermosa qu'ont été transportées les grandes statues de La Venta, sur la décision de Carlos Pelissier, le célèbre archéologue et poète que j'avais rencontré des années plus tôt à Palenque.

Il faisait nuit lorsque nous arrivâmes, épuisés, à Villahermosa. C'est aujourd'hui une ville champignon, dont les grandioses bâtiments publics rappellent les innombrables puits de pétrole qui ont fait de la pauvre et humide province de Tabasco l'étoile montante de l'économie mexicaine.

Jusqu'à récemment, Villahermosa n'était accessible qu'en bateau, en remontant la rivière Grijalva. Les pétrodollars avaient permis enfin de construire d'énormes ponts de béton pour remplacer ceux que Cortés avait fait dresser par les Indiens lors de son historique voyage au Tabasco en 1524.

Si l'on fait abstraction des cafards gros comme des souliers de bébé, ainsi que les perroquets dont les cages pendent tous les quinze mètres dans les rues commerçantes, Villahermosa a aujourd'hui l'aspect d'une ville normale. Pourtant, moins de vingt ans auparavant, c'était l'une des cités les plus primitives, chef-lieu de la province la plus éloignée et la plus pauvre du Mexique, une ville assoupie qui vivait au rythme des vapeurs remontant la rivière qui la relie à la côte.

Le pétrole est venu tout changer et c'est maintenant une ville trépidante où, comme me le fit remarquer Pico, on trouve les plus jolies filles du Mexique, issues d'un mélange de races au carrefour de plusieurs mondes. En effet, le Tabasco est encore le lieu de transit entre le nord, le sud, l'est et l'ouest de l'Amérique centrale.

N'arrivions-nous pas trop tard pour découvrir les secrets des navigateurs chontales ? Le peuple des pirogues ne s'était-il pas mis à l'heure de l'automobile et du hors-bord ?

A notre arrivée, nous nous rendîmes au superbe musée Carlos-Pelissier, devant lequel se dresse une statue de bronze du poète. Haute de dix mètres, elle rivalise en taille et en mauvais goût avec celles de Staline et de Mao. Quoi qu'il en soit, j'étais fier d'avoir connu celui qui en avait été le modèle. C'était à Carlos Pelissier que je devais mon premier intérêt et mon admiration pour les Mayas. C'était aussi en sa compagnie que j'avais pris conscience de l'ampleur du mystère de la chute de leurs grandes cités.

Comment Palenque, la plus baroque et la plus raffinée de toutes les villes mayas, avait pu, comme tant d'autres, succomber sans raison apparente ? Et pourquoi ? Pelissier se posait la question. Maintenant qu'il était mort, pouvais-je avoir l'arrogance d'espérer apporter une réponse ?

En entrant dans le musée, je rencontrai les archéologues qui travaillaient pour l'État du Tabasco sous la direction du Dr Cesar Moreno, jeune universitaire dynamique dont l'enthousiasme laissait croire que les Chontales-Putuns-Acalans du Tabasco auraient enfin toute l'attention qu'ils méritaient.

Parmi les archéologues qui travaillaient au musée se trouvait un jeune homme timide au visage rappelant les profils des seigneurs indiens. C'était José-Luis Romero. Il était chargé de travailler sur les ruines du grand site chontale de Comacalco, qui avait été un ancien port. José-Luis était le lien idéal dont nous avions besoin avec les navigateurs du passé. Ce fut finalement le troisième archéologue membre de notre expédition.

Très intéressé, je vérifiais mes informations sur Comacalco auprès de José-Luis. J'avais déjà lu beaucoup de choses au sujet de ce site, dont les ruines, de taille considérable, présentaient l'étrange particularité d'être constituées de brique. Comacalco était l'une des très rares villes du Mexique construites dans ce matériau.

D'étranges rumeurs circulaient à son sujet. On avait découvert à Comacalco quatre mille briques plates de type romain, portant des graffitis. Une étude qui leur avait été consacrée, le *Catalogue préliminaire des briques de Comacalco*, prétendait que certains des graffitis étaient écrits en arabe, d'autres en phénicien, en égyptien, en libyen et en mandingue. Les preuves à l'appui des affirmations de ce livre consacré aux « recherches sur les contacts transocéaniques de l'époque précolombienne » étaient plutôt maigres et pour le moins discutables. Bien que je ne crusse pas à cette prétendue origine des graffitis, je n'en étais pas moins intrigué par cette ville qui avait sans aucun doute été l'un des plus grands ports de la côte.

« Nous n'avons aucune preuve formelle que ces inscriptions soient écrites dans des langues étrangères », me confia Luis. « Mais le site en lui-même est fascinant. C'est de loin la plus grande des villes côtières du continent américain tout entier. »

Nous prîmes la décision de visiter Comacalco le lendemain tout en poursuivant nos recherches sur les procédés de construction de pirogues.

Jusque-là, mes questions sur les pirogues n'avaient connu qu'une seule réponse : « Nous en avons beaucoup sur les rivières, mais personne n'a jamais vu ni entendu parler de pirogues de haute mer. »

José-Luis semblait partager cette conviction. « Je doute que nous trouvions nulle part la moindre pirogue de mer. Tous les gens de la côte utilisent des bateaux en planches. »

Comme je restais sceptique, José-Luis se fit plus clair.

« Vous savez que les côtes du Tabasco et du Yucatán ont été dévastées et investies par les pirates anglais dès 1558. Tout le monde déserta les côtes, les Espagnols comme les Indiens, pour fuir les pirates. Durant plus de deux siècles, les villes de la côte furent laissées à l'abandon. »

Pour commencer, les pirates anglais et irlandais s'emparèrent de l'Isla del Carmen, la bande insulaire qui ferme la vaste baie de Terminos, ainsi nommée parce que l'on croyait que c'était une mer qui terminait le Yucatan, le séparant du Tabasco.

De l'Isla del Carmen, les pirates se lancèrent à l'assaut à la fois du Yucatan et du Tabasco. Au début, une milice espagnole réussit à chasser les pirates mais ils revinrent en force en 1592 et s'installèrent cette fois pour plus d'un siècle.

L'une après l'autre, les villes côtières du Tabasco et de l'ouest du Yucatan tombèrent entre leurs mains. Tout d'abord Santa Maria de la Victoria, l'ancienne capitale du Tabasco (aujourd'hui Frontera), puis Paradiso et Comacalco. A la suite de ces défaites, les Espagnols remontèrent la rivière jusqu'aux collines de l'arrière-pays où fut fondée l'actuelle capitale Villahermosa. Mais Villahermosa elle-même fut prise d'assaut par les pirates et la capitale se déplaça encore davantage en amont. C'est alors que les pirates investirent toute la côte. Ils introduisirent leurs barques en planches et leurs petits voiliers à fond plat qui pouvaient aisément se cacher dans les criques, hors de portée des grands navires de guerre espagnols.

L'histoire du Tabasco depuis sa conquête n'est qu'une longue suite de désastres. Lorsque les Espagnols foulèrent ces lieux pour la première fois, la population indienne des basses terres était estimée à quelque cent vingt-cinq à cent trente-cinq mille Indiens. Un siècle plus tard, il n'en restait plus que quatre mille six cent trente. La plupart étaient morts d'épuisement sous l'esclavage ou de terribles épidémies : rougeole, petite vérole, grippe, hémorragies, fièvres diverses, et probablement typhus. Ceux qui survécurent furent capturés par les pirates et vendus comme esclaves ou durent fuirent la région côtière avec les Espagnols.

Luis ne nous avait laissé qu'un maigre espoir de trouver trace des anciennes traditions maritimes indiennes dans le Tabasco, mais nous étions déterminés à passer la côte entière au peigne fin, non seulement celle du Tabasco, mais aussi celle du Yucatan, en espérant que peut-être en quelque endroit reculé nous découvririons des traditions miraculeusement préservées.

« Nous écumerons chaque lagon, chaque rivière s'il le faut », dis-je, plein d'espoir, à Pico le lendemain matin lorsque nous quittâmes Villahermosa pour Comacalco et la mer.

5

Comacalco

Il faisait froid lorsque le lendemain à l'aube, nous prîmes la route du nord.

Les cimes orange vif des flamboyants bordaient les avenues toutes neuves de Villahermosa qui nous menèrent vers de lugubres banlieues. Bientôt celles-ci laissèrent la place à un paysage de jungle marécageuse. Tout autour de nous, des bœufs et des vaches émergaient des hautes herbes, enfoncés jusqu'au ventre dans la boue de champs inondés, environnés de nuées d'oiseaux blancs comme des chalutiers au retour de la pêche.

La région, connue aujourd'hui sous le nom de Chontal-pa, est un carré d'environ vingt-cinq kilomètres de côte. C'est là que se trouve une trentaine de villages habités par des Indiens « étrangers », les descendants des fameux Putuns-Itzás, ceux-là même qui, aux jours de la conquête espagnole, cultivaient le délicieux cacao tant prisé par les Indiens. Aujourd'hui, la région de Chontal-pa est redevenue la plus importante productrice de cacao du Mexique.

Comme bien des gens, j'ai bu du cacao durant toute ma vie sans me préoccuper davantage de savoir d'où il venait et comment il était cultivé. Pourtant, tandis que nous nous frayions un chemin à travers les plantations, je me sentis tout à coup fier de ce que j'avais récemment appris dans les bibliothèques de Harvard; je me lançai, à l'intention de Pico, dans un discours sur « la fève qu'ils chérissent comme la prunelle de leurs yeux », comme Christophe Colomb l'avait si joliment dit lorsqu'il avait découvert le cacao sur les côtes du Honduras lors de son quatrième voyage en 1504.

Le cacaoyer est un petit arbre délicat et capricieux, au tronc tordu et à longues et larges feuilles. Délicat, car il a besoin de beaucoup d'eau. En fait, il lui en faut tout au long d'une année qui doit être chaude. C'est pourquoi on ne le trouve que dans des régions aussi invivables que le Tabasco, où chaleur et humidité sont insoutenables dans les jungles épaisses, torrides et détrempées du Guatemala, du Belize et du Honduras.

Non seulement les cacacoyers ont besoin de pluie toute l'année, mais en outre, ils exigent un sol sec... Un tel paradoxe nécessite donc un système de rigoles qui évacuent des racines cette eau que les feuilles demandent tant. Ce n'est pas tout : les cacaoyers adorent la chaleur mais ne supportent pas le soleil. Aussi doivent-ils pousser à l'ombre de grands arbres. C'est la raison pour laquelle une plantation de cacaoyers évoque un petit verger croissant au pied d'un plus grand, composé d'arbres majestueux. Ces arbres protecteurs sont de variétés très diverses, mais les Indiens de la Chontal-pa préfèrent des espèces comme le motté ou le *mango bravo*, voire le *kinihuilcuil*, qui présente l'avantage de produire un fruit comestible tout en enrichissant le sol de l'azote nécessaire au cacaoyer. Bref, la culture du cacaoyer est une science sophistiquée et tout semble indiquer qu'elle fut élaborée et perfectionnée par les horticulteurs Olmèques il y a plus de 3000 ans.

Les agronomes et botanistes modernes ne cessent de s'émerveiller devant le remarquable savoir-faire horticole des anciens Indiens d'Amérique. Ils étaient avant la lettre et avant l'heure d'excellents ingénieurs en biogénétique. Les complexes hybrides de plantes qu'ils élaborèrent au cours des siècles sont étonnants : le maïs, pour ne citer que lui, fut développé à travers la sélection et l'amélioration d'une petite graminée. Et puis, il suffit de se souvenir des nombreux fruits et légumes d'Amérique qui portent encore aujourd'hui dans nos langues européennes le nom qu'ils avaient en *nahuatl* (aztèque) : patate, tomate, avocat, etc.

Alors que l'on trouve le cacaoyer sauvage dans de nombreuses régions du bassin amazonien en Amérique du Sud ainsi que dans le sud de l'Amérique centrale, les Indiens ne consommaient pas ce cacao amer.

Il fallut aux Olmèques des années de sélection rigoureuse et de soins attentifs pour parvenir à sélectionner et mettre au point une variété de cacao sucrée, une espèce dont les cabosses sont rouges, non pas jaunes, et dont les fèves sont douces au lieu d'être amères. Ce cacao, connu de nos jours sous le nom de *crillolo*, fut la grande réussite de ces jardiniers olmèques. Le jour où l'homme goûta pour la première fois au délicieux chocolat *crillolo*, la face du monde en fut sans aucun doute changée.

Le cacao, pour une raison qui reste encore obscure, semble provoquer une véritable accoutumance. Si bien que la plupart des gens qui aiment le chocolat avouent, sinon qu'ils en sont fous, du moins qu'ils l'adorent. Le chocolat provoque de véritables passions. C'est sans conteste et de loin la plante d'Amérique qui a eu le plus de succès, celle dont la consommation a été adoptée dans le monde entier, bien plus que la patate, la tomate ou même le tabac. Du trio thé, café, chocolat, le cacao fut le premier à avoir été importé en Europe et des trois le plus consommé.

Personnellement, je n'irai pas jusqu'à tuer pour un carré de chocolat. Cependant, je dois avouer que de temps en temps, je plonge volontiers en voleur la main dans les boîtes de mes amis lorsqu'ils ont le dos tourné et que je suis allé même jusqu'à en voler en cachette de mes frères, ma femme, et, oui, à mes enfants.

Le chocolat, il faut le rappeler, concurrença en Europe le tabac et les bas nylon comme monnaie d'échange sur le marché noir durant la Seconde Guerre mondiale.

Pourquoi cela ? Qu'est-ce qui produit cette passion pour le chocolat ? Il n'y a aucune réponse claire à cette question. Le cacao contient de la théobromine, une forme de caféine qui donne un coup de fouet à l'organisme, mais en très faible quantité, à peine davantage que dans les pommes de terre ou dans d'autres végétaux ordinaires que personne n'aurait l'idée d'aller voler par plaisir chez des amis.

Il est assez intéressant de noter que le chroniqueur espagnol Sahagun relate que les guerriers aztèques s'enivraient d'une boisson préparée à base de fèves de cacao vertes. En fait, ces guerriers faisaient le serment de ne pas boire d'alcool et de boire du cacao à la place. En ce qui concerne les effets du chocolat fermenté, Sahagun raconte que certains « gisaient à terre en gémissant tandis que d'autres souriaient béatement ou hurlaient, et que d'autres encore pleuraient et se tordaient les bras de désespoir... » Bref, ils donnaient l'apparence d'être sous l'emprise d'une forte drogue. En fait, ce comportement se rapproche de celui des consommateurs des célèbres champignons hallucinogènes très en vogue au Mexique.

Alors que nous passions près d'un ranch au toit de tuiles et à la véranda à colonnades, j'aperçus un tas de cabosses de cacao. J'arrêtai la voiture et, quelques minutes plus tard, nous étions au mieux avec un planteur de cacao. Hélas, ce n'était pas un Chontale, mais un Mexicain d'ascendance espagnole, qui nous fit les honneurs de sa plantation.

Malheureusement, si les cacaoyers adorent l'humidité et l'ombre, les moustiques les apprécient tout autant. Pico et moi avions bien du mal à rester immobiles en écoutant notre nouvel ami nous vanter les mérites de chaque plant. Sa voix couvrait difficilement le bruit des claques que nous nous donnions pour tuer les maudits insectes. Tout portait à croire qu'ils préféraient le sang étranger au cacao et, à défaut d'en apprendre un peu plus sur le cacao, nous apprîmes à nos dépens que le Tabasco mérite bien son nom maya de « pays des moustiques ».

C'était bien une véritable passion que les Indiens éprouvaient pour le cacao; non seulement les fèves étaient utilisées comme monnaie, mais de plus les pauvres, qui ne pouvaient s'offrir ce breuvage divin, recherchaient les excréments des tapirs dans l'espoir d'y découvrir des fèves non digérées. Il n'est donc pas étonnant que le cacao ait fait à l'époque l'objet d'un commerce aussi lucratif qu'il l'est de nos jours.

Abrégeant notre visite à la plantation, nous partageâmes le déjeuner de notre hôte, composé d'un exquis potage de dinde, une spécialité précolombienne, avant de nous lancer à pleine vitesse vers la côte et les ruines de Comacalco.

Aujourd'hui, ces ruines bordent le Rio Seco (la rivière asséchée), un bras mort situé à la place qu'occupait jusqu'en 1695 l'ancien lit du Rio Grijalva. Comacalco avait donc été un port jusqu'à une époque relativement récente. Même si je ne pensais pas que les Arabes ou les Egyptiens aient pu faire voile jusque-là, aucun doute ne subsistait sur le rôle clé qu'avait joué la cité dans les relations commerciales avec les Mayas et les Mexicains.

C'est sous une pluie battante que nous nous retrouvâmes à marcher sur un sentier herbeux parmi les ruines. La lourde pluie tropicale noyait le paysage sous des trombes d'eau, mais on distinguait parfaitement la forme d'une haute pyramide à escaliers surprenante par son aspect moderne dû au matériau utilisé, des briques régulières de type romain.

Devant la pyramide, sur un gigantesque tumulus, s'élevaient les ruines d'un vaste palais. Il était également construit en brique et Pico lui trouva une certaine ressemblance avec les ruines des usines Krupp, dans la Ruhr. Ce qui n'était pas tout à fait faux, les briques noircies par le temps avaient en effet cette apparence sinistre des vieilles usines. A l'époque de leur construction, ces briques étaient recouvertes – certaines le sont encore aujourd'hui – d'un enduit de stuc blanc fait de coquilles d'huîtres pulvérisées. Je m'assis au sommet du plus haut bâtiment pour contempler silencieusement les marécages et les jungles qui nous entouraient. J'essayais d'imaginer la Comacalco de l'Antiquité... Sur le tronc des arbres qui bordaient les pelouses entourant les pyramides, je pouvais apercevoir les cabosses rouges des cacaoyers. L'argent des Indiens, de toute évidence la source de la richesse de Comacalco, autrefois un port bourdonnant d'activité. Selon ma théorie, le cacao était à l'origine de sa fortune. Les seigneurs de la cité ne tiraient pas seulement leurs ressources de la culture du cacao mais aussi, j'en étais convaincu, de son transport vers le nord, vers Mexico.

Il est intéressant de constater qu'aucune des briques des bâtiments de Comacalco ne sont issues du même moule. Chacune est d'une taille et d'une épaisseur différentes, ayant été façonnée à la main par différentes familles. Ceci explique sans doute la variété des inscriptions qui y figurent. Certains de ces graffitis, exposés dans le musée près des ruines, témoignent d'un surprenant talent artistique. Ils représentent, en haut-relief, des divinités mayas ou des glyphes compliqués. D'autres briques ne comportent que des dessins enfantins. D'après moi, toute ressemblance avec l'écriture arabe, égyptienne ou autre, ne peut être que pure coïncidence.

C'est dans une chambre voûtée du plus grand bâtiment de Comacalco que furent découvertes, en 1942, les statues de plâtre de sept « Seigneurs », baptisés les « Seigneurs de la Nuit ». Terriblement endommagées par les infiltrations d'eau, conséquence de l'ouverture des lieux, elles semblent être les gardiennes de la sépulture, ce que tendrait à prouver le museau de chauve-souris de l'une d'entre elles. Cet animal était considéré comme une créature du monde des morts. Ces effigies sont d'un réalisme frappant. Ce sont des hommes riches et importants, au ventre replet, coiffés de turbans surmontés de plumes. Ils évoquent davantage des négociants que des guerriers ou les gardiens des portes de l'enfer.

Nous savons d'après le chroniqueur Ciudad Real que la noblesse chontale, à l'époque de la conquête, avait « des traits plus fins et une allure plus avenante que les Mayas ».

Selon les universitaires Scholes et Royes, auxquels nous devons l'étude la plus fouillée sur les Chontales, « il semble tout à fait probable que le Tabasco, à cette époque, ait été le centre culturel d'un empire commercial... Les Chontales pouvaient très bien être considérés comme des modèles d'élégance ».

Nous sommes certains qu'ils étaient cosmopolites, qu'ils voyagaient beaucoup et parlaient au moins deux à trois langues. Le nahuatl, la langue des Aztèques de Mexico, le maya, celle de la péninsule du Yucatan et, bien entendu, le chontale, leur propre langue, apparentée au maya.

C'était une élite – ou du moins se percevaient-ils comme telle – car ils appartenaient à deux mondes et à deux cultures. Ils connaissaient Mexico, les Aztèques et leurs prédécesseurs, les Toltèques, et ils connaissaient également les Mayas, non seulement ceux du Yucatan, mais aussi ceux du Guatemala et du Honduras.

Cortés considérait les Chontales comme la plus raffinée de toutes les tribus indiennes, peut-être parce qu'il avait pris comme maîtresse la célèbre Dona Marina Malitzin, originaire du Tabasco.

Dès le début de la conquête, les Chontales-Putuns tinrent les Espagnols en respect. Tout d'abord, lorsqu'il découvrit le Yucatan en 1517, Cordoba leur avait livré bataille à Chanpoton, port de pêche et de commerce qui comptait trois mille pirogues. Les Espagnols furent repoussés la première fois et leur chef, Cordoba, fut si grièvement blessé qu'il décida d'annuler son expédition et rentra à Cuba, où il mourut de ses blessures peu de temps après avoir annoncé sa découverte de la Nouvelle-Espagne.

L'année suivante, lorsque Grijalva se lança sur les traces de Cordoba, il s'attaqua aux habitants de Campeche mais évita Chanpoton. Longeant les rivages du Tabasco, Grijalva fit voile vers l'embouchure d'une grande rivière (qui fut par la suite baptisée de son nom) où il fut accueilli par les seigneurs de la ville de Tabasco et ceux de Potonchan. De toute évidence, les noms Chanpoton et Potonchan signifiaient quelque chose comme « cité des Potons ou Putuns ».

Le prince de Potonchan avait une attitude amicale et Grijalva obtint une grande quantité d'or en échange de ciseaux et autres babioles, avant de reprendre la mer en direction des territoires aztèques du Mexique, où, comme le lui avaient promis les Putuns, il trouva de l'or en abondance.

L'année suivante, Cortés suivit à son tour les pas de Cordoba et de Grijalva. Il évita également Chanpoton mais remonta la rivière Grijalva et se dirigea vers Potonchan. A sa grande surprise, il fut confronté à une résistance armée. Apparemment, les princes de Chanpoton avaient reproché à leurs cousins de Potonchan de ne pas avoir combattu Grijalva et ces derniers avaient donc résolu d'attaquer Cortés.

L'artillerie espagnole eut tôt fait de mettre les Chontales en fuite. Vaincus, les Indiens vinrent offrir aux Espagnols des présents dont vingt jeunes femmes destinées « à leur préparer des gâteaux de maïs ». Ces jeunes filles furent baptisées à la hâte et données à la suite de Cortés. Ayant découvert que l'une d'elles, qui avait reçu le nom de Marina, parlait le nahuatl et le maya, Cortés l'employa comme interprète et, la trouvant à son goût, renvoya en Espagne Hernandez Puerto Carrero, l'homme à qui il l'avait précédemment offerte, en le chargeant de transporter l'or et sa première lettre au roi Charles Quint. Débarrassée de son propriétaire, Dona Marina ne se contenta pas d'être la précieuse interprète de Cortés : elle devint sa maîtresse. Grâce à elle, Cortés put négocier avec les nombreux et rusés chefs indiens qui se trouvèrent sur sa route lorsqu'il entreprit de conquérir Mexico. Marina fut bientôt connue des Indiens sous le nom de Malitzin et devint une héroïne très populaire. Martin, l'enfant qu'elle avait conçu de Cortés, est considéré comme le premier *meztizo* du Mexique, et c'est la raison pour laquelle son souvenir et la mémoire de sa mère sont encore honorés de nos jours.

Nous n'avons aucune explication relative à la séparation de Dona Marina et Cortés, qui, en 1524, de retour du Honduras par le Guatemala et le Tabasco, s'en défit pour l'offrir à un autre de ses compagnons, Juan Jamarillo, bien qu'elle ait continué de lui servir d'interprète par la suite. Leur fils Martin fut envoyé en Espagne où il fut élevé par un cousin de Cortés, Juan de Altamirano.

Cortés vouait aux Chontales une grande admiration et c'était probablement avec raison. Les Chontales-Acalans (le peuple des pirogues) de l'est du Tabasco le reçurent avec bienveillance lorsqu'il se rendit au Honduras et lui fournirent des cartes très précises, dessinées sur du tissu, lui indiquant la route à suivre. Ils lui donnèrent même une escorte de huit cents hommes.

Cortés considérait la capitale des Chontales de l'Est, Itzamkanak, comme l'une des plus belles villes qu'il avait pu voir depuis Mexico. Cette appréciation semble un peu exagérée, le site exact de la ville n'a pas encore été identifié, mais le plus probable, El Tigre, n'avait certainement pas la splendeur et la dimension de Mexico.

Tout cela me revint en mémoire alors que j'étais assis parmi les ruines de Comacalco, ruines que Cortés lui-même n'avait pas vues.

De récentes découvertes à Comacalco avaient apporté de l'eau au moulin de ma théorie sur le déclin des Mayas. Luis

Romero m'informa que les archéologues avaient démontré que Comacalco était contemporaine de la cité maya classique de Palenque. Pourtant, lorsque Palenque et les autres antiques cités mayas s'effondrèrent et moururent, Comacalco connut un regain d'activité et de prospérité. Cela prouvait bien que les Chontales avaient dû, d'une certaine façon, tirer profit du déclin des Mayas. Il ne me restait qu'à démontrer que c'était le commerce maritime des Chontales, dû à leurs bateaux exceptionnels, qui avait été à l'origine de cet effondrement.

A l'issue de cette réflexion, je quittai les ruines et me mis en route pour la côte où il me fallait découvrir les restes des traditions maritimes des Chontales.

M'étant enquis de la présence éventuelle de constructeurs de pirogues près de Comacalco, je fus orienté vers les abords du lagon de Mecoacan. Là-bas, vivait un certain Felipe, un *cayucero* ou constructeur de pirogues.

Peu de temps après, nous avançions sur une route sablonneuse qui serpentait entre les palétuviers. J'avais le sentiment d'arriver au bout du monde; par endroits l'eau léchait le bord de la route où, de loin en loin, se dressait un bosquet de cocotiers abritant des cases à toit de chaume. Un voile mélancolique et mort enveloppait les abords du marigot. A nouveau je me sentis en proie à la tristesse des tropiques sous la pluie, cette constante décomposition végétale sur laquelle plane le spectre de la mort.

C'est alors que la voiture s'enlisa. Les roues motrices patinaient désespérément, et je dus m'aventurer dans l'eau jusqu'aux mollets, assailli par un nuage de moustiques, pour nous tirer d'affaire. Une vieille fée Carabosse surgit de nulle part entourée d'une nuée de marmots efflanqués au teint jaune. Je ne reconnaissais pas encore les signes extérieurs du paludisme qui, hélas, affecte une grande partie des habitants du Tabasco.

La vieille femme envoya quelques-unes de ses filles filiformes nous aider à sortir la voiture de l'ornière et nous dit que le constructeur de pirogues, son cousin Felipe, était absent.

Nous repartîmes dans la boue en quête d'un autre constructeur. Nous passâmes tout l'après-midi à écumer les bords du lagon de Mecoacan, en vain. La seule pirogue que nous finîmes par trouver était tirée à sec devant une case et ressemblait à une auge à cochons.

« Je nous vois mal affronter l'océan là-dedans. »

« Moi si », me rétorqua Pico avant d'éclater de rire tout en chassant les moustiques. « Partons d'ici et allons dîner. »

Le soleil était sur le point de se coucher, aussi dus-je acquiescer. « D'accord, mais du poisson », hasardai-je, l'esprit encore occupé par les pirogues.

Nous prîmes donc la direction du port de Paradiso en suivant la route reliant Comacalco à la mer. Comme on aurait dû s'y attendre, la route menant au « Paradis » était jalonnée d'innombrables églises en ciment bleu ciel, rose ou jaune, portant le nom de diverses sectes.

De l'église baptiste de la Rédemption à l'église adventiste *del Hijo de Dios*, toutes les nuances du protestantisme étaient représentées. Cette prolifération d'églises était surprenante dans un État où l'anticléricalisme était naguère célèbre. Ces églises anglo-saxonnes qui fleurissent un peu partout inquiètent le gouvernement mexicain. Une étude en a dénombré une moyenne de six ou sept par village! On trouvait des Baptistes de toutes sortes, des Méthodistes, des Adventistes du Septième Jour et des Épiscopaliens. Bien que les Mexicains agnostiques se plaisent à voir dans cette invasion de sectes protestantes nord-américaines la main de la CIA et des intérêts américains, il semble que le Tabasco, originellement le plus pauvre des États mexicains, privé de ses églises catholiques traditionnelles au siècle dernier et bouleversé par le boom pétrolier, soit en train de subir une profonde crise religieuse.

Avec sa grande place bétonnée et son église de ciment, Paradiso était un peu décevant. Un ensemble urbain grisâtre bordé d'une plage souillée de pétrole. Durant des siècles, Paradiso était resté sous l'emprise des pirates, comme en témoignent les yeux bleus de nombre d'habitants, dont la peau claire couverte de taches de rousseur évoque davantage celle des Européens du Nord. L'annuaire du téléphone de Paradiso ne comporte que peu d'abonnés mais il s'y trouve beaucoup de Wade et de Wilson, ainsi qu'un Evans. Les descendants des pirates anglais sans aucun doute.

Nous finîmes par trouver un restaurant un peu plus loin au

bord de l'eau. Pendant que nous dînions, quelques grandes pirogues passèrent dans le crépuscule, leurs occupants pagayant debout avec de longues rames.

Ce fut pour nous une première lueur d'espoir.

« Je ne te vois pas pagayer debout en mer », fit remarquer Pico. Moi non plus. Mais les anciennes fresques mayas montraient bien des rameurs debout...

Le lendemain matin, il faisait beau. Le soleil inondait notre chambre d'hôtel, située en plein centre de Comacalco, ville trépidante à trois kilomètres des grandes ruines.

« Beaucoup d'argent, ici », commenta un habitant. « Les ouvriers pétroliers touchent une grosse paie deux fois par mois et les planteurs de cacao ont de l'argent toute l'année ». Le produit de cette richesse était une petite ville bruyante, aux rues perpendiculaires, tracées au cordeau et bordées de petites maisons à un étage peintes dans les nuances les plus criardes de bleu, de rose et d'orangé, parfois de violet, toutes couleurs qui se mêlent harmonieusement au Mexique.

La richesse de Comacalco se reflète dans le grand nombre de camions décorés. Très peu sont « austères », adjectif qualifiant ici les véhicules qui n'ont pas au moins dix feux sur chacun de leurs pare-chocs et assez de chromes pour faire pâlir un autel baroque. Nous nous mîmes en route à l'aube, en vue d'explorer la côte du Tabasco en remontant vers le Yucatan, à la recherche de constructeurs de pirogues.

Laissant derrière nous Comacalco, nous prîmes la direction de Puerto Cieba, dont le nom romantique évoque le plus majestueux des arbres de la région, aussi gros qu'un baobab, et qui pousse droit comme un pilier de cathédrale jusqu'à une cime couronnée d'une timide touffe de branches. La partie inférieure du tronc du *cieba* est cernée d'arcs-boutants rappelant les ailerons des fusées.

A première vue, le *cieba* semble l'arbre idéal pour construire une pirogue. C'est en tout cas ce que je pensais jusqu'à ce qu'on me dise que son bois n'est pas suffisamment solide. Une pirogue en bois de *cieba* dure à peine deux ans.

Jusqu'à une époque récente, Puerto Cieba était une étape côtière pour les vapeurs qui chargeaient l'acajou des forêts tropicales et le coprah provenant des innombrables cocotiers de la région. La ville s'étend le long d'un lagon en forme de rivière où miroitent les reflets des palmes. C'est aujourd'hui un endroit abandonné qui a perdu sa raison d'exister à la suite du boom pétrolier : deux énormes raffineries et des stations de pompage entourent le petit port qu'aucun bateau ne visite désormais plus. Ce qui reste du port est encombré de petits bateaux de pêche à moteur en fibre de verre. Pourtant, je remarquai un certain nombre de pirogues, beaucoup trop fines cependant pour pouvoir prendre la mer.

Nous poursuivîmes notre chemin sur une petite presqu'île étroite qui s'avançait au milieu du lagon. De chaque côté de la route, s'élevaient des cahutes de pêcheurs devant lesquelles se trouvaient des dizaines de pirogues. Je m'arrêtai pour parler aux pêcheurs.

Avaient-ils le souvenir de grandes embarcations de ce type ?

En avaient-ils vu qui pouvaient prendre la mer ?

Utiliseraient-ils les leurs pour sortir en mer ?

A toutes ces questions, quelle que fût ma façon de présenter les choses, je n'obtins qu'un non catégorique. Lorsqu'ils sortaient en mer, ils utilisaient des bateaux en planches. Même les plus âgés n'avaient jamais vu ni entendu parler de pirogues de mer.

« Pourquoi prendre une pirogue alors qu'il existe de si bons bateaux faits de *planchas* ? »

Je commençais à me demander si mon idée n'était pas un peu puérile. Mais pouvais-je faire machine arrière, désormais, et annoncer à mes sponsors que mon projet n'était en fait qu'une mauvaise idée ?

Je ruminais ces sombres pensées en conduisant lorsque soudain, au détour de la route, j'aperçus, posé sur des blocs à côté de ce qui semblait être un atelier de menuisier, un très grand bateau peint en vert qui me parut être une pirogue géante.

Je pilai net, repartis en arrière et sautai de la voiture. A ma grande surprise, je ne m'étais pas trompé. Le bateau vert, d'environ six mètres de long sur un mètre vingt de large, avait été construit dans un seul grand tronc évidé.

J'assaillis le menuisier de questions : qui l'avait construit, d'où provenait-il, avait-il déjà pris la mer ?

« Je ne sais pas », me répondit-il. « Je ne fais que le réparer. »

« A qui appartient-il ? » demandai-je, désespéré.

« A Don Angel, de Puerto Cieba. Tout le monde le connaît. Demandez Don Angel Castillo, il vous dira tout ce qu'il sait sur ce canot. »

Bientôt nous retrouvâmes la promenade bordée de palmes de Puerto Cieba. Un Indien à qui nous demandâmes où habitait Don Angel Castillo nous indiqua les bords de l'eau. Quand nous arrivâmes, un petit cercle de gens entouraient un monsieur d'un certain âge, grand, élégant, qui portait un pantalon blanc impeccable, des souliers blancs et une chemise brodée assortie. Couronnant le tout, il était coiffé d'un panama.

L'homme était d'évidence un personnage d'une autre époque et, même à cent mètres, on reconnaissait en lui le cacique local.

Royalement, Don Angel Castillo-Wilson me fit signe d'avancer tandis que le groupe s'écartait.

Il me pria de m'asseoir et me demanda le plus naturellement du monde ce qu'il pouvait faire pour moi, tant il était évident pour lui qu'arranger les choses de tout un chacun était de son devoir quotidien. Je lui exposai l'intérêt que présentait sa pirogue pour mes recherches.

« Vous savez, la grande pirogue verte. »

Il savait. « Je suis en train d'y faire mettre une nouvelle *lunetta.* C'est un très bon bateau. Bien sûr il faut le huiler tous les ans, sinon il s'imbibe d'eau. Je prends de l'huile de moteur. Avant, je prenais de l'huile de requin. »

« Qui l'a construit ? », demandai-je.

« C'était il y a quinze ou vingt ans, un homme de Tecolutilla. Je ne me rappelle pas son nom. C'était un bel arbre... Il n'y en a plus beaucoup comme ça maintenant... Si vous aviez vu comment c'était avant... Tout le bois que nous exportions... Maintenant il n'y a plus de place que pour le pétrole. »

Don Angel avait prononcé cette dernière phrase avec mépris et tristesse, comme si le pétrole était véritablement le produit le plus répugnant qui soit. Ce qui est peut-être vrai...

Il y avait tant de questions qui me brûlaient les lèvres, mais je me forçais à me contenir. Les Mexicains sont des gens très sensibles et respectueux. Je ne voulais surtout pas lui donner l'impression que j'étais mal élevé ou indiscret. Aussi, lui ayant présenté Pico, je lui expliquai poliment qui nous étions et ce que nous faisions.

« Je voudrais construire une grande pirogue comme celles des *antiguos* et prendre la mer avec », dis-je, utilisant le mot *antiguos* pour ne pas froisser sa susceptibilité en usant du mot *Indiens*.

« Non, nous n'utilisions jamais ces pirogues en mer, seulement des barques de planches, parfois à voiles, parfois des esquifs, mais toujours en planches. »

Je lui détaillai mon projet et Don Castillo le trouva « intéressant ». Il avait une expression amusée et devait me prendre pour l'un de ces jeunes fous modernes, mais il avait cependant l'air intrigué et prêt à me donner toutes les informations dont il disposait.

« Il y avait des hommes qui les utilisaient en mer, mais toujours en faisant attention au vent et aux vagues. Ici, le *Norte* est une catastrophe quand il souffle. Vous devriez utiliser un moteur, comme moi. Et puis il faut aussi faire attention au *Sur*, le vent du sud : il vous emmène au large.

Malheureusement, Don Castillo ne parvenait pas à se souvenir du nom de celui qui avait construit sa pirogue. Mais, répéta-t-il, il habitait à Tecolutilla.

C'est tout ce qu'il se rappelait. Nous prîmes congé de Don Angel, que nous devions revoir plus tard.

Je me ruai sur la carte. Je trouvai une ville du nom de Tecoluta. Était-ce bien le nom qu'avait dit le vieil homme ? Pico était certain du contraire. Mais la carte ne mentionnait pas de Tecolutilla.

Finalement, nous demandâmes à des gens. Il y avait bien une Tecolutilla, à quinze kilomètres à l'ouest de Comacalco. Qui avait raison ? Je décidai de me fier à la mémoire de Pico. Nous rebroussâmes chemin, repassant par Comacalco et ses plantations de cacao où flottait l'odeur, désormais familière et légèrement écœurante, des fèves fermentées.

Le temps était lourd, le soleil ne perçait que rarement la grisaille du ciel. Les prairies, où se dressaient des arbres gigantesques épargnés par le défrichement de la jungle, alternaient avec les plantations de cacao. Ici et là, des lambeaux de forêt subsistaient au bord de marais boueux envahis des fleurs bleu saphir de la jacinthe d'eau, fleur si jolie qu'on en oublierait qu'elle constitue un véritable fléau proliférant dans les eaux du monde entier.

Dans les champs se profilaient les silhouettes du bétail disparaissant jusqu'au col dans l'eau et les hautes herbes. Un bétail en bien mauvaise santé, comme en témoignaient de loin en loin les affiches d'une campagne de vaccination contre la peste bovine.

6

Tito

Au lieu de surgir brusquement au détour de la route, Tecolutilla poussa peu à peu sous nos yeux. D'abord apparut un ensemble de cabanes en chaume, auquel vinrent bientôt s'ajouter les inévitables maisons de béton.

Tecolutilla était l'envers de la médaille du boom pétrolier, une ville champignon misérable; dix-sept mille habitants, mais ni banque ni bureau de poste, des rues envahies par l'herbe où couinaient des cochons, une place bétonnée qui semblait avoir été construite la veille et dévastée le lendemain par une tornade. Un eucalyptus étique et cinq stands de limonade constituaient le centre-ville où grouillaient un millier d'enfants aux yeux écarquillés, quelques vieillards en guenilles assoupis sur des bancs et un cheval aussi famélique qu'eux. Tout cela empoissé par la chaleur moite des marécages avoisinants.

Nous descendîmes de voiture. Une centaine d'yeux nous épièrent tandis que nous entrions dans un petit magasin, une case en ciment tapissée de paquets de chips, de biscuits et de mouches. Dans un coin, une glacière rouge où baignaient dans une eau douteuse de salvatrices bouteilles de soda. Écrasés par la chaleur, nous en consommions en effet une quinzaine par jour.

Je venais de finir ma bouteille quand je me risquai à demander si quelqu'un fabriquait des pirogues dans les parages.

Ma question sortit tout le monde de sa torpeur et une demi-douzaine d'ivrognes vinrent me souffler leur haleine dans le nez. L'un d'entre eux connaissait un facteur de pirogues. Je vérifiai ses dires auprès de la limonadière, qui acquiesça. On nous désigna l'autre côté de la place. Il fallait demander un certain Tito.

Ayant payé, nous nous retrouvâmes sous un soleil tellement impitoyable qu'il me revint en mémoire la chanson qui dit qu'il n'y a que les Anglais et les chiens enragés pour se promener au soleil de midi. Je me suis toujours demandé si le fait d'être Français, mais élevé en Amérique et en Angleterre, m'empêcherait de tomber dans la catégorie des chiens enragés. Quoi qu'il en soit, je me sentais un peu idiot de me retrouver perpétuellement en plein soleil et, qui plus est, à la recherche d'un certain Tito, à une heure où les puces elles-mêmes font la sieste sur le dos de chiens mexicains pas si enragés que cela puisqu'ils dorment, eux, à l'ombre...

Comme à l'accoutumée, cent mètres plus loin, nous avions déjà perdu notre chemin et oublié le nom de la rue indiquée. Les rues étaient d'ailleurs plus exactement des tranchées de boue envahies d'herbe et nous garâmes la voiture pour demander notre route. Malheureusement, toutes les huttes étaient closes : leurs occupants dormaient ou étaient sortis. C'est seulement après que nous eûmes longuement insisté à la porte d'une cabane que des femmes nous ouvrirent et, avant même que nous ayons eu le temps de leur poser la moindre question, elles manifestaient d'un hochement de tête leur ignorance.

Finalement, on nous donna le nom de la rue et, peu de temps après, nous étions devant la porte d'une misérable hutte de palmes.

Tito le *cayucero* habitait-il là ? Une gamine de dix ans me regarda d'un air soupçonneux avant de hocher la tête. « *No esta* » (il n'est pas là), lâcha une femme qui apparut derrière la petite fille. Cinq minutes plus tard, une seconde femme, vêtue d'une robe à fleurs crasseuse se montra à son tour et nous demanda ce que nous voulions.

« Nous voudrions faire construire une pirogue. » La phrase tomba un peu à plat dans la chaleur. Sans se laisser impressionner, la femme répondit : « *Esta fuera* » (il est sorti).

Nous finîmes par comprendre que Tito était occupé à la construction d'une pirogue. Où, cependant, la femme l'ignorait. Quand il reviendrait, elle n'en était pas très sûre. Ce soir ou *mañana.*

Entre-temps, six enfants s'étaient attroupés autour d'elle, le plus petit, un garçon de dix ans, nous dit qu'il savait où se trouvait Tito. La femme lui jeta un regard courroucé tandis que je lui proposais de l'emmener avec nous dans la voiture pour aller chercher son père. Au mot de « voiture », les yeux du gamin s'allumèrent. La femme finit par le laisser venir et il partit fièrement devant nous dans la direction d'où il nous avait vus arriver. Il sauta sur le siège arrière et s'appuya sur mon épaule en m'indiquant le chemin. Après avoir traversé quelques villages, il nous annonça que nous étions arrivés. Je garai la voiture sur le bas-côté et suivis le gamin pieds nus qui s'était faufilé prestement dans un bosquet où s'engouffrait un sentier.

Quelques minutes plus tard, nous baignions dans la lumière verte d'une plantation de cacao. Tout en chassant les moustiques du mieux que nous pouvions, nous dûmes marcher près d'un kilomètre dans un labyrinthe végétal féerique. Avec la nonchalance d'un Tom Sawyer, tout fier de conduire ainsi deux étrangers, le gamin nous mena à travers buissons et fossés dans ce dédale d'arbres. C'est en pénétrant dans une clairière que nous trouvâmes Tito Vélasquez. Il se tenait debout sur le tronc d'un arbre abattu, tel un chasseur posant sur la dépouille d'un éléphant mort. Il était torse nu et transpirait abondamment en brandissant une énorme hache.

Tito sauta de son perchoir et s'essuya la main sur son pantalon avant de me la tendre en me regardant dans les yeux. Son regard était trouble, peut-être à cause de la fatigue ou de l'alcool. Il devait avoir environ quarante-cinq ans, mais paraissait plus vieux.

« Que puis-je faire pour vous ? » demanda-t-il respectueusement.

« Je voudrais construire une grande pirogue, comme celles des anciens, du temps où les *fuera borda* (les hors-bords) n'existaient pas encore. »

Je répétai alors pour la énième fois mon histoire. Ce qui avait pu sembler bizarre à Paris, improbable à Boston et naïf à Mexico, prononcé dans la lumière verdâtre d'un sous-bois d'une jungle du Tabasco, paraissait désormais la chose la plus naturelle du monde.

Tito prenait ma requête au sérieux, en vrai professionnel. Il s'enquit de l'usage que nous voulions faire de cette pirogue, de ses dimensions, de nos délais, et du type d'arbre et de forme que nous avions en tête.

Je lui expliquai que je ne voulais pas une pirogue de rivière à fond plat, mais d'une pirogue apte à prendre la mer. Connaissait-il ce genre de bateau ?

A ma grande surprise, la réponse fut oui. « Je peux vous construire un *santanero.* »

« Un *santa* quoi ? »

« Un *santanero.* Le nom vient de la barre de Santa Anna. C'est la forme que nous donnons aux pirogues de la Laguna del Carmen, qui communique avec la mer par la barre de Santa Anna. »

J'avais du mal à saisir ses explications. Finalement, je compris que les pirogues en question, qui pouvaient affronter la barre de Santa Anna, devaient pouvoir naviguer en pleine mer. Tandis que je restais là sans mot dire, Tito me dit : « Si vous avez une voiture, je peux vous emmener voir de quoi je parle. »

Nous acceptâmes avec empressement et aidâmes Tito à cacher son énorme scie et ses deux haches sous un tas de bûches.

Au bout de dix kilomètres, nous garâmes la voiture près d'un bois. La plantation où nous étions arrivés était encore plus infestée de moustiques que la précédente. Je ne savais déjà plus me repérer par rapport à Tecolutilla ou Comacalco mais cela n'avait plus aucune importance. Je me demandais si je n'avais peut-être pas fait un peu trop confiance à Tito lorsque soudain, écartant les feuilles d'un bananier, il découvrit à mes yeux un étonnant spectacle que l'on pourrait intituler : « Naissance d'une pirogue ».

Devant nous gisait l'un de ces géants de la forêt, les branches écrasées par la chute et tailladées à la hache. Au milieu de ce désordre de branchages, inattendu comme un joyau sur un lit de paille, apparaissait la forme parfaite et délicatement polie d'une grande pirogue. Il y avait quelque chose de magique dans cette scène, dû peut-être à la distance par rapport à la mer, et à la finesse de l'embarcation comparée à la matière brute dont elle émergeait et aux débris sur lesquels elle reposait. Je me rendis alors compte qu'une pirogue faite d'un seul tronc est avant tout une véritable œuvre d'art, une sculpture.

La pirogue était inachevée et la poupe présentait un large trou, là où le bois avait pourri.

Tito nous montra la proue et la poupe relevées et nous expliqua que c'était caractéristique des *santaneros* qui jadis prenaient la mer.

Cette découverte et la chance que nous avions eue me mettaient aux anges. J'avais fini par douter que nous puissions un jour trouver une personne à même de construire une pirogue de mer. Je m'étais dit qu'il nous faudrait au mieux plusieurs mois avant de la rencontrer. Et pourtant, comme par enchantement, mon rêve devenait réalité dès le deuxième jour de nos recherches.

La pirogue que nous voyions n'avait pas été construite par lui, nous informa Tito. Elle était, d'après lui, assez mal faite et avait besoin d'un bon *calfatero* pour colmater les trous de la coque. Néanmoins, il avait tenu à nous la montrer pour que nous sachions à quoi ressemblait un *santanero*, le seul genre de pirogue qu'il savait construire.

Je me hasardai à demander à Tito s'il saurait modifier la forme de la pirogue afin qu'elle ressemble davantage à celles des fresques anciennes. Il ne se montra pas emballé. « Je peux seulement vous garantir la forme que je sais faire, mais je peux essayer. »

C'était somme toute assez normal. Entre-temps, les moustiques avaient fait de l'endroit un enfer, tandis que nous mesurions la proue et la poupe en parlant métier, comme si j'avais passé ma vie à construire des pirogues. « La pirogue qu'il me faut doit être plus longue », dis-je.

Nous partîmes en discutant du dernier grand problème qu'il restait à voir : l'arbre à utiliser. Comme je voulais un grand bateau, il fallait l'arbre le plus gros de la région. Tito en connaissait-il ? Quel arbre me conseillait-il ?

Une heure plus tard, au cœur d'une autre plantation tout aussi infestée de moustiques, nous examinions un arbre immense dont le tronc massif devait faire près de cinq mètres de diamètre. « C'est un bon arbre. Encore faut-il que le propriétaire veuille bien le vendre. Vous voulez que je vous le présente ?

– Non, pas tout de suite », répondis-je. Les choses allaient un peu trop vite à mon goût : je n'étais pas prêt à prendre tant de décisions aussi importantes à la fois. Tito nous avait pris de court.

Nous rentrâmes à Tecolutilla en fin d'après-midi. Je voulais prendre mon temps pour réfléchir. Nous avions prévu des semaines de recherches pour trouver le bon constructeur et nous voulions encore parcourir toute la côte du Tabasco et du Yucatan. Qui sait ce que nous pourrions encore rencontrer? « Comment pouvons-nous le joindre ? », demandai-je. Bien entendu, Tito n'avait pas le téléphone et le courrier n'était pas distribué à Tecolutilla. Finalement, la solution était d'appeler Angel Pulido, qui possédait une papeterie près de l'école et avait le téléphone; il transmettrait nos messages à Tito.

Il faisait nuit lorsque nous partîmes et, en démarrant, je ne pouvais contenir ma joie.

« C'est incroyable qu'en deux jours nous ayons réussi à trouver exactement ce que nous cherchions, y compris un arbre géant. »

C'était trop beau pour être vrai mais nous célébrâmes tout de même cette victoire au dîner. Ce soir-là, nous convînmes de ne pas nous hâter pour autant. « Il y en a peut-être des milliers comme lui », hasarda Pico. Quoi qu'il en soit, nous avions eu de la chance.

Le lendemain matin à l'aube, nous quittâmes à nouveau Comacalco en direction de l'est et nous dépassâmes Paradiso pour Puerto Cieba. Nous retrouvâmes Don Angel Castillo-Wilson, le cacique, impeccable comme toujours, en chemise, pantalon et panama blancs, au milieu de sa cour de péons en guenilles.

Je lui contai notre bonne fortune et il me donna quelques indications sur les arbres à choisir. Le *piche* que j'avais vu était aussi appelé *guanacaste*. C'était un bois très léger, celui dont son canot était fait. Selon lui, le *caoba*, l'acajou et le *caracollio* étaient beaucoup trop lourds, et je risquais d'avoir des problèmes à manœuvrer une embarcation de cette taille.

Don Angel nous apprit que le bois du *piche* est doué de propriétés insecticides et peut repousser les redoutables tarets, ces vers des mers chaudes qui rongent le bois. « Vous n'aurez donc pas à peindre votre pirogue », nous expliqua Angel. Les Mayas et les Itzas n'avaient pas de peinture anti-tarets, raison probable de leur préférence pour le bois de *piche*.

Telles étaient nos conclusions lorsque, laissant Don Angel, nous poursuivîmes nos investigations sur la côte, déterminés à en apprendre le plus possible sur la navigation précolombienne et repérer la route qu'à notre tour nous emprunterions.

J'étais cependant loin d'être convaincu que nous pourrions prendre la mer. Nos conversations, même avec Tito, n'avaient conclu qu'à une utilisation des pirogues en pleine mer par beau temps et avec maintes précautions.

Après avoir relu soigneusement toutes mes notes sur la navigation précolombienne, il me fallut bien conclure que nous ne savons pratiquement rien sur la manière dont les Indiens utilisaient leurs pirogues pour naviguer en mer. Les Putuns et les Mayas voyageaient-ils en long courrier en utilisant les mêmes bateaux sur des longues distances ou bien changeaient-ils d'embarcation à chaque étape comme dans une sorte de relais ? Cette dernière méthode présentait le double avantage d'offrir des équipages nouveaux mais aussi des pilotes connaissant parfaitement les parages et sachant aller d'une crique à l'autre en évitant les écueils et les courants.

Tant de questions restaient encore sans réponse. Nous espérions cependant que notre voyage le long de la côte en apporterait quelques-unes.

Dix jours et trois mille kilomètres plus tard, Pico et moi rentrions exténués à Villahermosa.

Durant ces journées harassantes, nous avions pratiquement longé toute la côte du Yucatan, dormant sur les plages dans des cabanes de pêcheurs ou dans des hamacs à la belle étoile.

Nous avions remarqué qu'une grande partie de la côte, du

Tabasco jusqu'au cap Catoche, au nord-est de la péninsule, était bordée d'étroits lagons, des bras de mer en forme de rivières qui auraient très bien pu servir de voies intérieures protégées. Ces lagons avaient sans doute considérablement aidé les Chontales à rallier le nord-est du Yucatan, en leur permettant de s'abriter des vents et des courants trop forts. Ces voies naturelles avaient dû être reliées entre elles à l'époque précolombienne par des canaux creusés de main d'homme.

Il nous apparut donc que le voyage du Tabasco jusqu'au cap Catoche n'était finalement pas si ardu. Il était bien plus difficile en revanche de descendre la côte est du Yucatan, battue par le vent et dépourvue d'abris, une côte s'étendant du Yucatan à la baie d'Amatic, au Honduras.

Là, au lieu des lagons intérieurs, la côte était hostile et rocheuse; elle était surtout longée par le redoutable mur de la fameuse barre de corail, cauchemar des marins, qui mettait sérieusement en doute mon hypothèse de navigation côtière. Les puissants courants et les vents violents s'acharnaient à faire de l'endroit la côte la plus dangereuse de toutes et, tandis que je recevais en plein visage les alizés déchaînés qui atteignent ici le terme de leur longue traversée transatlantique, je sentis mon estomac se nouer sous l'effet de la peur, peur de l'eau, peur de la folie que je commettais.

Il était évident que, si je tenais à prouver la justesse de ma théorie, je devais prendre le risque de naviguer là. Il allait falloir concentrer toutes nos énergies sur cette tâche.

Hormis le fait que nous avions désormais une idée plus claire de ce que serait notre itinéraire, notre petite expédition le long des côtes n'avait pratiquement rien ajouté à notre connaissance de la navigation en pirogue. Partout, les pirates s'étaient appliqués à effacer la moindre trace des traditions maritimes locales. Tout le long de la côte, nous n'avions rencontré que des hommes, des femmes et des enfants blonds, portant des noms italiens, français et anglais, et qui furent bien en peine de nous renseigner.

Passé Puerto Cieba, nous nous étions rendus à La Fronterra, non loin du célèbre Pontochan où Cortés obtint la Malniche. La population locale avait bien souvent la peau claire et couverte de taches de rousseur, et habitait dans des maisons dont l'architecture rappelait davantage celle de la Nouvelle-Angleterre que celle du Mexique. Longeant la rivière Grijalva, c'est en vain que nous cherchâmes des gens capables de construire des pirogues. Pourtant, nous avions aperçu nombre de petites pirogues amarrées au bord de la rivière et, lorsque nous nous enquîmes de leur provenance, on nous répondit qu'elles descendaient la rivière Usumacinta depuis les jungles du Chiapas.

« Vous ne voyez pas qu'il n'y a pas de grands arbres, ici ? » nous lança un homme. « Qu'est-ce que vous reprochez aux bateaux en planches ou en fibre de verre ? » Mais nous n'étions pas venus pour nous justifier.

Ce que nous avait dit l'homme à propos des arbres se vérifiait chaque fois davantage à mesure que nous avancions vers l'est. Les jungles du Tabasco laissaient place aux forêts plus sèches et aux arbres plus petits.

Sur les plages du Yucatan, nous ne trouvâmes rien d'autre que des esquifs modernes, en fibre de verre, ou des bateaux à rames, probablement semblables aux baleinières des pirates.

7

La mort d'un géant

Pour atteindre le Yucatan, venant du Tabasco, nous devions traverser la Laguna de Terminos, lagon géant qui marque la limite du Tabasco. A l'entrée de ce lagon se trouve la Isla del Carmen, petite île de forme allongée qui, sous le nom de Tris, avait été la place forte des pirates de la côte. Ils s'y étaient installés pendant près de deux siècles. Au début, leur principale occupation consistait à attaquer les vaisseaux espagnols, mais, très vite, ils découvrirent que l'*Haematoxylum Campechanium* croissait en abondance sur les rives de la Laguna de Terminos et les côtes voisines. Le bois de cet arbrisseau noueux produit une teinture rouge violacé qui était très recherchée en Europe. Comme il ne poussait qu'en Amérique latine, il faisait l'objet d'un monopole espagnol que les Anglais, comme les Français, auraient eu plaisir à voir aboli. C'est pourquoi les comptoirs pirates du Tabasco et du Yucatan furent encouragés à récolter de ce bois. Les vaisseaux anglais furent envoyés dans les eaux espagnoles depuis la Jamaïque pour l'acheter aux communautés de pirates. Avec le temps, les pirates et leurs descendants finirent par être connus sous le nom de « coupeurs de bois de teinture ».

Ce n'est que vers la fin du XVIIIe siècle que les Espagnols purent enfin reprendre le contrôle de l'île de Tris. Mais cependant, les coupeurs de bois y subsistèrent. La découverte des teintures synthétiques à la fin du XIXe siècle vint mettre un terme au commerce qui les avait enrichis.

Il est intéressant de remarquer que, lorsque Grijalva découvrit l'île de Tris, il y trouva, dans un temple, des statues érotiques. Les chroniques d'Oviedo font également état de pirogues naviguant sur le lagon de Terminos, *a remo y vela* (à rame et à voile) qui auraient été aperçues de ce même temple. C'est l'une des rares fois où il est question de voiles dans l'Amérique précolombienne.

La question des voiles fait l'objet de bien des controverses. Les Indiens d'Amérique connaissaient-ils la voile ? Curieusement, il n'y a pas de réponse claire. Hormis la mention d'Oviedo, il n'est fait état de pirogues à voile que deux fois dans la littérature coloniale sur le Mexique. Une fois près de la baie de l'Amatic, juste au nord de Nito, le grand port commercial des tropiques sur les frontières du Honduras. C'est là que Sandoval repéra en 1925, selon Bernal Diaz de Castillo, une pirogue naviguant à *remo y vela*. Motolino, d'autre part, raconte qu'une pirogue à voile fut aperçue vers Cozumel en 1519, avec à son bord l'un des naufragés espagnols qui avait vécu dans le Yucatan avant sa découverte officielle.

S'agit-il d'erreurs ? Ou ces voiles furent-elles adoptées par les Indiens dès qu'ils virent les navires espagnols ? Il est difficile de trancher. Les spécialistes soulignent qu'en Équateur les voiles étaient sans doute connues et utilisées avant l'arrivée des Espagnols. Si c'est le cas, des recherches récentes ayant conclu que les Équatoriens faisaient du commerce avec les Mexicains, la voile pouvait bien être connue au Mexique, même peu ou pas utilisée.

Cette controverse sur la voile devenait pour moi de plus en plus importante. A vrai dire, alors que j'embrassais depuis les rivages du Yucatan la totalité du voyage que je m'étais engagé à entreprendre, je commençai à vaciller. Je m'aperçus qu'à la différence des Itzas et des Mayas, je ne pourrais pas utiliser des esclaves pour ramer. Une voile me paraissait essentielle pour naviguer sur un si long parcours.

Je me voyais emporté en haute mer, trop épuisé pour pouvoir ramer contre les vents. Une voile pourrait nous être d'un précieux secours.

Les pirogues modernes naviguant sur les grands lagons du Mexique utilisaient des voiles. Mais qu'en était-il du passé ?

Nous demandâmes à des vieillards s'ils se rappelaient avoir vu dans leur jeunesse des voiles faites de *petate*, les nattes de papyrus local tissé par les Indiens vivant dans les lagons du Tabasco.

Nous reçûmes plusieurs réponses affirmatives. Un vieux pêcheur nous expliqua que ceux qui étaient « trop pauvres pour acheter de la toile » utilisaient des *petate*. Ceci ne prouvait pas bien entendu que les Indiens précolombiens aient utilisé des voiles, mais du moins savions-nous désormais que les nattes de roseaux pouvaient en faire office.

Dans un village, un Indien comprit mal ma question. Lorsque je lui demandai s'il utilisait ces nattes comme voiles lorsqu'il était enfant, voulant lui demander par là s'il se souvenait d'avoir vu des voiles faites de nattes, son visage s'éclaira : « Oh oui! Enfants, on se mettait debout en tendant une natte entre nos bras pour faire une voile et on faisait la course. »

Bref, ce Chontale me racontait qu'il avait « inventé » la voile dans son enfance en utilisant les nattes que font les Indiens. Si cet homme avait « inventé des voiles en papyrus tissé », pourquoi les premiers Indiens n'en auraient-ils pas fait autant, puisque nous savons qu'ils tissaient déjà de telles nattes pour en faire des tapis.

De retour à Mexico, je mis la dernière touche à mon projet. Pilar Luna pensait comme moi que nous avions eu de la chance de rencontrer Tito Vélasquez, probablement l'un des derniers hommes à savoir construire une pirogue de haute mer. Nous décidâmes qu'il serait plus sage de s'appuyer sur ses connaissances traditionnelles et de le laisser construire le bateau comme il l'avait appris, son savoir ne pouvant provenir que des traditions indiennes, les Espagnols n'ayant jamais construit ce type d'esquif. Nous ferions donc construire un *santanero* en respectant très strictement les traditions locales.

Il fallait que je retourne dans le Tabasco pour y trouver, si possible, un arbre plus gros. En ce qui concernait l'itinéraire de notre expédition, nous avions conclu que la route idéale pour démontrer au mieux ma théorie serait de naviguer de la baie de l'Ascension à celle de l'Amatic. C'est-à-dire suivre toute la côte du Yucatan jusqu'à l'endroit où elle dessine un angle droit avec celle du Honduras, site de Nito, le grand port de commerce des Indiens.

Deux raisons présidaient au choix de la baie de l'Ascension comme point de départ. Tout d'abord, grâce au chroniqueur espagnol Cuidad Real, nous savions que près de cette baie se trouvaient les « temples des dieux et idoles des seigneurs de Chichen Itza. Lorsqu'ils allaient au Honduras pour s'approvisionner en cacao, en plumes et autres marchandises, ils passaient par ces sanctuaires et y faisaient des offrandes et sacrifices ». La seconde raison était qu'en 1959, j'avais découvert au nord de la baie de l'Ascension un ensemble de temples mayas et de ports, sans aucun doute ceux-là mêmes où les Itzas s'embarquaient.

Au fond de moi-même, je sentais bien que cette idée de descendre toute cette côte battue par les vents n'était qu'une pure folie. Je mourais de peur, mais je conservais une sorte d'espoir. Je trouverais des Indiens pour ramer, des gens qui connaissaient bien la côte. Au pis, cela prendrait quatre mois, mais par petites escales, on devrait pouvoir y arriver.

Trois semaines plus tard, j'étais de retour à Paris pour faire part à M. Michaud des progrès de notre mission. J'étais prêt, lui dis-je, à acheter un arbre et à commencer la construction de la pirogue. Je lui exposai également notre itinéraire. « Ce serait malhonnête », lui expliquai-je, « de vous cacher les énormes risques que cette expédition présente. Je n'ai pas la moindre idée de la façon dont la pirogue va se comporter dans les vagues face au vent. Peut-être pourrons-nous seulement couvrir cent kilomètres de l'itinéraire prévu de sept cents kilomètres. Le projet pourrait très bien se révéler un fiasco, un désastre. Nous avons autant de chances d'essuyer un échec que de réussir », dis-je en conclusion.

M. Michaud acquiesça, en homme habitué à déléguer son autorité. « C'est à vous de voir. Faites comme vous le jugerez bon. »

Une semaine plus tard, j'engageai Pierre Olivier comme bras droit, coéquipier et comptable. Pas très grand, blond aux yeux bleus, il présentait toutes les qualifications requises pour être le quatrième membre de cette expédition maritime précolombienne. Ancien champion international de plongée sans oxygène, il était excellent nageur. Je pouvais donc compter sur lui pour tous nous sauver de la noyade et s'occuper, si c'était nécessaire, de récupérer l'épave de notre pirogue si nous venions à couler.

En tant qu'homme, Pierre fut et restera pour moi un mystère. Professeur d'économie, il avait été professeur titulaire à l'université de Lyon puis un beau jour, il avait décidé de faire ce qu'aucun professeur n'ose jamais : mettre en pratique ses théories. Il avait donc quitté l'université pour se lancer dans les affaires. Il y avait tellement bien réussi que dix ans plus tard, âgé d'à peine trente ans, il s'était retiré pour vivre ses rêves d'enfance, s'installer sur une île privée, au beau milieu des tropiques. Pierre avait acheté un hôtel sur sa propre petite île aux Maldives. Il savait tout des eaux tropicales, des récifs, des moteurs hors-bord, des requins, des barracudas et autres sales bêtes que nous risquions de rencontrer.

Pierre voulait m'accompagner, ayant fini par se lasser de vivre au paradis où manquait la dimension de l'aventure. De mon côté, j'espérais que je ne l'emmenais pas tout simplement en enfer...

J'avais donc maintenant un bien étrange équipage : un docteur en économie expert en plongée, deux dames archéologues sachant nager et un jeune archéologue mexicain qui ne savait faire ni l'un ni l'autre.

Il me fallait maintenant un cinéaste pour filmer l'expédition. Pourtant, je n'aime guère les films; habituellement une équipe de cinéma est tellement encombrante qu'elle gâche la moindre aventure. J'en avais fait l'amère expérience dans mes voyages passés et, cette fois, je choisis notre cinéaste avec le plus grand soin. Le sort échut à Jacques Falck. Autant Pierre était petit, blond au teint clair, et au tempérament espiègle, autant Jacques Falck était grand, brun et calme. Jacques était une encyclopédie ambulante. Il connaissait tout des pellicules, des émulsions, de la lumière et des objectifs. Il pouvait parler en parfaite connaissance de cause de tout ce qui touchait de près ou de loin au cinéma. Il en était de cette spécialité comme du reste, à commencer par la voile, où il était passé maître, jusqu'aux crises d'appendicite, étant en outre médecin! A le voir, on pensait qu'il était né avec ce sérieux solennel et la science infuse. Pourtant, comme pour compenser cet aspect un peu aride et précis de sa personne, sa naïveté et sa sensibilité en faisaient un authentique artiste et un excellent ami. Il serait chargé de filmer notre succès – ou notre échec – et je le laissai monter son équipe à Paris tandis que je repartais avec Pierre pour Mexico.

Quelle situation étonnante lorsque Pierre, docteur en économie et moi-même, ancien étudiant de la Havard Business School, nous assîmes dans la maison du boucher de Comacalco, le señor Juan Trujillo, pour rédiger le très sérieux contrat de deux pages selon lequel nous achetions le *piche* géant qui se dressait dans son ranch d'El Papal, non loin de Comacalco. Il m'en coûta deux cent cinquante mille pesos (cent dollars) pour obtenir ce monstre et le droit de construire une pirogue sur son terrain. Tout fut signé et paraphé par chacun, y compris Tito Ullin Vélasquez, notre maître d'œuvre.

Il avait fallu un mois à Tito pour trouver l'arbre en question, gigantesque *piche* de trente mètres de haut et cinq de tour. Il se dressait à six kilomètres de Comacalco, dans un pâturage marécageux que l'on atteignait par une petite route poussiéreuse, non loin des cabanes de palmes d'une petite ferme. Le propriétaire de la ferme affirmait que, lorsqu'il s'y était établi quelque soixante-dix ans plus tôt, l'arbre était tout petit. Nous estimâmes donc (ce que le décompte des anneaux confirma par la suite) que l'arbre était âgé de quatre-vingts ans. Il était splendide. Au premier abord, je ressentis une espèce de honte à faire abattre ce magnifique géant. Les Indiens d'Amérique, avais-je lu, utilisaient des arbres que le vent avait abattus. Malheureusement, je n'avais pas la patience d'attendre et il était évident que, si les Indiens préféraient des arbres déjà abattus, c'est qu'ils évitaient ainsi d'avoir à les couper eux-mêmes, travail difficile sans scie et avec des haches de pierre, les Indiens ignorant tout du fer.

A Mexico, j'avais discuté de la question avec Pilar Luna. Devions-nous utiliser des outils précolombiens en obsidienne et en pierre taillée ? Fallait-il creuser la pirogue en la brûlant comme le voulait la tradition ? Finalement nous conclûmes que ce ne serait là qu'une attitude puérile qui n'avait rien de scientifique, puisque nous connaissons mal les outils utilisés à l'époque. L'essentiel pour vérifier notre théorie était que la pirogue soit bien construite et capable de tenir la mer. Nous décidâmes là aussi de nous en remettre au savoir-faire de Tito et de le laisser utiliser ses haches, sa scie et son herminette de métal.

« Il faudra faire très attention à ce que la pirogue ne se fende pas », m'avertit Pilar. « Nombre d'expériences dont j'ai entendu parler se sont terminées en désastres. Tout d'abord, il faut couper le bois selon les phases de la lune. » L'avertissement me fit rire mais j'en pris bonne note. Je restais hanté par le cauchemar de ma pirogue se fendant en deux.

Lorsque deux semaines plus tard je revins dans le Tabasco, Tito Vélasquez me confirma les dires de Pilar Luna.

« *Tenemos que cortalo a la luna meguante* (Il faudra couper l'arbre à la lune descendante) », dit-il. « Sinon la pirogue se fendra à cause du manque de sève dans le bois. »

Tout était prêt pour la grande opération. Pierre et moi devions descendre le 4 novembre pour assister à l'abattage de l'arbre le 5.

Il faisait froid et il pleuvait le matin du 5, tandis que, les pieds dans la boue, nous attendions au pied de « notre » *piche* dès huit heures. Alexandro, un photographe mexicain, avait remplacé Pico qui ne pouvait pas venir. Tout autour de nous s'étendaient des marais, couverts de jacinthes d'eau bleues, qu'arpentaient des pique-bœufs d'un blanc immaculé. Les bœufs et les autres bêtes à cornes qui hantaient habituellement les lieux avaient par bonheur déserté le pâturage. Nous étions seuls. Hormis le bruit des gouttes de pluie sur les feuilles et les rafales de vent sifflant dans les hautes branches de l'arbre que nous venions abattre, il régnait un silence pesant.

A neuf heures, Tito ne s'était toujours pas montré. J'étais frigorifié et trempé, mais peu inquiet. Les Mexicains sont connus pour leur notion très personnelle du temps. A midi, je décidai tout de même de me rendre à Tecolutilla. Il nous fallut près d'une heure pour atteindre la maison de Tito. A ma grande surprise, une jeune femme nous apprit que Tito n'habitait plus là. Il avait déménagé à C11. « Demandez à l'église baptiste de C11, ils vous diront où il habite. »

C11... C onze, avait dit la femme. On nous expliqua plus tard que c'était en fait le nom d'un village, l'un des trente qui avaient été bâtis sur les marais asséchés par Petroleos Mexicanos, villages éparpillés sur un damier de routes perpendiculaires et de canaux qui sillonnent des centaines de kilomètres carrés de marais au sud de Tecolutilla. Ce lotissement, nommé C pour Cardenas, était en quelque sorte un « cadeau » de la compagnie des pétroles nationaux aux fermiers du Tabasco. Des terres neuves distribuées aux pauvres gens, une *colonia.*

Il faisait nuit lorsque, après quatre heures de conduite ininterrompue, nous finîmes par nous avouer complètement perdus. Nous avions conduit pendant trois cents kilomètres évitant les nids-de-poule le long des routes droites bordées de haies de roseaux. C'était comme si nous nous étions engagés dans un tunnel ne conduisant nulle part. Ce qui aurait dû être un jeu d'enfant, trouver un lotissement numéroté dans un ensemble géométrique, était devenu un véritable jeu de l'oie. Chaque fois que nous pensions être près du but, nous nous perdions à nouveau. Lorsque nous quittions le lotissement C9, alors que nous nous attendions à atteindre le C10, nous nous retrouvions sur le lotissement C28... Manifestement, quelque chose « clochait », non seulement dans la signalisation mais aussi dans le développement de la colonie. Bien entendu, rien n'avait été prévu pour entretenir les routes, qui, pour couronner le tout, étaient absolument désertes, les fermiers étant bien trop pauvres pour posséder des voitures. Si bien que nous n'avions encore rencontré personne susceptible de nous renseigner durant notre périple nocturne à la recherche du C11...

Il était neuf heures lorsque, comme par miracle, nous arrivâmes au C11, après avoir repéré un panneau et quelques lumières dans le lointain. En suivant les lumières, nous atteignîmes un bâtiment éclairé qui se révéla être l'église baptiste. Nous remerciions déjà la chance lorsqu'un Indien nous apprit que Tito n'appartenait pas à cette église-là, mais à une autre qui se trouvait de l'autre côté de la place. La porte de cette seconde église était ouverte et les chants en provenance de l'intérieur indiquaient qu'on y célébrait une cérémonie. Le service terminé nous descendîmes de voiture et, à notre grande joie, nous nous trouvâmes nez à nez avec Tito. Notre *cayucero*, très élégant avec son chapeau de paille, son pantalon et sa chemise tout neufs – achetés de toute évidence avec l'avance que nous lui avions faite – semblait pour le moins surpris...

J'étais un peu excédé : « Que fais-tu là ? Nous t'avons attendu toute la journée. »

Tito se cabra.

« Je n'ai rien signé. Vous ne pouvez pas me forcer. »

Sa réponse me choqua. J'étais hors de moi. Qu'est-ce que cela signifiait ? Je ne pouvais pas me permettre de perdre Tito : après tout, c'était la seule personne capable de construire notre embarcation. Quelle mouche l'avait piqué ? Que s'était-il passé ?

Ravalant ma rage, j'essayai de rester calme et de faire preuve de compréhension et de diplomatie.

Visiblement, Tito était très gêné en nous menant à une cabane en rondins de palmiers et à toit de chaume, juste à côté de l'église. Il commença par marmonner des phrases où il était question de « choses qui avaient changé ». Petit à petit, je commençai à comprendre qu'il était devenu une espèce de prêcheur baptiste dans sa nouvelle paroisse, où il avait prévu de devenir fermier et d'abandonner son ancien métier. Il nous expliqua alors que C11 était à cinq heures de car de l'endroit où nous avions acheté l'arbre et que désormais, eh bien, il lui serait difficile de construire notre pirogue.

J'étais abasourdi. Il était absolument hors de question que Tito nous abandonnât, nous et notre arbre. En outre, j'étais furieux, car Tito avait demandé une somme non négligeable pour ce travail et avait reçu une confortable avance.

« Ne donnez jamais la moindre avance », m'avait-on pourtant recommandé. Mais je faisais tellement confiance à Tito que j'avais négligé cet avis. Qu'allions-nous faire désormais ?

Retenant toujours ma colère, j'expliquai à Tito que nous étions venus le chercher pour qu'il coupe l'arbre, et que nous devions partir sur-le-champ. Il commença à protester, je ne lui en laissai pas le temps. J'empoignai sa hache et, déclarant à sa femme que nous serions de retour au plus tôt, poussai Tito dans la voiture. Il n'essaya pas de résister.

Durant tout le trajet mes pensées furent assombries à l'idée que nous ne pourrions jamais construire une bonne pirogue avec un ouvrier qui renâclait à la tâche. Tito ne cessait de me répéter qu'il habitait désormais beaucoup trop loin, mais je ne me laissai pas ébranler. « Un accord est un accord », répondis-je, tout en lui promettant discrètement davantage s'il faisait du bon travail. Finalement, Tito parut fléchir et nous passâmes tous la nuit au Domino, notre hôtel miteux de Comacalco.

Le lendemain matin, Tito nous expliqua que sa scie la plus longue était pourtant trop courte pour l'arbre. Avec la patience d'un conducteur de yak que j'avais acquise durant mes années dans l'Himalaya, je surmontai l'obstacle et lui dis qu'il n'y avait qu'à utiliser une tronçonneuse pour scier l'arbre. Une véritable quête du Graal s'ensuivit pour dénicher une grosse tronçonneuse et quelqu'un à même de s'en servir. Dieu merci, Tito avait des « contacts » dans la région et, après quelques tentatives infructueuses, nous réussîmes à convaincre un bûcheron de nous accompagner.

Lorsqu'on lui désigna notre arbre, l'homme pâlit. Il nous avertit que l'entreprise allait être dangereuse et difficile, mais il accepta la tâche et, peu de temps après, il était à l'œuvre avec son monstre bruyant.

Il commença par couper un par un des morceaux du tronc en forme de tranches de fromage. Le temps s'était éclairci et l'après-midi était bien avancé lorsque enfin le géant parut prêt à tomber. L'air était chargé de suspense. « Si le tronc se fend en tombant, tout est perdu », dit Tito. C'était, ajouta-t-il, ce qui venait d'arriver à l'arbre qu'il avait abattu lorsque nous l'avions rencontré. Il ne s'en était pas rendu compte sur le moment, mais le tronc s'était fendu et le bois était inutilisable.

J'avais préparé une petite caméra pour filmer la chute et j'avais demandé au photographe Alexandro de se placer à un endroit où il pourrait prendre en photo le géant qui s'abattait.

Tout était prêt. La tronçonneuse donna encore quelques coups. A chaque fois, la lame risquait de se coincer dans le bois. Puis, l'ouvrier poussa un cri. Un profond silence s'abattit, suivi d'un grondement tragique... Le silence revint, mais, petit à petit, les branches supérieures commencèrent à s'incliner. Le mouvement s'accentua et, avec un crépitement qui s'enfla jusqu'à devenir un épouvantable tonnerre d'explosion, l'arbre s'effondra, ses branches se fracassant l'une après l'autre. Le silence retomba. Une onde de choc totalement inattendue secoua le sol, me fit perdre l'équilibre, et je me cognai l'œil avec ma caméra. Le silence fut alors brisé par les milliers d'oiseaux, aigrettes, hérons, poules d'eau, moineaux et éperviers qui, effrayés par le bruit, s'élevèrent en spirales des marais, piaillant à l'unisson comme pour crier leur douleur et prendre le deuil du géant que nous venions d'assassiner. Je restai immobile.

Personne ne bougea durant de longues minutes, puis, lentement, l'un après l'autre, nous nous rassemblâmes autour du tronc comme s'il se fût agi d'un moribond.

8

Au pied du mur

Jusqu'à ce matin morose, je m'étais persuadé que la construction d'une pirogue traditionnelle ne poserait pas plus de problèmes que celle d'un bateau ordinaire. J'avais tort. Comme je l'ai déjà remarqué, une telle embarcation est une sculpture, une œuvre d'art. Ce qui implique que le processus de construction soit artistique, entraînant inévitablement tous les aspects imprévisibles et chaotiques qui vont de pair avec l'art. Pire encore, c'est de l'art qui s'exerce sur du bois, donc entièrement tributaire du matériau brut dont il est fait. Le tronc d'arbre n'était pas seulement le corps de notre bateau : c'était aussi son âme, capricieuse comme une maîtresse aux penchants suicidaires. Le moindre coup assené au mauvais endroit et l'embarcation était perdue. La moindre fente, et nous pouvions dire adieu à notre expédition. L'arbre que nous avions abattu n'était pas un moyen d'arriver à nos fins, c'était le but ultime lui-même, et ce que nous ôtions au fur et à mesure de la taille était jeté. L'arbre lui-même était le bateau.

En fait, j'allais m'en rendre compte par la suite, c'était l'arbre, par ses dimensions, qui déterminerait la forme de notre pirogue.

Tandis que nous nous rassemblions autour du géant abattu, nous prîmes véritablement conscience de ce à quoi nous nous exposions réellement. Tout d'abord, des termites avaient commencé à ronger le cœur et la base de l'arbre. A la différence des tarauds et d'autres insectes, les termites restaient insensibles aux propriétés insecticides du *piche*.

« Alors ? » demandai-je anxieusement à Tito qui examinait l'étendue des dégâts. A l'aide de sa machette, il éprouva la solidité du cœur de l'arbre et en retira du terreau et du bois pourri. Il secoua la tête :

« Peut-être bien qu'on va devoir abattre un autre arbre. »

Mon cœur chavira. Je savais qu'il n'y avait aucun arbre à la ronde comme celui-ci. Quant au premier arbre que nous avions vu, il était tellement couvert de parasites sur les branches basses que je le soupçonnais d'être encore plus pourri et creux. Que pouvions-nous faire ?

Tito avait l'air préoccupé.

« Tout dépend de l'étendue des ravages des termites. On pourrait faire une pirogue un tout petit peu plus petite. »

Nous entreprîmes donc de mesurer l'arbre. La tâche n'était pas facile car, bien qu'il ait été abattu, le tronc, supporté par les branches, était encore à cinq mètres du sol !

A ma grande surprise, Tito annonça que notre pirogue ne pourrait dépasser six mètres cinquante de long, ce qui équivalait aux dimensions habituelles des petites pirogues de rivière. Il m'expliqua pourquoi en me montrant que le tronc se rétrécissait considérablement dès les premières branches.

« C'est une caractéristique de tous les *piches*. Leur tronc est relativement court. »

Nous prîmes les mesures du diamètre du tronc : un mètre soixante-quinze à la base.

« Je pense que nous pourrons arriver à une largeur d'un mètre vingt-cinq », annonça Tito. Bien que possédant un mètre pliant gradué en pouces et en *vargas* (mètres), il avait pris les mesures à vue d'œil. En fait il allait travailler sans plan, « de sa simple tête », comme il m'expliqua. J'essayais de rendre sur le papier ce que Tito me décrivait au fur et à mesure qu'il inspectait l'arbre. La forme de la poupe et de la proue, la courbe de la coque et des plats-bords étaient finalement l'expression de l'art et du savoir-faire dont Tito avait hérité au terme d'une longue lignée de constructeurs de bateaux issue des temps les plus reculés, bien avant la conquête de Christophe Colomb et de ses caravelles, les premiers « bateaux de planches » qu'aient jamais vus les Indiens d'Amérique.

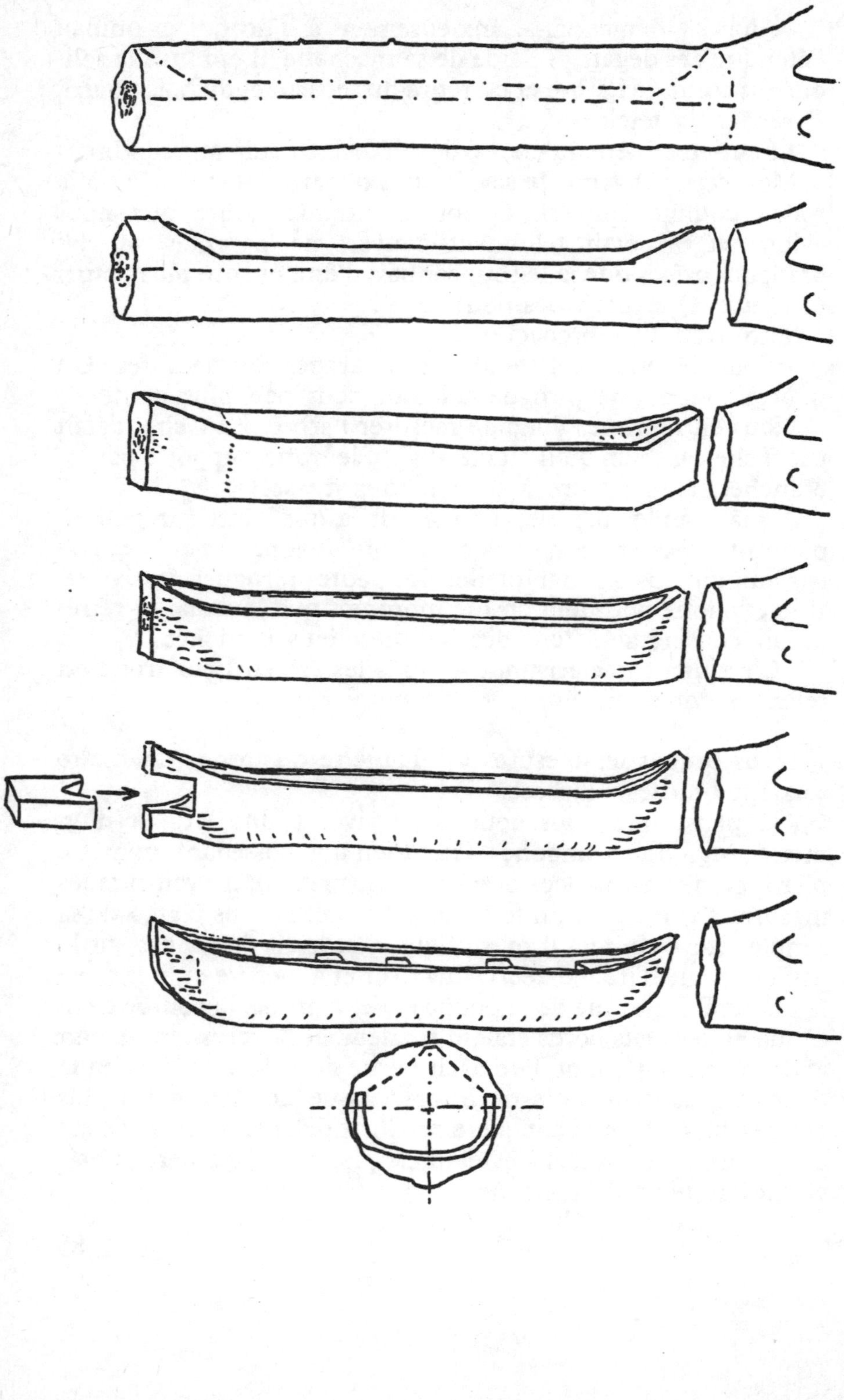

Tito sortit deux vieilles piles de sa poche et les fendit en deux avec le plat de sa hache. Il mélangea ensuite la poudre noire qu'il avait recueillie avec l'eau d'une flaque voisine et trempa dans le liquide un long morceau de corde.

Une fois ainsi soigneusement teinte, la corde fut attachée à des clous que Tito avait enfoncés dans le tronc. Ayant tendu la corde, il la tira et la relâcha pour tracer le long de l'écorce verdâtre une ligne noire. C'était la ligne médiane, tracée à une paume du milieu du tronc. C'est d'après elle qu'il établit toutes les autres mesures. La profondeur représentait la moitié de la largeur du tronc à partir de cette ligne, la proue et la poupe s'élevant de chaque côté jusqu'à la hauteur maximum du tronc.

Avant de commencer à couper les branches, Tito alluma un feu puis, prenant les feuilles enflammées, il entreprit d'enfumer deux nids de frelons qui se trouvaient dans les frondaisons. Un examen approfondi du tunnel de termites qui atteignait le cœur de l'arbre lui permit de conclure que, s'il coupait la pirogue plus court d'environ soixante centimètres, le trou de la poupe serait assez petit pour être colmaté facilement. Un *calfatero* professionnel pourrait s'en occuper.

« Tous les *cayucos* ont un défaut », ajouta-t-il pour nous rassurer.

Ce soir-là, nous fêtâmes l'événement avec Tito autour d'un filet de bœuf dans un restaurant des environs. Nous étions ravis, espérant que nos petites mésententes étaient désormais oubliées. L'*Itza* – le nom que nous devions donner plus tard à notre pirogue – venait de voir le jour.

Ce n'est que tard dans la nuit que mon enthousiasme se mit à décroître, lorsque ces histoires de termites, de bois fendu et de déformations recommencèrent à m'inquiéter. Il suffit d'une erreur lorsqu'on porte un coup de hache, ne cessais-je de me répéter. Je me demandais dans quel état pouvait bien se trouver Michel-Ange lorsqu'il donnait les derniers coups de ciseau à ses chefs-d'œuvre. Combien d'entre eux avait-il dû jeter aux poubelles de l'histoire de l'art parce qu'il avait fait une petite erreur ? Il suffisait que Tito nous fasse défaut. Et d'ailleurs, allait-il continuer à travailler pour nous, maintenant qu'il habitait si loin ?

Je décidai de déléguer à José-Luis Romero, l'archéologue de Villahermosa, la tâche de surveiller Tito.

José-Luis travaillait non loin de là sur les ruines de Comacalco. Je devais quant à moi quitter les lieux, car il restait une centaine de détails à régler.

La vérité était que l'expédition ne faisait que commencer. Je devais tout organiser. Obtenir des permis des autorités mexicaines pour pouvoir tourner notre film, et d'autres autorisations des responsables archéologues pour filmer les ruines. Il me fallait aussi la coopération du gouverneur du Quintana Roo, l'État dont nous longerions la côte. J'avais également besoin d'un visa spécial pour pouvoir traverser la frontière entre le Mexique et le Belize et, ce n'était pas la moindre de ces tâches, je devais obtenir enfin le soutien du gouvernement du Belize.

A ces tracasseries administratives, je devais désormais ajouter toutes les questions de ravitaillement. Est-ce que nous pouvions espérer tous voyager dans la pirogue ? L'*Itza* ne devait-elle pas être suivie par un bateau de ravitaillement ? Et que penser de la solution d'un véhicule terrestre convoyant le long de la côte tout le nécessaire ? Pour ne rien simplifier, mes sponsors insistaient pour que nous ayons avec nous un avion. C'était d'ailleurs à l'origine l'une de mes « grandes mauvaises idées » : un hydravion ultraléger m'avait au départ paru idéal pour faire les repérages et servir de plate-forme de tournage.

Je savais bien qu'il nous fallait « quelque chose » comme un avion pour effectuer des recherches approfondies le long des lagons et des marécages et découvrir éventuellement des ruines inconnues ou des canaux construits par les Mayas.

Je savais également que les avions normaux volent trop vite pour être utilisés comme base d'observation. A une telle altitude et à cent ou cent vingt kilomètres/heure, on vole trop vite et trop haut pour pouvoir examiner le sol en détail. Les hélicoptères, s'ils sont idéaux pour cette tâche, sont cependant trop chers et finalement assez dangereux. La seule solution semblait donc être un ULM, cette version moderne de l'avion des frères Wright, et qui ne vole pas à plus de soixante kilomètres/heure. C'est donc en tentant de surmonter ma peur que je pris place dans le siège de plastique moulé de différents modèles de ces monstres pour les essayer. Les pieds posés sur une barre, je regardais entre mes jambes le paysage mexicain, persuadé que j'allais m'écraser d'un instant à l'autre. Le modèle qui emportait mes suffrages restait la version hydravion. Au moins, avec ses roues doublées de flotteurs, il pourrait atterrir pratiquement n'importe où.

Durant plusieurs semaines, Pierre et moi hantâmes les petits aéroclubs du Mexique. En effet, la question de l'avion avait soulevé celle du pilote. Lors d'une visite que je fis à Paris pour rendre compte des progrès de l'opération, je rencontrai par hasard Patrice Franceschi, ce jeune homme qui le premier avait fait le tour du monde en ULM.

A ma grande surprise il accepta de nous accompagner et d'être notre pilote.

De retour au Mexique, je découvris que l'avion que j'avais prévu d'acheter avait la fâcheuse tendance à embarquer de l'eau lorsqu'il amerrissait. C'était assez ennuyeux, car les lagons où nous souhaitions pouvoir amerrir étaient balayés par le vent et les vagues risquaient de le couler. Tels étaient les problèmes auxquels j'étais quotidiennement confronté, lorsque José-Luis Romero nous fit savoir que, bien qu'il se rendît très souvent sur le chantier de construction de la pirogue, il n'y voyait jamais Tito.

Pierre et moi descendîmes à nouveau à Comacalco pour trouver un Tito renfrogné qui se plaignait de ce que son fils ne l'aidait plus et que le trajet en car, qui durait six heures, l'obligeait à se lever à trois heures du matin. J'essayai de comprendre ce qui l'ennuyait réellement, tâche particulièrement malaisée en raison du légendaire amour-propre des Mexicains. Je finis par découvrir que la véritable raison était que Tito n'avait jamais construit une aussi grande pirogue. Il était effrayé par l'ampleur de la tâche et refusait d'admettre qu'elle dépassait peut-être ses capacités. Je ne pouvais pas dire ni faire grand-chose : personne d'autre ne pouvait entreprendre le travail. Il fallait qu'il continue à tout prix. La situation était au pire. Je me voyais avec une pirogue inachevée sur les bras. J'allais vers un fiasco. Là encore, j'avais placé tous mes œufs dans le même panier et j'avais accroché le panier tout en haut d'un seul arbre. Ce n'était pourtant pas drôle du tout. Le 10 décembre, pour le lancement officiel de notre expédition, je devais me rendre au Cercle de l'Amérique latine à Paris et discourir devant un parterre d'ambassadeurs, de ministres, de membres de l'Académie française, d'archéologues de réputation mondiale et de journalistes. Les directeurs des relations de presse et des relations publiques de Midial et de Poulain étaient en train de faire mousser l'événement, baptisé l'expédition « l'Or Maya ». Et moi qui devais faire une présentation audiovisuelle à tout ce beau monde et expliquer tous les détails de l'expédition à la presse...

Expliquer quoi ? L'état dépressif de Tito Vélasquez, anciennement constructeur de pirogues à Tecolutilla et désormais prêcheur baptiste à C11 ? Raconter les affres d'une pirogue menaçant de se fendre en deux ? Avouer que je n'étais même pas certain que les autorités du Belize nous laissent croiser dans leurs eaux territoriales barrées de dangereux récifs ? Que je ne savais même pas si une pirogue *santanero* pourrait affronter les hautes vagues – sans parler des lames de la barrière de corail ?

« Qui est censé ramer ? » demanda distraitement Pierre alors que nous étions en train d'écumer les routes à la recherche d'un fabricant de rames.

« Eh bien, toi, moi et Jacques, les archéologues », dis-je. « Et puis on prendra des Indiens de Tulum. Pablo Canche s'en occupera.

– Tu sais, je crois que tu peux oublier Jacques. S'il faut qu'il filme... Et quant aux dames, rien ne nous dit qu'elles iront jusqu'au bout. Et José-Luis n'est pas très certain non plus. Tu connais les Mexicains.

– Ne t'inquiète pas, nous trouverons tous les muscles qu'il faudra sur la côte. Je sais d'expérience qu'il faut faire confiance à la main-d'œuvre locale. »

« Confiance à la main-d'œuvre locale ! » J'adore le Mexique et les Mexicains. Ils sont gais, honnêtes, ils ont le sens de l'hospitalité et sont travailleurs, contrairement aux idées reçues. Ils ont un tas de qualités. Mais ils sont tout sauf dignes de confiance. En prononçant cette phrase, je me rendis compte que je faisais fausse route. A quoi avais-je la tête pour être ainsi devenu tributaire de promesses de Mexicains ? Moi qui me flattais d'avoir compris que les « oui peut-être, plus tard, bientôt » et autres *mañanas* signifient au Mexique « non » ou « jamais »... !

Voyant les maigres progrès de notre pirogue, je commençai à me demander si elle serait terminée un jour. Je me souvenais de cette autre pirogue que nous avions vue pourrir dans la jungle.

Pendant ce temps, l'*Itza* ressemblait étrangement à un grand cercueil mal dégrossi, avec des morceaux d'écorce qui s'accrochaient lamentablement à ses flancs.

Tito m'expliqua alors qu'il ne savait faire que les *cayucos*. Pas les rames, ni les mâts, ni les bancs. C'était là du ressort de spécialistes, de même qu'il ne savait boucher les trous, travail d'un *calfatero*.

En conséquence, je me retrouvai à écumer une fois de plus l'arrière-pays du Tabasco. Cette fois, nous avions abandonné la voiture et utilisions des pirogues pour tenter de trouver un fabricant de rames et un *calfatero*.

C'est dans les marais des abords du lagon Mecuacan que je rencontrai Don Augustino, un charpentier père de douze enfants. Il savait fabriquer les rames dont nous avions besoin, ces longues rames que l'on utilise debout. Il nous promit de nous les tailler. Seulement, il fallait que je lui procure des planches de *macouli*, un bois dur comme l'acier.

Don Augustino pouvait aussi nous fabriquer un mât à condition de trouver dans les marais un palétuvier blanc parfaitement droit.

Laissant là notre menuisier, je partis avec Pierre jusqu'au village chontale de Mazateupa, près de Nacahua. Là-bas, allant de case en case, nous finîmes par trouver une femme chontale prête à nous tisser un *petate* géant, une immense natte rectangulaire de trois mètres sur deux mètres quatre-vingts, à l'aide de tiges de papyrus. Cette natte serait notre grand-voile. Nous commandâmes également deux voiles rectangulaires plus petites, une que nous utiliserions par fort vent, et l'autre comme voile tempête.

Mes recherches sur les gréements archaïques et l'examen des voiles encore actuellement utilisées par les pirogues du Tabasco m'avaient décidé à opter pour une simple voile rectangulaire à livarde. Une livarde étant une longue perche fixée en diagonale au mât pour tenir l'extrémité d'une voile carrée. L'une des extrémités de la livarde, en forme de fourche, est accrochée au coin supérieur de la voile, tandis que l'autre est attachée par une corde au bas du mât. J'avais prévu de tester ce type de voilure dans mon jardin à Tepotzlan, près de Mexico, et d'étudier les différentes façons d'attacher au mât notre voile de papyrus.

Le jour qui précéda mon départ du Tabasco pour le Belize, Tito nous présenta à Exaltacion, un maître *calfatero*. Exaltacion, expliqua Tito, allait s'occuper non seulement des trous de termites mais également de fabriquer les traditionnelles *panetas*, les bancs de forme ovale qui sont placés à chaque extrémité des pirogues.

Exaltacion, comme nous le découvrîmes avec plaisir, était également lui-même constructeur de pirogues, en fait plus expérimenté que Tito. C'était exactement l'homme qu'il nous fallait pour soulager un Tito dépassé par la taille de notre embarcation.

Rassurés par la perspective de cette collaboration, Pierre et moi quittâmes Comacalco pour la côte du Yucatan.

Nous devions d'abord passer à Chetumal, la capitale de l'État mexicain de Quintana Roo, qui comprend toute la côte est de la péninsule du Yucatan. C'est là que je devais rencontrer le gouverneur.

Lorsqu'en 1958 je visitai cette côte pour la première fois, le Quintana Roo n'était pas encore un État mexicain à part entière, mais un district fédéral dépendant de Mexico. On venait alors à peine de cesser d'utiliser cette province comme colonie pénitentiaire. Aucune région du monde n'a connu un changement aussi radical que celui qui frappa la côte du Quintana Roo. Autrefois une côte inaccessible, peuplée par quelques milliers d'« Indiens mayas rebelles » et d'anciens criminels, elle était devenue depuis 1970 le point de mire du « plus grand développement touristique de l'hémisphère occidental ». Au milieu de la forêt vierge qui couvrait l'extrémité nord de l'État, le gouvernement mexicain et des banques américaines avaient créé à partir de rien la ville de Cancun, qui est aujourd'hui un site touristique à l'image de Miami, avec quelque deux cent cinquante grands hôtels bordant une plage splendide. Autrefois sous-développé et inaccessible, le Quintana Roo a connu un boom spectaculaire, sa population est passée du jour au lendemain de dix mille habitants à plus d'un demi-million. Une grande route qui traverse la jungle côtière a réduit à cinq heures le trajet qui m'avait pris un mois entier à pied.

Le Quintana Roo d'aujourd'hui était un nouveau monde, totalement étranger à ce que j'en avais retenu en arpentant ses rivages de sable déserts. Pourtant, malgré tous ces changements, cette région est encore étrangement belle, ses grands marais, en particulier, restent mystérieux et inaccessibles, entourés d'une jungle tentaculaire.

J'avais encore sur la côte quelques amis de jadis, et je continuais à considérer ces rivages un peu comme les miens. Après tout, j'avais été le premier Européen à explorer toute la côte à pied et, en dépit de l'invasion récente annuelle d'un million et demi de touristes à Cancun, mon livre, *Le Monde perdu de Quintana Roo*, restait malgré tout le seul ouvrage sur cette étrange province mexicaine.

Chetumal, la capitale de l'État, située à l'autre extrémité de la côte par rapport à Cancun, était autrefois un village de pirates. Jusqu'à il y a quinze ans, c'était resté un petit bourg de cases et de maisonnettes en bois de style anglais, qui s'étiraient le long des eaux sombres du Rio Hondo, frontière entre le Mexique et le Belize. Durant près d'un siècle, c'est par Chetumal que les Anglais avaient fait parvenir des armes aux Mayas rebelles en échange de l'autorisation de couper sur leur territoire le précieux acajou. Un émissaire de la reine Victoria était même allé jusqu'à offrir aux rebelles l'assistance de la Couronne dans leur lutte contre les Mexicains, et un autre proposa que le Quintana Roo soit rattaché au Belize, alors Honduras britannique. A la suite de cette requête, le gouvernement mexicain envoya en 1901 un corps expéditionnaire au Quintana Roo pour tenter, sans succès une fois de plus, de mettre un terme au soulèvement des Indiens.

Aujourd'hui, capitale de l'État et port franc, Chetumal est devenue un vaste bazar de boutiques en béton qui vendent toutes les merveilles en plastique de notre société technologique. La pathétique exposition de transistors, vidéos, caméras, ordinateurs, talkies-walkies, télévisions et Walkmans résume tout ce qui est censé éveiller la convoitise d'aujourd'hui. Avec ses cent mille habitants, son aéroport, ses hôpitaux et son incomparable gare routière, Chetumal est l'exemple même de la ville champignon.

« Je suis ravi de votre projet », déclara le gouverneur avec enthousiasme. « Mais faites en sorte que nous soyons informés en permanence des mouvements de votre avion ; nous avons reçu la consigne stricte de réduire les vols sur le Quintana Roo afin de circonscrire le trafic de drogue. »

Je pris bonne note de la recommandation du gouverneur et repris l'autoroute sur trois cents kilomètres pour atteindre Tulum, le village de mon ami Pablo Canche. Lorsque je m'étais retrouvé tout seul sur la côte en 1958, Pablo m'avait aidé dans mon voyage vers le sud. A l'époque, il parlait seulement maya mais nous nous étions à peu près bien compris. Je l'avais revu de temps en temps à chacun de mes voyages sur la côte. La dernière fois, j'étais venu avec une importante équipe de cinéma et trois aéroglisseurs que j'avais conçus, afin d'explorer les marécages de la côte. Avec les années, Pablo, comme la côte elle-même, avait changé. L'autoroute et le tourisme avaient mis en pièces les valeurs traditionnelles de son existence. Durant une brève période, il avait même été une star de cinéma dans une superproduction intitulée *Les Dieux de la pluie*. Depuis la mort récente de sa femme, il avait le cœur brisé. Sa femme était véritablement quelqu'un de remarquable et d'une intelligence hors du commun. Je me souviendrai toujours d'elle, accroupie près du feu et bavardant avec moi tout en faisant des tortillas de maïs. Elle m'avait dit que « la civilisation était comme le pain surgelé. Pratique mais sans saveur ». Puis elle m'avait expliqué que les traditions se perdaient dans le village, et avait conclu : « Qu'est-ce qu'un homme sans traditions, un animal ? »

Lorsque je passai devant les premières cabanes qui marquent l'entrée de Tulum, je constatai que non seulement le village avait perdu ses traditions, mais qu'en outre il avait hérité des pires plaies de la civilisation moderne. Pablo Canche me confirma que l'alcool, auquel les Indiens résistent si mal, avait ravagé un village que j'avais connu autrefois comme une des dernières et fières communautés mayas indépendantes d'Amérique centrale.

Pablo était heureux de me voir et, après que je lui eus exposé mon projet, il me promit de m'envoyer deux de ses enfants et de chercher parmi ses amis d'autres rameurs pour notre pirogue. Assis sur un hamac dans la cabane de Pablo, je me rendis compte que l'endroit me rappelait plutôt un bidonville qu'un village, avec ces tôles rouillées et ce papier goudronné qui ont remplacé peu à peu les toits de chaume. Pourquoi les produits de la civilisation vieillissent-ils d'une manière aussi laide ? Sont-ils par essence laids, mais dans ce cas, pourquoi ont-ils l'air convenable quand ils sont neufs ? Ce qui était certain, c'est que les derniers farouches Indiens de Chan Santa Cruz s'étaient retrouvés pauvres et démunis de tout dans le Mexique moderne. Était-ce juste une question de valeurs, ou bien notre société a-t-elle sa façon bien à elle de fabriquer la pauvreté comme elle produit la laideur ?

En revenant à Chetumal, je m'arrêtai à trente kilomètres de Tulum pour inspecter les ruines de Chunyaxche, site archéologique dont j'avais dressé la carte en 1961 lors de mon second voyage sur la côte. Chunyaxche est une ancienne grande ville maya établie au bord d'un splendide lagon bleu relié à la mer par des canaux et par une rivière qui serpente entre les marécages. C'est là, décidai-je, que nous mettrions notre pirogue à flot et que nous commencerions notre voyage vers le sud.

Pablo Coba, l'Indien en compagnie duquel j'avais découvert et répertorié à Chunyaxche cent huit temples, pyramides, oratoires, palais et autres bâtiments, était devenu depuis le gardien officiel de ces ruines qui, grâce à la route voisine, attirent chaque année de nombreux visiteurs. Il m'accueillit chaleureusement et me montra la route non goudronnée par laquelle nous pourrions amener notre pirogue jusqu'au lagon.

Tout marchait comme sur des roulettes, et cela continua lorsque, de retour à Chetumal le lendemain, avant mon départ pour le Belize, je rencontrai Sergio Vargas. Sergio était exactement la personne que nous cherchions, un charmant casse-cou, un merveilleux fou volant. Avec ses yeux bleus et ses cheveux blonds, c'était bien évidemment le play-boy de toutes les filles aux yeux noirs de Chetumal. Riche, puisqu'il travaillait avec son père dans une affaire de pièces détachées d'automobiles, il avait une passion : voler. Il possédait non seulement un

Cessna 180, mais aussi l'hydravion ULM que nous recherchions. En effet, celui que nous avions projeté d'acheter s'était révélé définitivement inadapté à nos besoins. Il nous fallait à la fois l'ULM et le Cessna de Sergio, ce dernier permettant une exploration aérienne plus sérieuse et le ravitaillement de notre pirogue. C'est ainsi que nous résolûmes en quelques heures tout l'aspect « aérien » de notre expédition. Sergio piloterait le Cessna, et Patrice Franceschi, le champion international, l'ULM.

9

Le Belize

La seule façon de rallier Belize City depuis Chetumal est le Batty's Bus Service. Il fallait bien nous y résigner car nous ne pouvions prendre notre voiture.

Toute la tradition latine, proche de celle des Romains, se reflète dans la somptuosité de la gare routière de Chetumal, dont les bâtiments, encore plus beaux que ceux de l'aéroport, contrastent avec les passagers aux pieds nus s'embarquant pour de lointaines destinations dans le Yucatan.

Le Mexique a donc l'air riche et le Belize pauvre, alors qu'en fait, les masses des deux pays sont tout aussi déshéritées.

C'est lorsque l'on voit les cars Batty's que l'on sent la différence. Ils sont là, de vieux modèles de couleur brunâtre, coincés entre les cars mexicains étincelants qui sont en fait des Greyhound américains d'occasion, avec des vitres fumées et un air conditionné glacial. Ce luxe est inconnu chez Batty's. Le « Momma One », le « Batty's Best » et la « Huming Bird Highway Express » ne sont que de vieilles casseroles.

Des femmes noires, coiffées de chapeaux de paille et vêtues de robes à fleurs comme des nurses anglaises, s'affairaient autour d'une nuée de fillettes en uniforme bleu marine. Un petit Indien aux traits négroïdes et au sourire angélique, portant des pantalons en lambeaux, braillait « *Tamaaaleees* » avec un accent anglais en vendant ses petits pâtés de maïs bouilli dans des feuilles de bananier.

Le car, jaune et marron, portant le nom de la compagnie, ressemble aux cars scolaires américains des années quarante.

Paradoxalement, on trouve à l'intérieur l'inévitable radiocassette dernier cri, un micro et plusieurs haut-parleurs. Le conducteur, un garçon maigre à la peau mate, s'empare du micro et se lance dans un rap en petit-nègre avant de régler définitivement l'ampli sur le volume maximum et de déclencher la cassette hurlante du jour, dont les percussions ponctueront notre voyage à travers Corazal, Orang Walk et enfin les banlieues de Belize City, tandis que les passagers lui font de la concurrence avec leurs propres radiocassettes.

La moitié de nos compagnons de voyage est constituée de Mayas et parle non seulement espagnol, mais aussi la douce langue monosyllabique du Yucatan, tandis que l'autre moitié est noire et parle une version très personnelle et colorée d'anglais.

Indépendant depuis 1983, le Belize ne comprend que 165 000 habitants, dont la moitié est noire et anglophone, tandis que vingt pour cent parle espagnol, et le reste des dialectes tels que le maya du Yucatan, le maya ketchi ou le garifuna. Le garifuna est la langue des féroces guerriers caraïbes, vivant autrefois sur les îles du même nom. Jadis cannibales, les Garifunas étaient si belliqueux et difficiles à gouverner que les Anglais les déportèrent au Belize et sur la côte des Moustiques au Honduras. Ils constituent la portion farouche et irréductible de la population du Belize et vivent pour la plupart dans le sud du pays.

La reine d'Angleterre est encore « souveraine en titre de l'État », bien que le pays se réclame « un État indépendant et démocratique ». L'anglais est la langue « officielle », héritée des pirates et des coupeurs de bois de teinture qui s'étaient établis les premiers sur cette partie du Yucatan qui a résisté à la conquête espagnole.

Cette résistance était due partiellement à la détermination des Itzas qui, avec d'autres peuples mayas rebelles, avaient trouvé refuge dans les jungles du Belize et établi leur capitale à Tayassal, une île du lac Peten Itza, au cœur des jungles du Guatemala, non loin de la frontière du Belize.

Peu de gens se rendent compte que la lignée des Itzas du Yucatan continua de régner à Tayassal pendant les cent quatre-vingts années qui suivirent l'arrivée de Cortés dans la région. Ils continuèrent à utiliser leur propre écriture jusqu'en 1698, année de leur reddition, soit moins de cent ans avant la Guerre d'Indépendance américaine. Si les premiers membres de l'université de Harvard (fondée en 1636) l'avaient souhaité, ils auraient pu aller étudier au Guatemala le mystérieux alphabet maya aujourd'hui oublié.

Occupé par les pirates durant des siècles, le Belize n'appartenait à personne, bien que les Anglais aient envoyé des navires défendre les coupeurs de bois contre les Espagnols qui, de temps à autre, essayaient de reconquérir ce territoire qu'ils avaient annexé, du moins sur le papier, à la Nouvelle-Espagne comme une partie du Yucatan. Ce n'est qu'en 1862 que le Belize devint une colonie britannique à part entière, la plus pauvre et également le dernier des « Joyaux de la Couronne ».

En 1958, lorsque j'avais péniblement descendu à pied la côte est du Yucatan, j'avais achevé mon voyage au Belize, alors Honduras britannique, où j'échouai sans plus tarder en prison. Depuis, je suis très méfiant à l'égard de la traditionnelle étroitesse d'esprit des fonctionnaires de nationalité ou de formation britanniques. Pendant toute ma vie, il a fallu que je me batte (en Inde, en particulier) contre ces détestables petits pousseurs de paperasserie qui se barricadent derrière décrets et réglementations et appliquent aveuglément ce qu'ils pensent être « la Loi ». Élevés dans le culte d'une rigueur qui confine à la sottise, ils en sont arrivés à considérer la bêtise nourrie de rigueur comme l'un des beaux-arts..

En revanche, les Espagnols autorisent dans les affaires officielles une certaine souplesse intelligente qui rend cependant très floue la frontière entre moralité et corruption.

Fort de cette expérience, je n'allais pas prendre le risque d'entrer au Belize sans m'être muni des papiers adéquats.

Restait à voir comment ce petit État allait accueillir une expédition archéologique mexicaine dirigée par un Français. Le Belize étant jalousement fier de son propre département d'archéologie tout nouvellement créé, je craignais le pire. En outre, je savais que les enfants de Pablo Canche n'auraient pas de passeports ou de papiers en règle. Tout cela était très ennuyeux, mais ce n'était rien en comparaison de ce que je craignais des douanes. Les lois britanniques de douane maritime sont d'une rigueur inflexible et je me demandais comment recevoir ma pirogue, sans parler de l'ULM !

« Nous ne pouvons tolérer les ULM, ces engins grotesques. » Telles furent les paroles du commissaire de l'aviation civile du Belize auquel je téléphonai pour lui parler de notre « avion ». L'affaire commençait plutôt mal...

Heureusement, à Belize City, ville de cabanes de bois sur pilotis construites à peine vingt centimètres au-dessus du niveau de la mer, je rencontrai Meb Cutlack. Australien marié à une Américaine et plus ou moins résident espagnol. Il était, entre autres, le rédacteur en chef du *Belize Beacon*. C'est avec la plus extrême gentillesse qu'il me réconforta et me guida dans les méandres de la politique du Belize, en me proposant de me faire rencontrer le Secrétaire d'État aux Affaires étrangères à Belmopan, la capitale.

Après que Belize City eut été pratiquement rayée de la carte en 1961 par un ouragan, les Anglais avaient insisté pour que le Belize fonde une nouvelle capitale dans une région plus sèche et à plus haute altitude. C'est ainsi que fut créée Belmopan, à partir de rien, un peu comme Canberra en Australie, Ottawa au Canada ou Brasilia au Brésil. Ce genre d'opération est déjà difficile dans un pays riche et très peuplé mais au Belize, où la population n'excède guère celle d'une petite ville européenne, ce fut particulièrement compliqué. On choisit Belmopan, un haut plateau situé à une heure de Belize City, et on y édifia quelques bâtiments en préfabriqué. L'endroit fut pompeusement baptisé « capitale », bien que personne ne soit venu y habiter et que Belmopan ressemble plutôt à une caserne. Dernièrement, l'achèvement de la construction d'un bâtiment en béton destiné à abriter les différents ministères a changé tout cela : Aujourd'hui Belmopan évoque plutôt un complexe industriel.

Je repris donc le Batty's Bus Service et une dose supplémentaire de musique hurlante pour me rendre de Belize à Belmopan et y rencontrer Robert Lesley, le Secrétaire d'État aux Affaires étrangères et au Développement économique.

Ce dernier m'apprit que le Ministre des Affaires étrangères était en voyage, tout comme le Premier Ministre et la presque totalité de son cabinet, ainsi qu'Harriot Topsey, directeur du Département d'archéologie et le chef du gouvernement. Ce genre d'absentéisme était, paraît-il, normal :

« Voyez-vous, nous sommes pauvres et nous devons donc utiliser au maximum le peu de fonctionnaires que nous possédons. Ils suffisent à peine à nous représenter à l'étranger. »

Aujourd'hui, ironie du sort, le Belize est sérieusement menacé par ce qu'on pourrait appeler une « invasion espagnole blanche ».

Dans un accès de racisme à rebours, les Noirs pauvres du Belize, soit la majorité de la population, sont aujourd'hui obligés d'exercer une politique discriminatoire à l'égard des immigrants espagnols illégaux, qui affluent du Salvador, du Nicaragua et du Guatemala. L'administration se cassa la tête à justifier le danger que représentent ces immigrants blancs éduqués et de langue espagnole sur leur pauvre monde anglo-saxon. Toute l'affaire aurait sans aucun doute fourni un livret parfait pour une opérette de Gilbert et Sullivan.

Robert Lesley était tout à fait prêt à soutenir notre projet, mais il me conseilla d'écrire et de revenir voir Harriot Topsey, le directeur du Département d'archéologie, absent ce jour-là.

Devant la perspective de nouveaux trajets dans les cars du Batty's Bus Service, je m'achetai une boîte de boules Quiès et repartis à Chetumal. Enfin, le temps de me faire dévorer par les moustiques au Tabasco et d'apprécier les progrès de la pirogue, je m'envolai pour Paris.

C'était un mois de décembre gris et Mexico semblait à des années-lumière du Cercle de l'Amérique latine, boulevard Saint-Germain, où je projetai des diapositives de Tito en plein travail, suant sang et eau sur le tronc géant, couleur d'éléphant, de notre *piche.*

Les photos défilaient les unes après les autres : les restes des cités mayas, la côte et ses barrières de coraux couronnés d'écume blanche qui hantaient mes cauchemars, une carte montrant la ligne pointillée des sept cents kilomètres de notre future expédition le long de la côte du Yucatan, passant avec un optimisme plein d'espoir entre les récifs et les milliers d'îles de la côte du Belize jusqu'à la frontière déchirée par la guerre du Guatemala.

Tout cela avait bonne allure sur le papier comme à l'écran, et les assistants furent très impressionnés. J'avais à côté de moi Jacques Falck, qui tournerait le film, et Patrice Franceschi, qui devait piloter l'ULM de Sergio.

En trente ans, j'avais en quelque sorte acquis ce que les gens de Harvard appellent la « crédibilité ». Certains en jouissent dans le domaine de la finance, d'autres dans celui de l'ingénierie. La mienne se situait dans le pire domaine qui soit : j'avais acquis de la crédibilité dans le domaine de l'incroyable. Tout le monde était persuadé que notre projet réussirait. Tout le monde croyait en moi. Sauf moi.

Vus de Paris, les obstacles auxquels nous étions confrontés me paraissaient encore plus grands : le danger de voir la pirogue se fendre en deux, sa propension à chavirer, les requins et les barracudas, les sinistres récifs de corail, les lames déferlantes et les tempêtes soudaines des Caraïbes. Harriot Topsey disant *niet* à cette nouvelle forme d'immigration blanche, les Mexicains découvrant quelque part un vice de forme dans mes documents, ou, plus simplement, Tito sombrant tout à coup dans la dépression et abandonnant la pirogue aux termites. Et moi qui ne savais même pas faire un bateau en papier, comment avais-je pu en arriver là ?

Je quittai Paris en proie à l'angoisse pour le Tabasco. Je n'avais pas vu ma famille depuis des mois et j'emmenai donc mes aînés avec moi sur le circuit de deux mille cinq cents kilomètres que j'avais inauguré avec Pico : Villahermosa, Comacalco, Chetumal, Tulum et le Belize.

Harriot Topsey était d'accord pour soutenir notre projet et nous retrouver à San Pedro, petite ville située sur une île, à partir de laquelle nous entrerions dans le Belize.

Exaltacion et Tito étaient lents à la tâche. Pourtant, le tronc finit par être évidé et il fallait maintenant le lisser avec une herminette. La proue comportait un énorme trou qu'il allait falloir boucher, il n'y avait pas encore de bancs, les rames n'étaient pas prêtes, le mât et les voiles non plus.

Sur la côte, au nord de Tulum, mon vieil ami Goyo Mesos et son frère Samuel, sur lesquels je comptais pour être respectivement notre pilote et notre intendant, chargés du bateau de ravitaillement, nous annoncèrent que ni l'un ni l'autre ne pourrait finalement venir. C'était là encore une volte-face typique des Mexicains : ils n'avaient pas osé dire non et j'avais compris dans leurs « oui, si... » et leurs « oui, mais... » des « oui » définitifs, alors qu'il fallait y voir des « non ».

A Tulum, mon vieil ami Pablo Canche commença lui aussi à se faire de plus en plus évasif en ce qui concernait l'équipage. Il pouvait m'envoyer ses fils Juan et Fidel, mais il ne pourrait pas venir lui-même. Quant aux autres rameurs, eh bien, personne ne semblait disponible ou décidé. *Oui*, si je les payais bien, *mais*... il y avait la fête du village... Bref : c'était non, je n'avais ni équipage ni bateau à la veille de notre départ.

Le jour de Noël, alors que le soleil brillait dans le ciel de Tepotzlan et que je me prélassais au bord de la piscine en compagnie de mes quatre enfants, j'aurais dû être un homme heureux.

Il y a des moments où l'on a tendance à voir sa propre vie comme un film sur quelqu'un d'autre. J'étais dans cette disposition d'esprit le lendemain de Noël.

Subitement, presque à mon insu, le destin sembla décidé à trancher en ma faveur : l'expédition de « l'Or Maya » commença à prendre forme. Les éléments jusque-là épars s'emboîtèrent, comme par enchantement.

Le premier à arriver fut Jacques Falck, solennel et sérieux, flanqué d'un petit jeune homme souriant, Pascal Després, un ingénieur du son que j'imaginais très bien enregistrant nos dernières paroles. Ils étaient venus avec Frédéric Michaud, un ingénieur au regard noir et perçant, officiellement le troisième membre de l'équipe cinématographique, mais qui allait se révéler bien davantage.

Il y avait bien sûr Pierre, notre toujours souriant banquier plongeur, chargé du ravitaillement, du logement et du transport, bref, de tout ce qui était censé nous maintenir en vie.

Puis, le 8 janvier, arriva Patrice Franceschi, le beau Corse pilote d'ULM, un vétéran de l'aventure qui, outre son tour du monde en ULM, s'était également rendu douze fois en Afghanistan pour aider les rebelles.

Patrice était impatient de voir son avion et partit immédiatement à Chetumal pour y rencontrer Sergio Vargas.

Nous étions donc cinq Français, le contingent mexicain comprenant Erica Romero et l'archéologue Pilar Luna qui, à la dernière minute, confirmèrent leur participation sur le terrain, avec José-Luis Romero de Villahermosa. Nous étions donc dix, avec Sergio Vargas et moi. Si cela faisait déjà beaucoup, c'était tout de même insuffisant pour propulser une pirogue nécessitant six ou huit hommes (nous ne savions pas encore combien il faudrait de rameurs pour mettre en branle le géant) et piloter l'ULM, conduire le camion et le bateau de ravitaillement. Bref, je manquais de bras.

J'avais fini par comprendre que les Anglais et les chiens enragés de la chanson sont bien les seuls à se promener en plein soleil à midi : les Mexicains ne s'y risquent pas. J'allais avoir de sérieuses difficultés à convaincre des Indiens de bien vouloir ramer huit à dix heures par jour en plein soleil.

« L'époque de l'esclavage est terminée », me fit remarquer ma femme avec cette voix post-bellum qui trahissait ses origines du fond des État-Unis, qu'elle prenait lorsqu'elle voulait m'empêcher de battre mes porteurs dans l'Himalaya.

« Comment peux-tu croire que tu vas réussir à persuader les villageois de Tulum de ramer pendant des heures ? »

Il fallait bien que je me rende à cette évidence.

« Ce qu'il me faut, ce sont des sportifs, des costauds.

– Mais oui. Pourquoi pas des Américains ? » me suggéra-t-elle.

Je trouvai l'idée excellente : personne n'a jamais développé le goût de l'effort pour l'effort comme les Anglo-Saxons. Il n'y a que dans les écoles anglaises ou américaines que l'on adore courir ou ramer pour le plaisir jusqu'à l'épuisement. Il était clair que c'était du côté du voisin nord du Mexique que j'allais trouver la main-d'œuvre qui me manquait.

Les États-Unis regorgent de joggers, me dis-je. Il suffit d'en recruter quelques-uns. Mais comment s'y prendre ? Il était un peu tard. Bien sûr, durant toute la préparation de mon voyage, des gens s'étaient offerts de se joindre à nous :

« Je peux venir ? Je sais tout faire. »

J'avais opposé à ces requêtes un visage sinistre, mais je me souvenais tout de même de quelques personnes. Il y avait par exemple Peer Winfield, vingt-deux ans, sportif, frais émoulu de l'université, qui avait traversé le Canada en canoë avec son père, l'un de nos amis. Il serait la victime idéale, l'exemple même de ce qu'il me fallait.

Par chance, il était disponible et il accepta de se joindre à nous un peu plus tard.

Je manquais toujours de rameurs lorsque le moment fut venu de partir pour le Tabasco pour filmer les travaux d'achèvement de la pirogue.

Avant de quitter Tepotzlan, nous donnâmes une grande fête pour accueillir l'équipe française et annoncer notre départ. Mexico abrite une communauté internationale cosmopolite, et l'on entendait parler anglais, français, espagnol et allemand autour de la piscine, où chacun admirait la maquette du mât en bambou et sa voile en *petate*. L'atmosphère était très détendue et personne ne semblait se rendre compte de la gravité de notre entreprise, et des dangers qu'elle présentait.

Mexico et Tepotzlan sont tellement éloignées de la mer! Pour la plupart des gens, le Yucatan était symbole de farniente, de noix de coco et de lagons bleu turquoise.

Comme d'habitude, plusieurs personnes me demandèrent si elles pouvaient être des nôtres (« je sais tout faire »...). L'une d'elles était une vieille connaissance : Charles Stevens, un Américain élevé au Mexique, homme de caractère qui, bien qu'il ait mon âge, paraissait bien plus jeune et en meilleure forme, sans doute grâce à son jogging quotidien.

« Je faisais de l'aviron à l'université », ajouta-t-il.

Je l'enrôlai sur-le-champ. Sa femme semblait un peu surprise, lui aussi d'ailleurs, mais, beau joueur, il accepta de nous rejoindre, comme Peer, à Chunyaxche, où nous avions prévu de mettre l'*Itza* à l'eau. Il y avait également à cette fête un jeune photographe américain bien bâti qui, lui aussi, souhaitait vivement venir. Tandis qu'il me déballait ses compétences photographiques, j'examinai ses biceps et ses pectoraux.

« Bien sûr, apporte ton appareil. Mais il faudra surtout ramer. »

Je venais de faire d'une pierre deux coups : nous avions aussi besoin d'un photographe. Pico s'était révélé irremplaçable et quelques semaines auparavant, le photographe mexicain avait, comme par hasard, changé d'avis et décidé de ne plus venir.

Vers la fin de la soirée, un autre vieil ami, Tito von Wutenau, me déclara qu'il voulait lui aussi se joindre à nous. Je toisai sa carrure : il était mince mais bien bâti. Pourquoi pas ? J'avais mon compte : huit bras en pleine santé qui rameraient sur l'*Itza*. Il ne me restait plus qu'à trouver les rames et terminer la pirogue.

C'est avec précipitation que nous achetâmes à Mexico les derniers éléments de notre équipement. Dix gilets de sauvetage, cinq tentes, des litres d'insecticide, un réchaud, des lampes et des tapis de sol, des seaux et des boîtes, sans parler de la demi-tonne d'équipement photographique qui arriva de France via le Ministère des Affaires étrangères et l'ambassade.

Le 12 janvier, je quittai Mexico avec Jacques. Pierre suivait avec le reste de l'équipage dans le minibus qui devait nous escorter à terre avec notre petite Volkswagen tout au long de notre périple.

Nous nous retrouvâmes tous dans le Camp Archéologique des ruines de Comacalco, qui allait devenir notre quartier général. C'étaient des bungalows confortables, avec le toit de chaume typique des cabanes chontales, et, comble de luxe, avec douches et toilettes.

Il y avait bien tout de même un trou dans un toit, qui laissa une armada de tarentules grosses comme des bébés chihuahas s'installer dans notre séjour...

« Ne t'inquiète pas, leur morsure n'est pas *toujours* mortelle », m'expliqua tranquillement José-Luis. « Pour les tuer, il faut les arroser d'alcool puis les enflammer, sinon, les bébés qu'elles transportent sur leur dos envahissent tout. »

Tout le monde regardait avec terreur le cadavre carbonisé d'une prise récente gisant sur le carrelage de la salle de bains.

« Attends une seconde », demanda Robert Jordan, le photographe. « Comment fais-tu pour verser de l'alcool sur une araignée qui court dans tous les sens et l'enflammer ensuite ? »

Cela avait l'air effectivement plutôt compliqué mais, très vite, nous eûmes l'occasion de voir José-Luis, armé d'une bouteille d'alcool dans une main et d'une allumette dans l'autre, donner la chasse à une énorme tarentule qu'il finit par immoler avec le savoir-faire d'un parfait terroriste. Quant à savoir si tout cela n'allait pas finir par mettre le feu aux bungalows, je préférais ne pas y penser.

Excepté les tarentules, nous dormîmes très bien durant notre séjour. Nous passions nos journées à filmer les ruines de Comacalco et à chercher notre mât en bois de palétuvier, nos rames en *macouli*, et du bois de cèdre pour fabriquer les bancs.

C'est avec angoisse que nous regardâmes Tito arrondir la proue de sept coups de hache. La courbe avait été calquée sur l'arrondi d'une palme. L'opération fut répétée pour la poupe et les autres courbes de la pirogue furent coupées à vue de nez.

Il ne subsistait plus aucun doute désormais sur la qualité artistique de notre splendide et énorme pirogue. C'était une magnifique sculpture de bois aux proportions impressionnantes. Le grain rosé du *piche* soulignait les courbes gracieuses de la coque. Ainsi vautrée sur son lit de copeaux (il y en avait seize tonnes), elle avait l'air d'être tombée du ciel.

Tito affichait désormais une joie souriante. Exaltacion semblait moins enthousiaste : il se préoccupait encore des détails, du banc pourvu d'un orifice où viendrait se loger le mât, de la courbe complexe de la poupe et de la proue, qu'il polissait progressivement à l'aide d'une petite herminette, suivant le plan invisible qu'il avait en tête. Le même plan lui avait servi à tailler, à partir d'une grande branche de *piche*, une grosse pièce qui viendrait boucher le trou rectangulaire de la poupe dû aux termites. L'embarcation fut ensuite calfatée avec un mastic fait maison à base de craie et d'huile de lin.

Tout le monde était ravi. La pirogue était prête à temps, et elle ne s'était ni fendue ni déformée. Jusque-là, tout semblait se présenter parfaitement bien.

Ponctuel, Sergio Vargas arriva de Chetunal dans son Cessna, accompagné de Patrice, pour prendre des vues aériennes de Comacalco et de Palanque.

Le soir venu, Patrice me prit à l'écart pour me confier que l'ULM était en fait un vieux coucou.

« Je sais, je t'avais prévenu. Qu'en est-il du kit qu'on a fait venir des États-Unis ? »

Je m'étais procuré un kit de réparation pour remettre à neuf l'arrière de l'avion.

« Écoute, ils ne savent même pas lire les instructions du

mode d'emploi. Quant au moteur, il y a des bouts de fil de fer pour retenir le pot d'échappement. J'ai demandé à Sergio combien d'heures de vol il avait. Il m'a répondu qu'il n'en savait rien. Tu m'entends ? Il n'en sait rien ! »

« C'est vraiment important ? » hasardai-je, histoire de calmer Patrice qui avait l'air à bout...

« Si c'est important ? Mais, bon sang, tu es pire que les Mexicains ! C'est crucial ! C'est comme le parachute : il n'a pas pris la peine de s'en procurer un ! Il dit que, de toute façon, on volera trop bas pour s'en servir ! »

Visiblement, Patrice n'était pas content.

« Qu'il n'y ait pas de parachute, encore, je peux le comprendre ! Mais qu'il ne sache pas combien de temps son moteur a tourné, c'est tout simplement invraisemblable ! Ce sont des rigolos, tes Mexicains ! Je me lève tous les matins à l'aube et personne ne vient. Je leur ai fait nettoyer le réservoir, et tu sais ce qu'on a trouvé ? De la rouille ! De la rouille... »

Patrice s'interrompit, stupéfait que je ne sois pas plus surpris.

« Bon, écoute, achète un nouveau réservoir et un nouveau moteur s'il le faut, mais arrange-toi pour que l'engin marche », dis-je. « Ne sous-estime pas les mécaniciens mexicains, ils sont meilleurs que tu ne le crois. Le gros mécanicien maya de Sergio sait réparer des avions à réaction. »

Patrice n'avait pas l'air convaincu. Les dents serrées, il avait la même allure efficace et sérieuse que Sergio Vargas.

Les derniers jours que nous passâmes à Comacalco furent placés sous le signe de la précipitation. Nous rassemblâmes nos voiles, les rames furent affinées et nous achetâmes des cordes de sisal pour le gréement et commençâmes à coudre ces cordes sur le pourtour des voiles.

10

Chunyaxche

Le 19 janvier, deux trous furent percés, l'un dans la proue l'autre dans la poupe, de façon à y passer nos amarres. Notre pirogue était enfin terminée.

Le lendemain, on fit la fête dans le champ du señor Juan Trujillo de la Fuente, le boucher. Les voisins et tous ceux qui avaient participé à la préparation de l'expédition se réunirent. La bière et la tequila coulèrent à flots; on traîna tous ensemble la pirogue jusqu'à la route. Nous ne pouvions pas la peser, mais elle devait atteindre près de huit cents kilos!

« Elle s'allégera quand le bois commencera à sécher. Il ne faut pas mettre d'huile avant trois mois », nous avertit Exaltacion.

Où serons-nous dans trois mois? Échoués sur les récifs, ou arrivés au terme de notre voyage?

Serais-je un lâche? En tout cas, un angoissé et un inquiet, doublé d'un insomniaque... Dès avant l'aube, j'étais éveillé. Je dormais dans un hamac, pour m'entraîner. Chaque fois que je regardais le plafond obscur, j'imaginais les tarentules grouillant au-dessus de moi et commençais à m'angoisser. J'étais inquiet des huit cents kilomètres que devrait faire notre pirogue avant d'atteindre le site de mise à flot. Un voyage de deux jours sur des routes dangereuses et en mauvais état. Une fois de plus, j'avais mis mes œufs dans le même panier – mais cette fois, je n'avais qu'un œuf, et le seul panier que j'avais pu trouver à Villahermosa était une vieille remorque à bateau toute rouillée. Et si la pirogue tombait de la remorque? Et ensuite, allait-elle flotter ? Je ne m'étais pas encore posé la question jusqu'à ce que des gens me fassent remarquer que le bois vert risquait d'être plus lourd que l'eau. Je voyais déjà Pierre en train de plonger pour tenter de retrouver notre embarcation engloutie. Et quand bien même elle flotterait, flotterait-elle droit ? En effet, l'*Itza* pouvait ne pas être bien équilibrée.

J'avais eu droit à toutes sortes de commentaires : les pirogues à fond rond chavirent très facilement. Vous partez à la mauvaise saison. Gardez-vous du vent du nord, et de celui du sud, sans parler des forts alizés. Et puis, il ne fallait pas négliger le danger que représentent les requins, les raies mantes, les serpents minute et les mouches du chicle. A force de penser à tous ces détails désagréables, j'avais oublié le pire : la folie que représentait en soi ce voyage le long de la côte est du Yucatan, celle des ouragans. J'avais déjà anticipé des excuses pour notre prochaine catastrophe maritime auprès de laquelle le naufrage du *Titanic* n'était qu'un conte de fées. Ressassant ces sombres pensées dans mon hamac à cinq heures du matin, je regrettais mes voyages à dos de yak. Au moins, ils ne chavirent que rarement et ne prennent pas l'eau.

Il faisait à peine jour et il pleuvait, mais le temps était déjà chaud lorsque nous quittâmes le Pays des Moustiques, le Tabasco, patrie des Chontales-Itzas. Le cri d'un perroquet solitaire se répercutait sur les murailles de la pyramide de Comacalco, le grand port d'où jadis étaient partis tant d'esquifs semblables au nôtre. Des pirogues de guerre faites pour la conquête, manœuvrées par des hommes au torse peint d'écarlate, leurs épées d'obsidienne et de bois à leurs pieds, mettaient le cap vers l'est. Des pirogues de marchands, avec leurs équipages d'esclaves, naviguaient vers l'ouest, vers le pays des Mexicains. Allions-nous être capables de démontrer que les Chontales avaient véritablement été les Phéniciens d'Amérique ? Saurais-je prouver qu'il était en fait possible de pratiquer un commerce rentable en naviguant sur des centaines de kilomètres dans une grande pirogue ? Le matin du départ, j'en étais moins certain que jamais.

Douze heures après avoir quitté Comacalco, l'*Itza* atteignit sans encombre Bacalar, l'étape à mi-chemin de Chunyaxche. Bacalar est une petite ville construite autour d'un fort érigé par les Espagnols, après deux siècles de vains efforts pour chasser les pirates des eaux du sud du Yucatan. Aujourd'hui, le fort est toujours debout, ses canons de bronze pointés sur le lagon de Bacalar, un lac d'eau douce étroit et bleu comme un fjord.

J'étais déjà venu à Bacalar, en 1974, afin d'explorer le réseau de lacs de la région à la recherche des anciens sites mayas lui ayant valu d'être surnommée la « Venise maya ». J'avais alors fait la connaissance d'Angel, un vieil homme qui avait accepté de m'emmener sur sa pirogue, la *Venus,* pour tenter de localiser un passage dans les marécages reliant les différents lacs. Je retrouvai donc Angel, aujourd'hui âgé de soixante-quatorze ans. Je lui demandai de me fabriquer huit rames courtes, du type de celles utilisées dans la région, car je doutais de nos capacités à ramer debout avec les lourdes pagaies faites à Comacalco.

C'est avec grande fierté que le lendemain de notre arrivée, après avoir pris livraison des rames, je lui montrai l'*Itza.* C'est Angel qui m'avait fait découvrir la navigation sur pirogue et il était donc en quelque sorte à la source de cette aventure. Le vieillard resta bouche bée devant notre embarcation.

« *Magnifico, muy bien, muy bien.* » C'est tout ce qu'il put murmurer. Puis il ajouta : « N'oubliez pas de la tirer à sec toutes les nuits. Et que les saints vous gardent, señor Michel. Faites attention à vous. »

Sur ces mots, nous nous lançâmes sur la grande autoroute qui relie aujourd'hui Chetumal à Cancun. Elle évoque un peu la Transamazonienne, traversant elle aussi une forêt vierge. Construite du jour au lendemain, elle avait révélé à tous ceux qui l'empruntaient les secrets de la jungle, région obscure dans laquelle les Indiens mayas qui combattaient la domination espagnole avaient trouvé refuge durant cinq siècles.

De nos jours, la route a toujours l'air d'une balafre mal cicatrisée, coupée au cordeau à travers les arbres immenses. Çà et là apparaissent les troncs zébrés de cicatrices des *zapotes*, dont la sève blanche produit le chicle, seule richesse de la région. Récolté par les criminels exilés dans la colonie pénitenciaire mexicaine du Quintana Roo, le chicle, qu'ils vendaient deux fois par an à des dépôts de la côte, constituait l'unique source de subsistance de ces malheureux. Le gouvernement mexicain espérait en effet secrètement que les exilés extermineraient les rebelles mayas, connus dans cette province comme les « Indiens de Chan Santa Cruz ».

A midi, nous fîmes halte dans le village de Chan Santa Cruz, aujourd'hui Felipe Carillo Puerto. C'est là qu'en 1843 avait commencé la terrible « Guerre des Castes ». C'est également là que trois saintes croix s'étaient miraculeusement mises à parler, pressant les Mayas de se soulever contre les Mexicains du Yucatan. Obéissant à cet appel aux cris de « Mort aux Blancs », toute la péninsule du Yucatan prit les armes. Une par une, les villes espagnoles furent dévastées et tombèrent aux mains des forces mayas. Les Blancs furent massacrés sans pitié. La victoire des Mayas semblait acquise lorsqu'ils encerclèrent la capitale, Merida. Tout était presque perdu pour les Espagnols lorsque se produisit un « miracle » imprévu. Alors qu'ils allaient remporter une victoire définitive, les Indiens se retirèrent. Avec la fin de la saison sèche, le temps était venu de planter le maïs. Les troupes mayas, plutôt que de devoir affronter la famine, abandonnèrent le siège et regagnèrent leurs champs. Cette retraite momentanée permit aux habitants du Yucatan de recouvrer leurs forces : le vent de la « Guerre des Castes » venait de tourner. Les Espagnols reconquirent le Yucatan, les Indiens gardèrent le contrôle du Quintana Roo et Chan Santa Cruz devint leur capitale. Pendant près d'un siècle, le Quintana Roo fut dominé par les serviteurs des « saintes croix parlantes », aidés par les Anglais du Belize. A deux reprises, en 1902 et en 1936, les Mexicains tentèrent vainement de reconquérir le Quintana Roo. Mais leurs efforts se trouvèrent anéantis par le paludisme et la guérilla. Finalement, en 1937, le général Mai, chef des Indiens, se rendit à Mexico où lui et ses lieutenants furent reconnus comme les caciques légitimes des quelques villages du Quintana Roo. En 1958, j'avais ainsi été accueilli par l'un de ces hommes, le prêtre des trois croix sacrées du village de Tulum. Ce vieux soldat m'avait raconté que depuis lors s'était instaurée « une époque de grande paix », et que les Indiens de Chan Santa Cruz avaient « gagné la guerre et n'avaient donc plus besoin de tuer les étrangers comme moi ».

Malheureusement l'autoroute et le tourisme sont plus facilement venus à bout du règne des Mayas du Quintana Roo que des siècles de guerre. Pourtant, rien n'est encore joué comme en témoigne la guerre sans merci opposant aujourd'hui les rebelles mayas du Guatemala à leurs colonisateurs espagnols. Cette guerre est le vingt-troisième soulèvement des Mayas depuis la découverte du Yucatan en 1517.

Le jour même où nous quittâmes le Tabasco nous étaient parvenues des nouvelles de nouveaux combats au Guatemala, dont les médias parlent très peu mais qui risquaient d'affecter le cours de notre expédition.

Les Espagnols ont laissé des écrits relatant fièrement leur conquête du Mexique aztèque et du Pérou inca, mais personne n'a encore pu écrire l'histoire de la conquête des Mayas, car elle demeure inachevée.

En fin d'après-midi, rompant la monotonie de la route rectiligne, nous aperçûmes le panneau signalant les ruines de Chunyaxche. Nous étions arrivés. Je fis signe au camion de s'arrêter pour que je puisse repérer la petite route de terre qui, longeant les ruines, conduit au lagon de Chunyaxche. Au nord de l'eau, nous détachâmes la remorque. L'heure étant déjà avancée, nous décidâmes de remettre au lendemain le moment tant attendu de la mise à flot.

Nous nous installâmes, à la hâte avant la tombée de la nuit, dans les trois cabanes de palmes primitives prévues pour loger les archéologues en visite sur le site. J'étais fier que ce site, que j'avais mis au jour, soit devenu aujourd'hui un centre archéologique visité par de nombreux touristes et universitaires. Ce n'était pas moi qui le premier avais signalé l'endroit, mais l'expédition Spinden Mason en 1926, qui le répertoria sous le nom de Muyil. Mon seul mérite était d'avoir passé là-bas trois semaines en 1961 lorsque Chunyaxche était encore à deux semaines de marche de la moindre route. Luttant contre les moustiques, machette à la main, accompagné d'un jeune homme – aujourd'hui le gardien des lieux – j'avais découvert cent huit temples, palais et pyramides dont j'avais dressé les plans, confirmant ainsi que cet endroit comptait parmi les plus grands sites côtiers du Quintana Roo.

Nous passâmes le lendemain matin à nous préparer pour accueillir Charles Stephen, Tito von Wutenau, Peer Winfield et les deux femmes archéologues qui devaient arriver en taxi ou en car de Cancun et de Chetumal. Nous attendions également d'un moment à l'autre l'ULM piloté par Patrice et Sergio Vargas.

Chose étonnante, tout le monde arriva comme prévu, si bien que l'après-midi même put avoir lieu le grand événement tant attendu : la mise à flot de l'*Itza*.

Aujourd'hui, la densité de la jungle dissimule la vue dont jouissait autrefois la grande pyramide de Chunyaxche sur le lagon qui porte son nom. C'est un lagon d'un bleu cristallin, bordé de roseaux dorés couronnés des aigrettes plus sombres des palmiers. Désolé et romantique, il résonne du cri des oies, des ibis, des grues et autres innombrables oiseaux aquatiques, flamants roses, aigles de mer et nombreuses variétés de faucons.

Le soleil incendiait les roseaux; pourtant, dans le lointain, d'épais nuages noirs annonçaient un orage, tandis que nous mettions la dernière main à nos préparatifs. Avant que l'*Itza* n'atteigne l'eau, il allait falloir la traîner une vingtaine de mètres sur ce qui avait l'air d'une pente sablonneuse descendant au lagon. En fait, le sol était composé d'une boue nauséabonde et visqueuse, dans laquelle nous nous enfoncions jusqu'aux genoux. Il fallut donc préparer un chemin de planches et faire rouler la pirogue sur des bûches. C'est en dirigeant les opérations que je m'aperçus que personne ne parlait la même langue dans notre équipe. Nous étions désormais quatorze, sans compter les deux pilotes qui devaient arriver. Certains parlaient espagnol mais pas français, d'autres anglais mais pas espagnol, d'autres encore parlaient français mais pas anglais et enfin, les fils de Pablo Canche parlaient espagnol et maya, mais ni anglais ni français. Il fallait que je traduise chaque ordre en français, anglais et espagnol, une tâche pour le moins malaisée où je m'emmêlais la langue et qui promettait d'être désastreuse en cas d'urgence.

A force d'efforts et par saccades, la proue finit par atteindre la rive et, lentement, l'*Itza* glissa dans la vase jusque sur l'eau bleue. Je sautai dans l'embarcation alors qu'elle s'éloignait.

Des cris de joie s'élevèrent dans mon dos tandis que je restais debout, immobile de peur de tomber. C'était le moment de vérité que nous avions tous attendu. La pirogue allait-elle se renverser comme l'avaient prédit certains la veille ? Était-elle stable ? Je me penchai pour saisir les bords et commençai à la faire tanguer tout doucement. A mon heureuse surprise, elle se remit d'aplomb immédiatement. Je recommençai l'opération avec de plus en plus de force, jusqu'à même embarquer un peu d'eau, et je m'aperçus que seul, il m'était impossible de la faire chavirer. L'embarcation fut ensuite tirée le long d'une jetée écroulée, près de laquelle nous l'avions mise à l'eau. Après avoir sauté à terre, je remarquai à quel point l'*Itza* flottait bien, parfaitement à niveau dans les deux directions, horizontale et verticale. Durant leurs mois de travail, Tito et Exaltacion avaient rigoureusement suivi les plans gravés dans leur esprit. Notre pirogue était un chef-d'œuvre de précision et d'équilibre.

Lorsque nous nous installâmes à sept dans l'embarcation, pour l'éprouver encore, il devint évident que la charge ne constituerait pas de problème. Bien que les bancs aient été placés un peu haut, la pirogue restait stable. Je voulais aussi tester la symétrie de l'*Itza* et voir si elle dérivait à bâbord ou à tribord lorsqu'on ramait. Pour cela, il fallait que chacun pagaie uniformément de chaque côté. C'était plus facile à dire qu'à faire : une... deux... *uno... dos... one... two...* Bien que je marque la cadence, les rames frappaient l'eau dans le plus complet désordre et nous commençâmes à dériver dans tous les sens. Ce ne fut qu'au bout de plusieurs jours, lorsque enfin nous eûmes appris à ramer ensemble en cadence, que nous pûmes apprécier la parfaite symétrie de notre pirogue.

C'est à la nuit tombante que nous nous trouvâmes tous réunis, lorsque Patrice Franceschi et Sergio Vargas arrivèrent de Tulum en Cessna, annonçant que l'ULM nous rejoindrait par camion le lendemain matin.

Il serait ennuyeux de passer un à un en revue chacun des membres de notre équipe cosmopolite. Nous formions, il est vrai, un groupe étrange et hétéroclite, somme toute parfaitement adapté à ce que tout le monde considérait comme une curieuse expédition.

Très occupé, je me demandais si tout le monde allait bien

s'entendre tout au long de cette expédition qui promettait d'être harassante.

Dix-huit expéditions dans l'Himalaya et trois autres en Amérique centrale m'ont enseigné au moins une chose : pour que tout le monde se sente bien, il faut que chacun soit continuellement occupé et, si possible, au bord de l'épuisement. L'oisiveté est la mère de tous les problèmes. Mais, de toute façon, à bien regarder la carte, je nous voyais mal allongés sur les plages à lézarder au soleil.

Plus que l'oisiveté, je redoutais les querelles, les disputes, verbales ou physiques, qui se produisent inévitablement dans les situations extrêmes. Ces querelles laissent les membres d'une équipe irrémédiablement brouillés. Afin d'éviter ce genre de situation, je demande toujours au début d'une expédition que chacun accorde aux autres le droit de se mettre en colère. En trois langues, j'entrepris donc d'expliquer que tout le monde risquait à un moment où à un autre de se fâcher et que, si chacun comprenait cela, les réconciliations seraient plus faciles.

On me jeta des regards désapprobateurs. Je n'étais pas certain d'avoir été compris...

La première nuit, à la lumière d'une puissante lampe tempête et de nombreuses bougies, je déplorai d'avoir omis d'emmener un cuisinier professionnel. En fait j'avais engagé quelqu'un qui avait l'air d'un chef, sans savoir que c'était également un ivrogne patenté qu'il fallut virer au plus vite. A la dernière minute, nous convînmes que nous prendrions chacun notre tour pour assurer notre pitance quotidienne, ce qui, j'en conviens, n'était pas une très bonne idée.

A voir le plaisir que prenaient à pêcher les deux fils de Pablo Canche, je pensais, bien naïvement, que nous pourrions prendre suffisamment de poissons pour transformer notre expédition en tournée gastronomique. Nous avions acheté des hameçons en quantité, des cuillers, de l'appât et des kilomètres de fil de nylon. En attendant, nous en étions réduits à manger du fromage en conserve lors de ce premier repas où nous nous familiarisions les uns avec les autres.

Le principal sujet du moment était la carte.

La première partie de notre voyage devait nous emmener à

quelque soixante-dix kilomètres à travers marécages et lagons, depuis Chunyaxche jusqu'à l'extrémité nord de la baie de l'Ascension, sur la côte.

C'était un trajet tortueux qui serpentait à travers des îlots de palétuviers et des marais envahis de roseaux, où il nous serait facile de nous perdre. Pour trouver notre chemin, il fallait découvrir l'entrée d'un canal maya et l'estuaire d'une rivière. Pour cela, je comptais sur Fidel et Juan qui étaient, du moins le prétendaient-ils, venus plusieurs fois sur les lieux et avaient servi de guides à des pêcheurs.

Ma principale préoccupation consistait à évaluer le temps que nous prendrait un tel trajet et trouver un endroit pour dormir. Je craignais surtout de m'échouer sur les hauts-fonds, et je me demandais si notre canot de ravitaillement pourrait lui aussi s'en sortir.

L'ULM et le Cessna étaient là pour nous aider à trouver notre chemin et, le lendemain, j'avais prévu de faire un vol de reconnaissance de notre route et d'examiner les marais.

A l'aube, je chargeai Tito, Peer et Frédéric de la finition des voiles, tandis que Charles s'occuperait de couper du bois dans la jungle pour fabriquer un mât de rechange et deux livardes, des perches de différente taille à extrémité fourchue pour maintenir nos voiles.

Jacques et moi discutions des détails de notre gréement. Je voulais qu'il soit aussi sobre que possible. Une simple rame, qui serait maintenue contre la coque par une corde, ferait office de quille et de gouvernail. Selon la direction du vent, nous la changerions de côté. Un trou percé au sommet du mât servirait de poulie pour hisser la voile, qui, nous l'espérions, glisserait le long du mât auquel elle était attachée par des cordes. La corde qui maintenait l'extrémité libre de la voile, et la drisse qui permettait de la hisser, seraient attachées à des cabillots, chevilles de bois que nous enfoncerions dans des trous percés dans le banc du mât et de chaque côté du banc de poupe, la *paneta*. Il était impossible de concevoir un système plus primitif. Encore fallait-il qu'il fonctionne. Inutile de préciser que les paris étaient ouverts et que chacun avait sa propre théorie sur la question.

Au matin, alors qu'on assemblait l'ULM, je partis avec Sergio pour Tulum, les grandes ruines côtières situées à vingt kilomètres au nord de Chunyaxche. C'est là-bas, sur une piste d'atterrissage militaire, que Sergio avait laissé son Cessna.

Nous étions convenus que Sergio nous suivrait avec l'avion du mieux qu'il pourrait jusqu'à la frontière du Guatemala. Nous avions localisé sur nos cartes cinq petites pistes où il pourrait atterrir. Il nous apporterait le courrier et nous aiderait à inspecter la côte à la recherche de ruines, tout en assurant une partie du ravitaillement et en surveillant l'ULM qui devait nous suivre.

En décollant pour reconnaître la première partie de notre trajet, nous survolâmes les ruines de Tulum. C'est aujourd'hui le site le plus célèbre de la côte du Yucatan, mais, durant des siècles, il est resté inaccessible, sauf par la mer. Encore fallait-il prendre les plus grandes précautions en raison de la fameuse barre de corail qui défend l'accès de cette côte rocheuse. En outre, durant des années, les Indiens repoussèrent à coups de fusil les visiteurs qui s'y aventuraient. Les constructions de Tulum, visibles depuis le large, furent utilisées comme repères par les Espagnols pour éviter à leurs galions de s'échouer sur la barre, qui commence ici et s'étend jusqu'à la lointaine baie de l'Amatic au fond du golfe du Honduras.

Tulum est une ville fortifiée rectangulaire, avec une unique porte étroite donnant sur l'intérieur des terres, et dont le mur opposé est constitué par les hauts rochers de la côte, où s'ouvrent seulement deux petites criques sablonneuses. Bien que Tulum ait dû servir de port, les archéologues considèrent que la ville avait surtout une vocation religieuse ou administrative, occultant le rôle considérable et vital qu'elle a dû tenir comme port de commerce.

En quittant les ruines par le sud, nous nous élevâmes au-dessus des rochers de la côte alternant avec des plages de sable, jusqu'au moment où apparut le premier lagon marécageux. Vus des airs, ces marais forment un labyrinthe d'îles et d'eaux boueuses qui s'étend au sud, très loin jusqu'à l'horizon. C'est une région désolée qui donne la chair de poule. Survolant les marais, nous avions mis le cap sur l'intérieur et nous arrivâmes à Chunyaxche, dont la plus haute pyramide dominait les cimes des arbres, près du lagon cristallin et circulaire où attendait l'*Itza*. Située loin à l'intérieur des terres, Chunyaxche était, pour une pirogue, le port le plus proche de Chichen Itza. Il était donc sans aucun doute utilisé par les Itzas comme port d'embarquement pour atteindre la mer lorsqu'ils partaient en expédition commerciale vers le sud. C'est en tout cas ce que nous supposions.

De retour au camp, je fus ravi de constater que notre ULM avait été assemblé non loin de l'*Itza*. Patrice m'annonça que, contrairement à ce qu'il pensait, le kit que nous avions acheté pour le remettre en état avait été correctement monté. Il s'était lui-même occupé des principales modifications et du nettoyage de l'appareil, mais il n'était toujours pas satisfait. Quelques jours plus tôt, le moteur avait calé, obligeant Sergio à un atterrissage forcé et pourtant, il avait été impossible de détecter la cause de la panne. Patrice m'assura que c'était très inquiétant et que cela confirmait ce qu'il pensait : l'oiseau mexicain n'était pas fiable. Ne lui avais-je pourtant pas donné le temps et les fonds nécessaires pour que l'avion soit à la hauteur ? S'il avait voulu, il lui aurait suffit de me demander d'acheter un nouveau moteur.

11

Les Marais des Chacs

Il était évident que Patrice ne faisait désormais plus confiance ni à Sergio ni aux mécaniciens mexicains. Quant à Sergio, il trouvait probablement pénible l'arrogance involontaire de Patrice bien qu'il ne m'en ait jamais rien dit.

Les choses allèrent mieux lorsque, au cours du même après-midi et malgré un très fort vent, Sergio fit décoller l'avion et se lança dans une démonstration brillante – bien qu'à faire dresser les cheveux sur la tête – de la maniabilité de l'engin. Lorsqu'il essaya de décoller avec Patrice, peut-être à cause du vent, l'expérience se révéla un peu dangereuse. A trois reprises, la petite libellule rouge s'éleva lentement dans les airs et amerrit dans une gerbe d'écume.

Il était certain que le vent allait nous poser des problèmes durant notre voyage. Depuis que nous étions arrivés, il n'avait pas cessé de souffler. Patrice se plaignait que janvier soit un mauvais mois, tout comme février. Je dus lui faire remarquer que de toute façon, durant tous les mois de l'année, la côte du Yucatan est connue soit pour ses ouragans (de juillet à novembre) soit pour les orages qui arrivent du nord en décembre. Les autres mois sont extrêmement chauds, avec des pluies et des vents terribles, ainsi que des grains violents qui apparaissent en avril, mai et juin. Nous avions donc en fait choisi le moindre mal.

Ayant amplement fait la preuve des capacités de son ULM, Sergio nous annonça qu'il rentrait à Chetumal avec le Cessna. D'une façon peut-être un peu trop officielle, il confia l'ULM à

Patrice, l'air de dire : « A ton tour. » Je vis poindre les problèmes.

La frénésie s'empara de nous lors de notre dernier jour à Chunyaxche. Apparemment, le gardien des ruines s'était servi de notre mât de rechange pour faire du feu! Sans se soucier du fait qu'il était taillé et percé d'un trou, il en avait utilisé la moitié pour alimenter le feu au-dessus duquel trônait une bouilloire.

Tito von Wutenau, montrant là son énergie et ses talents, s'était attaché à fabriquer un toit de palmes avec Juan et Fidel pour protéger l'avant de la pirogue. L'idée était judicieuse car il avait commencé à pleuvoir et les incessantes averses tropicales avaient inondé le camp, s'infiltrant jusque dans notre cuisine de fortune.

Il plut toute la nuit et de sérieuses douleurs au ventre me tinrent éveillé jusqu'au matin.

Prêts ou pas, le lendemain, dimanche 30 janvier, nous devions partir et commencer notre longue et difficile tentative de voyage vers le sud.

Notre objectif immédiat était de trouver notre chemin à travers lagons et marécages jusqu'à Punta Allen, l'extrémité nord de la baie de l'Ascension. Personne n'avait la moindre idée du temps qu'il nous faudrait. Je pensais que trois jours seraient nécessaires. Où dormirions nous? Tout au plus pouvais-je répondre : là où nous nous arrêterions...

Il faisait beau, mais le vent soufflait, le matin où nous commençâmes à faire nos bagages. Très vite, le soleil se mit à briller sur l'eau bleue du lagon. Les choses avaient peu ou pas changé, pensais-je, depuis les jours anciens où les Itzas embarquaient là après avoir fait leurs offrandes d'encens de copal au dieu noir, Ek Chuah, divinité protectrice des voyageurs, dieu de l'étoile Polaire et du cacao. Il était représenté sous les traits d'un petit homme portant un sac et un bâton de marchand. Les temples derrière lesquels nous avions dormi étaient encore là pour témoigner de ce passé, tout comme le bruissement millénaire du vent dans les roseaux.

Mon cœur battait la chamade. C'était enfin le vrai départ, le grand jour que j'avais attendu depuis plus d'un an. Ce qui jusque-là n'avait été qu'un rêve était désormais devenu réalité.

Nous partions pour le meilleur et pour le pire. Pour moi ce départ avait aussi un sens plus profond. Je commençais un nouveau voyage d'aventure là où j'avais découvert ma passion pour l'inconnu. J'avais bouclé le cercle, trente ans avaient passé depuis le jour où sur cette même côte j'étais tombé sous le charme des lagons oubliés du monde maya.

Ce charme m'avait conduit par la suite dans le monde entier à la poursuite des idéaux et des valeurs auxquels j'avais goûté pour la première fois ici au Quintana Roo.

A l'âge de vingt et un ans, le Yucatan m'avait donné la preuve qu'il existait encore sur notre planète des horizons inconnus.

J'étais revenu, pour me prouver à moi-même et aux autres qu'il est encore possible de vivre des aventures pleines de sens, même à quelques kilomètres des foules qui se pressent désormais sur les plages de Cancun.

Tandis que je commençais à pagayer, je me souvins du rythme que j'avais appris d'Angel à Bacalar et j'eus tout à coup l'impression de n'avoir jamais quitté ces rivages.

C'est curieux comme certains gestes vous mettent dans des états d'esprit particuliers. Certains psychologues vont même jusqu'à dire qu'il suffit de sourire pour être heureux. Et, d'une certaine manière, je me sentais encore plus proche des anciens Mayas alors que je répétais avec mes compagnons les mouvements marins de jadis, plongeant ma pagaie dans les eaux bleues du lagon de Chunyaxche, comme tant d'autres l'avaient fait avant nous.

Pour notre époque, où même le plus lent véhicule est un bolide, *l'Itza* était très, très lente. Lourde et stable, elle n'avait rien de commun avec les petits esquifs qu'une seule pagaie suffit à manier avec facilité. Il nous fallut du temps avant de démarrer. Après quoi, elle glissa sur l'eau sans hâte, avec puissance et assurance. Il nous fallut une heure entière pour atteindre l'autre bord du lagon, pourtant tout à fait visible depuis notre rive de départ. Une heure pour couvrir trois ou quatre kilomètres. Je refusais de penser à ce que cela signifierait pour le reste de notre voyage et me concentrai sur la localisation de la sortie du lagon : une petite ouverture entre les roseaux, l'étroit passage d'un canal qui nous permettrait de quitter le lagon de Chunyaxche.

Je me repérais aux frondaisons d'un cocotier solitaire qui était clairement visible dans le lointain. Grâce à lui, nous trouvâmes l'entrée du chenal, une ouverture d'à peine un mètre cinquante de large entre les roseaux et les hautes herbes. Les anciens Mayas, eux, attachaient des plumes et des morceaux d'étoffe aux palétuviers pour indiquer les passages le long de ces difficiles routes fluviales. Malheureusement nous ne pouvions guère espérer trouver la moindre trace de ces repères éphémères sur notre chemin.

Les rares archéologues familiers de ces lieux sont très partagés sur l'origine du chenal qui débouche sur le lagon de Chunyaxche. Était-il où non maya? J'avais évoqué la question la veille avec Pilar Luna. Je savais que dans les années trente, le général Vega, l'un des caciques des rebelles mayas de Chan Santa Cruz, s'était installé à Chunyaxche où il avait établi un camp de bûcherons. Les troncs avaient été flottés jusqu'à la côte par ce canal que, paraît-il, il avait fait élargir.

Il n'y a aujourd'hui aucun moyen de déterminer si ce chenal datait en fait de l'Antiquité. Ce qui est certain, c'est que les Mayas avaient dû entretenir un passage entre Chunyaxche et la mer, ce dont nous allions bientôt avoir une preuve définitive.

Le général Vega, qui avait réouvert ce canal, n'était curieusement pas totalement d'origine maya. En fait il avait été enlevé par les Indiens de Chan Santa Cruz lorsqu'il était enfant. La légende veut qu'il ait fait partie d'un groupe de gens originaires de Cozumel qui avaient abordé la côte avant d'être capturés par les Indiens rebelles. Les Mayas avaient tué tous leurs prisonniers, sauf Vega, car, le jeune garçon transportant avec lui des livres, ils espéraient qu'il leur apprendrait à lire et à écrire. Il fut donc bien traité et devint riche et respecté lorsque le général Mai le prit comme lieutenant. Aussi ne songea-t-il jamais à retourner à Cozumel. Il mourut, je crois, dans les années cinquante.

Le chenal, dont les eaux étaient basses, coulait entre les rives couvertes de hautes herbes. En les voyant, je me souvins des journées épuisantes que j'avais consacrées à les couper afin de préparer le canal pour le passage d'un de mes aéroglisseurs. C'était au cours de mon expédition de 1973-1974 sur cette côte, expédition bien curieuse car elle fut à la fois un fiasco et une réussite. Un fiasco, parce que je voulais en rapporter un film extraordinaire. J'avais préparé le projet avec Roy Disney Jr et élaboré, pour traverser ces lagons et marécages, un prototype de véhicule à coussin d'air fondé sur celui que j'avais utilisé pour traverser l'Himalaya en 1972. J'étais très fier de mes engins, révolutionnaires pour l'époque. J'en possédais trois, propulsés par des moteurs de motocyclettes de 1 000 cc alimentant un ventilateur selon un nouveau système breveté de mon invention, et qui est aujourd'hui copié partout dans le monde. Hélàs, chose fréquente avec les prototypes, nous étions constamment en panne, et Roy Disney, à force d'attendre dans les eaux saumâtres de la côte, avait fini par annuler sa participation ayant terminé son film. Les aéroglisseurs lui appartenant, ils ne purent donc pas remonter le chenal que j'avais dégagé, et je continuai mon expédition tout seul, abandonnant mes machines pour la pirogue d'Angel à Bacalar.

Ces souvenirs furent rapidement chassés par les préoccupations du moment. Comme nous n'avions pas encore l'habitude de manier notre lourde pirogue qui réagissait lentement à nos coups de rames, nous n'arrêtions pas de nous cogner d'un côté et de l'autre de l'étroit chenal, jusqu'à ce que nous découvrions qu'il était en fait plus simple qu'un seul d'entre nous pousse *l'Itza* à l'aide d'une perche.

Tandis que nous progressions, un petit chevreuil surgit des hautes herbes et nous offrit le spectacle de sa robe brun doré et de sa queue blanche. Le Yucatan était autrefois connu comme le « pays de miel et de venaison ». La viande de chevreuil était un aliment de base de la cuisine maya et la chasse un sport très prisé. Ces petits chevreuils abondent encore aujourd'hui dans la région et sont à la source d'un mystère qu'il m'a fallu un certain temps à résoudre : où ces animaux trouvaient-ils de l'eau potable ? Ce n'est pas un problème sur les bords du lagon d'eau douce de Chunyaxche, mais c'est une toute autre affaire à l'intérieur du Yucatan, où ne se trouvent aucune rivière et que très peu de lacs. En fait, le Yucatan ne possède aucun cours d'eau en surface, toute l'eau s'infiltrant à travers le sol calcaire.

Les seuls puits ont été creusés de main d'homme ou se trouvent là où la couche calcaire s'est effondrée au-dessus de lacs ou de rivières souterrains. Ces puits naturels, nommés *cenotes,* ont des parois si abruptes qu'ils restent hors de portée des animaux. Que buvaient donc les chevreuils ? J'avais posé la question à nombre de gens jusqu'à ce qu'un vieil Indien m'explique que les chevreuils étaient passés maîtres dans l'art de rechercher, dans les troncs d'arbres creux ou autres cavités naturelles, de l'eau de pluie. Cette eau était sacrée pour les Mayas qui l'utilisaient dans leurs cérémonies religieuses en la mélangeant, entre autres, au cacao.

En revanche, la région que nous traversions hébergeait des hôtes moins agréables : des milliers de crocodiles. Sachant que nous serions obligés de sauter très souvent de notre pirogue, je ne pouvais que mettre régulièrement mes compagnons en garde.

Au fur et à mesure que nous avancions dans le chenal, j'attendais d'un moment à l'autre qu'apparaisse au-dessus de nos têtes l'ULM. Nous avions laissé Patrice tripotant le filtre à air. Il n'y avait rien en vue et le silence n'était brisé que par les cris d'oiseaux aquatiques.

Loin derrière nous, nous entendions hoqueter le moteur de la barque transportant notre ravitaillement et l'équipe cinématographique. Un deuxième bateau s'était en effet révélé indispensable, non pas à titre de secours, bien que ce soit important, mais surtout parce que nous ne pouvions pas transporter toutes nos provisions dans la pirogue pour un voyage qui, selon mes prévisions, durerait au moins deux mois. De plus, l'équipe de cinéma avait besoin d'un équipement lourd. Et puis, après tout, notre objectif principal n'était pas de courir un marathon mais de mener à bien un travail scientifique sur la navigation précolombienne.

Notre barque était un canot de fibre de verre de sept mètres de long, du type des embarcations étroites des pêcheurs mexicains. Cette *lancha* était propulsée par un moteur de cinquante chevaux. Nous avions aussi un petit Zodiac, que nous avait fourni l'Institut d'anthropologie de Mexico et qui pouvait servir d'engin de secours, propulsé par un moteur de vingt-cinq chevaux. Telle était la composition de notre petite armada.

Vers midi, nous étions sortis de l'étroit chenal et nous avions atteint un second lagon dont l'autre rive n'était qu'une ligne brumeuse à l'horizon. L'incroyable couleur bleue de ces lacs et lagons est due à l'extrême blancheur du sable calcaire du Yucatan. Même les canaux et les rivières sont de ce même bleu.

Le vent s'était levé et, pour la première fois, nous pouvions en ressentir les effets. Dans l'*Itza* avaient pris place tous ceux qui formeraient l'équipage de base pour le voyage : Robert Jordan, le jeune photographe américain, et Peer Winfield, tous deux âgés d'une vingtaine d'années. Frédéric Michaud, sportif accompli et tout en muscles, José-Luis Romero, le jeune archéologue mexicain et, à l'arrière, Charles Stevens et moi-même.

Très vite s'éleva une discussion sur la façon dont nous devions pagayer : fallait-il donner de longs coups de rames lentement ou pagayer de rapides petits coups ? Là encore, malheureusement, comme pour tout ce qui touchait à notre pirogue, il n'y avait aucune réponse certaine. Nos tentatives pour ramer debout s'étaient révélées un désastre dès le début, même en eaux calmes. Si bien que nous avions tous résolu d'abandonner les longues et lourdes pagaies de macouli au profit des rames courtes en cèdre, plus légères, que nous avait fabriquées Angel à Bacalar.

Tandis que nous traversions le second lagon, la pirogue avançait en zigzaguant.

Tout le problème, c'était de maîtriser le temps qui s'écoulait entre le moment où nous donnions nos coups de rames et celui où la pirogue réagissait. Ceux d'entre nous qui étaient habitués aux kayaks ou canoës légers s'attendaient à ce que notre embarcation réagisse immédiatement au moindre coup de rame. Comme ce n'était pas le cas, nous exécutions un slalom peu professionnel. Il nous fallut un bon moment avant de pouvoir évaluer correctement l'intervalle entre les coups de rames et la réaction de notre embarcation qui, chargée, pesait approximativement une tonne et demie.

Arrivés à la moitié du lagon, nous ne savions pas encore où se trouvait la sortie dans cet horizon de roseaux brunâtres, où se dressaient des bouquets de palmiers sombres comme autant d'îlots.

L'arrivée du canot à moteur piloté par Tito von Wutenau nous permit de localiser la sortie cachée. A son bord, Juan et Fidel désignaient un endroit qui semblait n'être qu'un amas de roseaux mais qui dissimulait l'embouchure d'une rivière. Le canot ralentit alors et coupa son moteur pour se ranger à nos côtés.

« L'ULM ne peut pas décoller. Problèmes de moteur », expliqua Jacques, laconique.

« Vous voulez quelque chose à manger ? », cria Erica en brandissant ce qui ressemblait à des sandwiches.

« Plus tard, quand nous serons de l'autre côté », répondis-je sans me rendre compte qu'il était déjà deux heures de l'après-midi.

En réalité, nous étions tous un peu fatigués mais surtout morts de soif. Profitant de l'occasion, nous fîmes passer le bidon de plastique contenant notre eau potable, avant de nous remettre à la tâche : Une... deux... Une... deux....

Avant notre départ, j'avais plaisanté, m'imaginant un fouet à la main et battant la cadence sur un tambour. Si l'idée du fouet me revint parfois dans les moments d'impuissance, je regrettais pour l'heure de n'avoir pas de tambour et une paire de bras en plus pour pouvoir m'en servir tout en ramant.

Je n'aurais jamais cru que ce soit aussi difficile pour six personnes de ramer en même temps.

« Une... deux... *Uno... dos... One... two* » : je donnais la mesure en passant du français à l'espagnol puis à l'anglais pour varier un peu. C'est seulement plus tard que j'allais devoir recourir au maya et au tibétain pour briser la monotonie du rythme des pagayeurs de fond. Pour remplacer mon tambour, je battis pendant un moment le flanc du canoë avec ma rame, mais même cela finit par être lassant.

« Ramez comme si vous deviez le faire pour l'éternité », suggérai-je pour plaisanter. Pourtant le mot éternité était peut-être tout à fait approprié...

Quatre kilomètres en une heure : combien de coups de rame par kilomètre ? Là encore, je préférai ne pas faire le compte, de peur d'avoir à affronter la vérité.

« Nous sommes échoués », nous fit remarquer Robert Jordan comme en passant. Sautant à l'eau, nous poussâmes l'embarcation dans les hauts-fonds sablonneux jusqu'à l'embouchure de la petite rivière bleue par où s'écoulait le lagon. Lorsque l'eau redevint plus profonde, nous commençâmes à flotter avec le courant jusqu'à une mare entourée de palétuviers, qui ressemblait à une petite piscine. Nous n'étions pas allés très loin, une centaine de mètres, lorsque nous rattrapâmes la *lancha* amarrée le long du canal.

Vijia del Lago, dis-je alors que nous accostions. Fidel était occupé à se frayer un chemin à coups de machette à travers les palmes et les buissons. Au fur et à mesure qu'il progressait une ruine maya apparut, deux colonnes, une entrée et un linteau de porte renfoncé dans une façade de stuc. L'ensemble était une structure rectangulaire de quelque six mètres de long dont le devant s'était en partie effondré. L'édifice rectangulaire entourait une structure plus petite qui formait une sorte de chambre intérieure.

Cette ruine, que j'avais déjà explorée naguère, est le seul témoin d'une époque où ces marécages résonnaient d'autres bruits que des cris des aigles. « La vigile du lac », comme l'appellent les habitants de la région, est à l'évidence un repère qui indique l'entrée ou la sortie du grand lagon que nous avions traversé. C'était un jalon important sur ce qui avait dû être du temps des Mayas une route très fréquentée entre Chunyaxche et la côte. Était-ce véritablement, comme nous le croyions, le début de la longue route qu'empruntaient les Itzas pour se rendre au Honduras, route suffisamment importante pour avoir pu causer l'effondrement de la civilisation maya du sud ?

Tandis que José-Luis dessinait une esquisse de la ruine, Tito s'émerveillait à la vue du linteau, caractéristique de l'architecture côtière postclassique des Mayas du nord, un style apparenté à celui de Chichen-Itza.

Que pouvaient bien ressentir des hommes comme Juan et Pablo Canche face à ces ruines ? Éprouvaient-ils de la fierté à l'égard de leurs ancêtres, ou bien était-ce trop loin pour eux ?

Une autre question me préoccupait davantage : s'entendraient-ils bien avec le reste de l'équipe ? Ils étaient venus, me semblait-il, en partie pour faire plaisir à leur père et en partie pour l'argent. Je pouvais difficilement attendre d'eux qu'ils soient aussi motivés que le reste d'entre nous par la résolution d'une énigme historique.

Calme et organisé, Jacques filmait la ruine et je m'assis, fier de notre petite équipe. Pilar Luna et Erica semblaient bien s'entendre avec tout le monde et enrichissaient notre expédition de leurs compétences archéologiques. Elles avaient apporté de Mexico un ensemble de photographies satellites de la côte qui nous permettaient de voir à quoi ressemblaient, du moins de là-haut, les régions que nous allions devoir affronter.

Sur ces agrandissements en noir et blanc, on pouvait clairement distinguer les basses eaux des lagons en différentes teintes grisées et les mouchetures des marécages bordant les profondes entailles que forment les deux grandes baies de l'Ascension et d'Espiritu Santo. Plus menaçantes, des traces d'écume blanche signalaient la barrière de corail longeant la côte.

Rassasiés de pain, de fromage et de bananes, nous nous étions remis en route, suivis de la *lancha* et du Zodiac.

La petite rivière qui coulait des lagons commençait à serpenter à travers ce qui semblait être une prairie infinie d'herbes hautes et parsemée de bosquets, de palétuviers. A chaque virage, nous devions pagayer frénétiquement à droite, puis à gauche, afin que la proue n'aille pas s'encastrer dans les bords. Charles Stevens et moi, qui en étions encore à apprendre le maniement de l'*Itza*, assis à l'arrière de chaque côté de la *paneta*, passions un mauvais quart d'heure.

L'horizon n'était désormais plus qu'à quelques mètres et, même en nous redressant, nous ne voyions pas d'ouverture. La rivière était d'un bleu irréel, d'un bleu de geai, cet oiseau dont les plumes presque fluorescentes étaient particulièrement recherchées par les Indiens précolombiens. Çà et là, des poissons, si visibles dans l'eau limpide, semblaient des oiseaux volant dans un ciel liquide.

Toujours à l'affût de crocodiles et de caïmans, d'oiseaux et de poissons, nous n'avions pas le temps de nous ennuyer et, tandis que le soleil commençait déjà à descendre sur l'horizon, nos muscles commençaient à nous faire souffrir. Nous avions pagayé six heures durant, et nous n'en voyions toujours pas la fin.

Allions-nous arriver, comme je l'espérais, à déboucher sur ces lagons intérieurs qui bordaient la côte, ou resterions-nous coincés en pleine nuit au milieu des marécages ?

Fort de mes expériences précédentes, je savais que certains des îlots de palmiers qui nous entouraient étaient en fait de véritables îles rocheuses, où nous pourrions au moins passer la nuit. John Binning, Michael Alexander et moi, lors de notre expédition en aéroglisseur de 1974, avions d'ailleurs localisé des traces de ruines mayas sur l'une de ces îles. Cependant, bien que je sois sûr que nous serions à sec, la perspective de passer une nuit en pareil endroit ne m'enchantait guère : c'était également le lieu de prédilection de milliers de moustiques.

Si les mots peuvent décrire les couleurs, les sentiments et les pensées, il n'en est pas de suffisamment forts pour décrire l'horreur du fléau que représentent les moustiques, qui devaient nous accabler durant tout le voyage. Pour donner une idée véritable de ce que nous devions endurer, chaque phrase de ce livre devrait être entrecoupée de *bzzzz* suivis de claques... Ce n'est que plus tard, en revoyant le film de l'expédition, que j'ai pu apprécier à quel point nous étions passés maîtres dans l'art de chasser instinctivement et régulièrement les insectes d'une main distraite mais pas toujours efficace, que nous soyons en train de parler, de ramer ou de manger, comme des vaches chassent les mouches en se flanquant de grands coups de queue.

Les moustiques constituaient en outre une véritable menace. Le paludisme, dont on a un peu vite déclaré qu'il avait été éradiqué, a fait son retour, tuant des millions de gens. Selon les dernières statistiques de l'OMS, 50 p. cent des décès dans le monde sont dus à des maladies transmises par des piqûres d'insectes ! Le paludisme en fait partie et son « quartier général » doit se situer quelque part dans la zone marécageuse de la baie de l'Ascension...

Je ruminais ces lugubres pensées pendant que nos chers petits moustiques, ponctuels au coucher du soleil, s'élevaient des marécages en rangs serrés et venaient nous surprendre à la lumière du crépuscule. La sinueuse petite rivière bleue s'était entre-temps élargie et ses eaux chargées de limons prenaient maintenant une teinte gris-vert. Nous avions atteint le labyrinthe d'îles de palétuviers en bordure des lagons qui doublent la côte, lagons séparés de la mer par une étroite bande sablonneuse. Nous devions, espérais-je, atteindre cette bande de sable avant la nuit. Je me bornais à espérer, car les palétuviers, de plus en plus hauts, nous empêchaient de voir au loin.

Très rapidement, des affluents apparurent à gauche et à droite, transformant notre rivière en un écheveau qui se perdait dans un labyrinthe d'îlots. Loin devant, le canot piloté par Juan avait disparu. En moins de temps qu'il n'en faut pour le dire, la pirogue s'échoua sur les fonds boueux : nous étions perdus. Ayant ramé pendant plus de huit heures nous étions épuisés. Aurions-nous dû contourner la dernière île par la droite ? L'eau semblait plus profonde de ce côté-là, mais très vite nous nous retrouvâmes enlisés. Personne ne riait. Bzzzz... une claque... bzzzz... une autre claque. Par où fallait-il passer ? Debout, je pouvais apercevoir dans la lumière du couchant, loin vers l'est, les feuillages sombres des cocotiers de la côte. Au moins nous savions dans quelle direction nous devions pagayer, mais nous ne parvenions pas à trouver un passage entre les îles et les bancs de vase.

Quelque part en aval, je me souvenais qu'il y avait sur l'une de ces innombrables îles un petit temple maya. L'eau léchait les pieds de ce petit bâtiment carré qui avait dû être érigé pour repérer la sortie de l'estuaire de la rivière que nous avions empruntée. Si seulement nous pouvions trouver la ruine... Mais il semblait n'y avoir que peu ou pas d'espoir. Je me mis à maudire l'équipage du canot à moteur qui avait filé sans nous.

Une brise âpre s'était levée et nous tentâmes de hisser la voile. Il fallut d'abord dresser le mât et le placer bien droit dans le trou du banc de proue, tâche malaisée, compte tenu du poids du mât et du tangage de la pirogue. Puis nous déroulâmes la voile de *petate* pour l'attacher au mât et la hisser enfin. Cela aurait été plus facile si nous n'avions pas été six à bord, sans le moindre espace pour nous mouvoir. L'*Itza* oscillait dangereusement, menaçant de chavirer à chaque instant dans une eau infestée de crocodiles. Quand enfin tout fut en place, le vent avait tourné. Il fallut donc ramener la voile et descendre le mât pour recommencer à pagayer. Nous avions perdu tout enthousiasme quand, par bonheur, le canot revint enfin nous chercher. Juan Canche nous guida jusqu'au chenal adéquat. Une... deux... Une... deux : nous étions repartis. Le soleil était déjà bas sur l'horizon et des canards traversaient le ciel sombre en formation serrée. Un ibis solitaire s'installait pour la nuit sur son îlot d'élection, où le rejoignaient bientôt d'autres oiseaux aquatiques, aigrettes, hérons et pélicans, qui, sans distinction d'espèces, partageaient le même arbre. L'obscurité nous surprit alors que nous approchions de l'estuaire reliant le lagon à la mer, Boca Pailla, où nous souhaitions faire halte. Notre première journée de galériens venait de s'achever.

Nous étions tous épuisés et énervés alors que nous tirions l'*Itza* à sec. Au cours de cette longue journée, nous avions couvert quelque quarante kilomètres, estimation très approximative en raison des méandres de la rivière, correspondant à un peu plus de quatre kilomètres à l'heure pendant neuf heures.

J'étais trop fatigué pour me lancer dans des calculs mais je sentais bien que c'était un peu lent. Je ne voyais pourtant pas comment nous pourrions aller plus vite.

A Boca Pailla, nous rejoignions la route de terre qui longe la côte jusqu'à Punta Allen. Pierre, comme prévu, nous attendait dans le minibus avec les provisions. Il nous conduisit à une superbe plantation de cocotiers. La propriétaire américaine, très aimable, nous avait invités à y planter nos tentes pour la nuit.

Après cette journée dans une nature sauvage, il était assez dépaysant de se retrouver à camper à côté d'un luxueux bungalow situé sur une plage magnifique. Quoi qu'il en soit, nous étions ravis de bénéficier d'un certain confort grâce à l'eau courante et l'hospitalité de la propriétaire. Comme il

La construction de la pirogue. L'arbre de Piche fait 30 m de haut, 5 m de circonférence. On évalue son âge à environ quatre-vingts ans. *En bas :* Tito Velasquez à l'œuvre. *(Photo du haut : Pierre Olivier.)*

Le palais et la tour principale du monument de Palenque. Un exemple de l'art maya tardif.

En bas à droite : Le Castillo de Chichen Itza, un grand centre de culture toltèque-maya.
(Ph. Pico-Harnden.)

Ci-dessous : Le temple de brique et de terre cuite de Comacalco, un exemple d'art maya classique mais aussi tardif.

Un cacaotier : le fruit de droite est mûr. *(Ph. Pico-Harnden.)*

Ci-contre, en haut : Technique maya versus technique moderne, l'Itza et notre U.L.M. *En bas (Ph. Robert Jordan) :* une pirogue indigène d'aujourd'hui avec des noix de cacao.

Tulum, un exemple de l'art maya de la période classique.

QUICKSILVER
MX

L'Itza sur le rio Mojo au Bélize. *(Ph. Jacques Falck.)*

En haut, à droite : **Tous à bord et notre embarcation tient le coup.** *(Ph. Robert Jordan.)*

Toute voile dehors sur le rio Mojo. *(Ph. Jacques Falck.)*

lasca

Le vent tombe, les pagayeurs prennent le relais. *(Ph. Jacques Falck.)*

Peer Umfield à gauche, Frédéric Michaud à droite et, debout, le capitaine.

Sauf mention contraire, les photos de ce cahier appartiennent à l'auteur.

faisait nuit, nous eûmes quelques difficultés à monter nos tentes, récupérer notre réchaud et préparer le repas pour quinze personnes.

Pierre était porteur d'une mauvaise nouvelle : Patrice n'avait pas réussi à faire démarrer l'ULM en raison de problèmes de filtre à air, mais il devait réessayer le lendemain.

Cette nuit-là, je suspendis mon hamac dans une cabane. J'étais plus qu'épuisé, ayant dû veiller tard avec notre hôtesse, et je n'arrivais pas à dormir. L'image des palétuviers hantait mon esprit. Le bruit des alizés dans les palmes me rappela mon premier passage à Boca Pailla, trente ans plus tôt. Personne n'imaginait alors que la côte serait un jour envahie par des touristes et des hôtels. J'avais traversé la *boca* en pirogue avec deux enfants mayas, puis j'avais poursuivi seul, à pied, jusqu'à un *cocal*, San Miguel de Ruz, tenu par une famille de Cozumel. Là-bas, j'avais découvert d'autres ruines mayas inconnues, une très haute pyramide et un bâtiment à colonnes ainsi que plusieurs petits temples élevés à leur pied.

Aujourd'hui, l'endroit a acquis une certaine réputation comme haut lieu de la pêche au *bonito* dans les lagons côtiers. Deux hôtels de luxe spécialisés dans cette pêche avaient été aménagés sur l'étroite bande de terre, de chaque côté de Boca Pailla, dont l'un disposait de son propre terrain d'atterrissage. Plus loin vers le sud, s'était construit un village de pêcheurs de langoustes faisant de cet endroit désolé un îlot civilisé, bien qu'éloigné de tout.

Réveillé avant l'aube, je vis mes compagnons sortir un par un de leurs tentes, plantées sous les cocotiers. Notre hôtesse nous offrit du thé tandis que je donnais les instructions pour la journée.

Je n'avais pas encore décidé du campement de la soirée. Dans l'incapacité de prévoir notre allure, nous nous étions mis d'accord pour que le minibus et la vieille Volkswagen nous attendent près d'une tour de guet qui se dressait sur la côte, à mi-chemin, en direction de Punta Allen.

Lorsque j'avais préparé notre voyage vers le sud, je m'étais arrangé pour pouvoir embarquer à Boca Pailla un vieux pêcheur, Don Dolo, qui guiderait l'*Itza* à travers les hauts-fonds et les chenaux menant à la baie de l'Ascension. Don Dolo prétendait avoir habité les lieux « depuis l'époque de la *grande miseria* ».

« Nous risquons de nous retrouver coincés », m'avait-il averti la première fois que je l'avais contacté.

« Les eaux du lagon sont très basses. Il faudra compter sur la pluie et le *Norte* pour qu'elles soient plus hautes. »

Les dieux mayas de la pluie avaient exaucé son vœu : deux jours plus tard il pleuvait et, ce matin, à peine étions-nous levés que la pluie commença de tomber à verse et qu'un déplaisant vent d'orage se mit à souffler.

A Boca Pailla, si nous l'avions voulu, nous aurions pu couper au plus court et rejoindre la mer, mais n'étant qu'au début de notre voyage, la prudence et le mauvais temps me poussaient à préférer les eaux plus calmes des lagons. Je pensais en outre que les lagons avaient dû être utilisés par les Mayas car il était évident qu'ils avaient dégagé, et peut-être même percé, les canaux dans lesquels Don Dolo devait nous guider. Ce qui est sûr, c'est que la bande de terre, qui court le long de la côte de Boca Pailla à Punta Allen, était très peuplée à l'époque maya. J'y avais découvert pas moins de six sites archéologiques distincts, depuis la haute pyramide de San Miguel de Ruz jusqu'aux petits oratoires, dont celui de Recodo San Juan, ovale et unique en son genre. Bien qu'ils soient aujourd'hui recouverts par la jungle, ces temples devaient être très clairement visibles à l'époque, et il s'agissait probablement de ceux dont parlait Grijalva, le second Espagnol à avoir atteint le Yucatan. Après son arrivée à l'île de Cozumel en 1518, Grijalva avait rejoint la côte, qu'il devait ensuite suivre vers le sud, jusqu'à la baie de l'Ascension. Sur son chemin, il trouva une ville qu'il compare à Séville (il s'agit sans doute de Tullum) et « deux autres cités avant d'atteindre la baie de l'Ascension, une grande baie aux eaux peu profondes ».

La densité des ruines sur l'étroite île où nous avions campé juste au nord d'Ascension était, selon moi, une preuve de l'importance de la route commerciale nord-sud. En effet, ni la pauvreté de ce sol sablonneux ni les marécages de l'intérieur ne justifiaient de telles constructions. Ces villes ne pouvaient avoir été autre chose que des ports de pêche ou de commerce. Ces nombreux temples sont sans doute ceux mentionnés par les chroniques, qui établissent que c'était en ces lieux, sur les bords de la baie de l'Ascension, que les Itzás commençaient leur voyage maritime vers le sud, en direction des riches ports tropicaux du Belize et du Honduras. Il était tout naturel que les pirogues aient cherché, tout comme nous l'avions fait, à pénétrer aussi loin que possible à l'intérieur des terres par le réseau de chenaux et de rivières qui conduisait à Chunyaxche, afin de transporter leurs marchandises le plus près des cités de l'arrière-pays du Yucatan.

12

« Quitte Culottes »

La pluie battante, le ciel gris chargé de sombres nuages, et les douleurs et les courbatures du premier jour, accompagnèrent notre départ de Boca Pailla.

Un arc-en-ciel colora les nuages au moment où nous nous apprêtions à pousser l'*Itza* dans le lagon. Dolo, notre pilote, devait prendre place dans la *lancha* et nous « montrer le chemin ». Quant à moi, j'étais ravi que les mêmes personnes que la veille insistent pour être « autorisées » à ramer aujourd'hui encore.

« Il faudra sûrement pousser », expliqua Don Dolo. « Nous appelons le prochain lagon " Quita Calzón ", " Quitte culottes ", à cause de la vase et des hauts-fonds. »

J'avais prévu qu'il nous faudrait au moins deux jours pleins pour atteindre la baie de l'Ascension qui était à quarante kilomètres. Je n'avais pas l'intention de ramer neuf heures par jour : notre première journée avait été une exception; nous n'avions pas eu le choix; il fallait arriver à la terre ferme. Si nous voulions réussir notre ambitieux voyage vers le sud, il fallait que nous « ménagions nos forces » en nous fixant une allure à laquelle nous nous tiendrions pendant des semaines et des mois.

Comme d'habitude, ce ne devait pas être le cas. Une heure après avoir quitté Boca Pailla, il recommença de pleuvoir, puis ce fut l'orage. En plein milieu du lagon, où nous n'avions d'autre issue que de pagayer en nous laissant petit à petit transpercer par la pluie, nous avions l'air encore plus stupides que les fameux « chiens enragés au soleil de midi ». Avec un flegme tout britannique, nous continuions à ramer sous l'averse, glissant sur l'eau blanche comme la barque d'une estampe japonaise. Aveuglés par la pluie, nous perdîmes de vue notre pilote, qui disparut dans l'embouchure d'une rivière serpentant entre deux murailles de palétuviers.

Nous nous trouvions à proximité des ruines de Chamax. En 1958, j'y avais découvert une pyramide presque parfaite et une construction maya voûtée d'assez grande taille. Aujourd'hui, ce ne sont plus que des décombres. J'étais stupéfait du nombre de sites qui étaient désormais endommagés ou détruits. Un petit temple (situé à matanceros, un peu plus haut sur la côte), resté intact pendant près de cinq siècles, avait maintenant totalement disparu. Il n'y a pas de doute : le défrichement de la jungle autour d'un site archéologique conduit rapidement à son effondrement. Curieusement, les racines des arbres et les lianes, bien qu'assez destructrices, contribuent à colmater les ruines, les maintenant debout pendant des siècles. Couper la végétation descelle les pierres et, pire encore, les expose à l'érosion des pluies.

Un choc me tira de mes pensées : l'*Itza* s'était échouée ; nous avions heurté un rocher. C'était la première des nombreuses pierres qui obstruaient le chenal menant au lagon « Quitte culottes ». Alors que ma chemise venait juste de finir de sécher, un nouvel orage éclata. Désespérés, nous étions là, coincés dans la vase, jetant des regards envieux à la *lancha* immobilisée plus loin, où nos compagnons s'abritaient, blottis sous des toiles cirées.

Lorsque la pluie cessa, suivant les instructions de notre pilote, nous reprîmes notre chemin en contournant lentement rochers et bancs de vase, ramant par-ci et poussant par-là, nos pieds nus s'enfonçant dans une vase nauséabonde grouillant de bêtes non identifiées. Après la pluie, le soleil, après le soleil, la pluie : j'avais l'impression d'être une plante en pot. Heure après heure, nous progressions avec des palétuviers trempés pour tout horizon.

Les palétuviers sont des plantes bizarres, les seules plantes terrestres à pouvoir vivre dans l'eau salée. On les trouve principalement sous les tropiques ; il en existe soixante variétés dans le Pacifique, alors qu'on n'en rencontre qu'une douzaine en Amérique, dont trois dans le Yucatan : les rouges, les blancs et les noirs. Ce qui est fascinant, c'est qu'ils aident l'homme plus que toute autre espèce à combattre les éléments et à conquérir la mer.

Les palétuviers peuvent, si nécessaire, pousser sur un sol aride ou en eau douce, mais ils préfèrent généralement l'eau de mer, même la plus salée. Leurs racines, dont certaines sont aériennes, s'enfoncent dans la vase et retiennent les alluvions fluviales et côtières qui seraient autrement emportées par les courants. Progressivement, à mesure que le temps passe, elles arrivent à retenir suffisamment de terre pour former des îles parfaitement sèches. Généralement, elles stabilisent les côtes et réduisent les ravages causés par les marées et les orages, protégeant des terres qui, sinon, seraient livrées à la merci du moindre caprice de la mer.

A Java et à Sumatra, il est des endroits où les palétuviers ont colonisé la mer au rythme de cent cinquante mètres par an, offrant ainsi à notre planète de plus en plus réduite de nouveaux territoires.

Le palétuvier rouge, à très grandes feuilles et à écorce rouge, possède ces fameuses racines aériennes qui dégringolent des branches, parfois de trois ou quatre mètres au-dessus du niveau de la mer. Aussi solides que des barreaux de prison, elles forment un entrelacs infranchissable, si bien qu'il est souvent plus facile de passer d'une branche à l'autre que d'essayer de se frayer un chemin au sol à coups de machette. Ce qui est intéressant, c'est que ces racines, avant d'atteindre le sol, n'en sont pas encore : elles constituent une sorte de « poumon » qui respire et utilise l'oxygène ambiant. Ce rôle est nécessaire, la vase des lagons et des marécages ne contenant que très peu d'oxygène.

Le sel absorbé par les palétuviers est rejeté par les feuilles ou emmagasiné par ces dernières jusqu'à leur chute. Une fois au sol, les feuilles amorcent une abondante chaîne alimentaire qui croît au pied des arbres, dont les racines abritent d'innombrables poissons.

Mais l'étrangeté de ces plantes ne s'arrête pas là : les palétuviers rouges, noirs et blancs ont des bébés ! Ils sont vivipares, un peu comme les humains et la majeure partie des mammifères. Vivipares signifiant que les petits naissent vivants. Au lieu de « pondre » des œufs, ou de semer des graines comme les autres plantes, les palétuviers donnent naissance à des petits qui restent attachés au tronc maternel jusqu'à ce qu'ils soient complètement formés (feuilles et racines). Ils tombent alors dans l'eau, où ils flottent jusqu'à ce qu'ils trouvent un endroit où prendre racine.

Le palétuvier noir porte des petites fleurs blanches tellement sucrées qu'elles lui ont valu le surnom d'arbres à miel; les abeilles mayas, (dépourvues de dard) en sont très gourmandes.

Le palétuvier blanc, semblable au noir mais à feuilles plus grandes, ne possède pas de racines aériennes, mais des racines terrestres qui émergent de l'eau comme des bougies. Lorsque le sol lui est favorable, cet arbre peut atteindre une vingtaine de mètres de haut; on l'utilise alors pour construire les mâts des bateaux comme le nôtre. Ce bois a la réputation de ne pas pourrir dans l'eau, ce qui le rend idéal pour la construction de jetées et de pontons. Je n'ai jamais pu vérifier cette rumeur, mais j'ai vu de nombreux bateaux à voiles dont les planches situées au-dessous de la ligne de flottaison étaient faites de ce bois.

Les palétuviers devaient devenir très rapidement, sinon une part importante de notre existence, du moins de notre paysage, et allaient souvent nous bloquer l'accès à la terre ferme.

Nous n'avons pas perdu nos culottes dans le fameux lagon après Boca Pailla, mais nous avons compris que l'*Itza* était une véritable baleine quand il s'agissait de glisser sur la vase. Heureusement, grâce à la pluie, le lagon était suffisamment profond pour que nous puissions ramer la plupart du temps, et progresser rapidement; si bien qu'au bout de trois heures nous empruntâmes un autre chenal étroit et encombré de rochers, puis un troisième qui déboucha bientôt sur un vaste lagon.

Le temps s'était éclairci et le soleil commençait à briller. Tandis que nous progressions vers le sud, je remarquai que le vent se levait à l'est. Il était temps de hisser la voile.

J'essayais maintenant de jouer au capitaine en dirigeant le

délicat maniement de notre gréement primitif. Robert Jordan et Peer Winfield étaient chargés de placer le mât dans le trou du banc avant. Puis, ils devaient hisser la voile qui glissait tant bien que mal le long du mât noueux sur des arceaux de corde.

Pendant ce temps, je fixai un piton dans le banc arrière et José-Luis me tendit l'extrémité de l'écoute, qui maintenait le bas de la voile.

Après quoi, Frédéric me passa la livarde – la longue pièce de bois fourchue – afin que Peer l'installe dans une boucle du coin supérieur de la voile.

Pendant que nous nous affairions ainsi, je tenais de ma main libre ma rame contre le flanc de la pirogue en guise de gouvernail. La manœuvre était compliquée et longue, un peu plus archaïque que je ne l'aurais souhaité.

Dès que la voile fut hissée, le vent s'y engouffra avec force, faisant pencher notre pirogue et déséquilibrant tous ses occupants. Pour contrebalancer, Charles Stevens se pencha de l'autre côté, réflexe habile que tout le monde s'empressa d'imiter un peu trop vite, si bien que nous nous retrouvâmes penchés de l'autre côté. Après avoir tangué un bon moment, nous retrouvâmes enfin notre équilibre et c'est avec grande satisfaction que nous constatâmes que l'*Itza* filait à vive allure. Nous avions même l'impression de foncer!

Venant de l'est, l'alizé soufflait à angle droit de notre route : c'était parfait. Nous étions tous enchantés – ou peut-être simplement soulagés – de pouvoir réduire notre effort. Je n'avais jamais réfléchi à quel point la voile est une invention géniale, certainement la meilleure après les hors-bords et les esclaves!

L'eau avait tourné au bleu-gris et scintillait au soleil. J'aurais dû me réjouir, mais mon tempérament inquiet et pessimiste me faisait ressasser la même phrase qui m'avait empêché de dormir, gâchant ma joie et obscurcissant tous les plaisirs de ces derniers mois : « Attends d'être arrivé en pleine mer. Attends les vagues. »

Et encore une fois, je revoyais ce jour funeste à Punta Gorda, lorsqu'il avait fallu écoper à chaque coup de rame l'eau glacée des lames déferlantes...

Comment pourrais-je l'oublier, moi qui, dans un accès d'enthousiasme, m'étais promis de faire sept cents kilomètres en pleine mer et qui avais déjà tant de mal à me débrouiller dans ces stupides lagons aux eaux calmes et peu profondes ?

Il était deux heures de l'après-midi et nous faisions voile à pleine vitesse, lorsque j'aperçus sur notre gauche la tour de guet en bois où nous avions prévu de faire étape. Nous avancions tellement bien que je décidai de poursuivre vers le sud.

A grands renforts de gestes, je fis signe au canot qu'il prévienne l'équipage au sol de nous retrouver au campement suivant, un endroit nommé San Miguel.

A peine le canot avait-il disparu que le vent reprit de plus belle ; nous nous mîmes à dériver et il devint évident que nous aurions du mal à atteindre le cap que nous nous étions fixé. Il allait falloir ramer contre le vent pour y arriver. Comme nous n'avions pas de quille et une coque ronde, il n'était pas surprenant que nous dérivions bien plus que les bateaux habituels.

En rechignant, nous reprîmes nos rames et notre dur labeur. Finalement, l'association de la rame et de la voile nous permettait de remonter contre le vent à une allure bien supérieure à celle que nous atteignions en ramant sans voile. Ne sachant pas encore bien calculer notre dérive, nous manquâmes la pointe de palétuviers de quelques mètres et achevâmes notre course en poussant la pirogue dans l'eau peu profonde. Ce n'était pas là une manœuvre très professionnelle. Il nous restait encore beaucoup à apprendre sur notre étrange embarcation.

Une fois la pointe dépassée, nous reprîmes notre route vers le sud à bonne vitesse, le vent ayant légèrement tourné derrière nous.

« Je sens que je vais adorer la voile », dit Peer en s'affalant pour dormir au fond de la pirogue. Tout le monde était d'accord : nous avions bien vite compris pourquoi c'étaient toujours des esclaves ou des prisonniers qui ramaient dans les galères...

Nous faisions désormais route entre les deux rivages assez éloignés d'un long marigot menant à la baie de l'Ascension. Vers quatre heures, nous étions arrivés à la hauteur de grands cocotiers et de la plantation de San Miguel, où nous projetions de passer la nuit. Nous avions choisi cet endroit car c'était l'un des rares où les palétuviers, assez clairsemés, permettaient l'accès à la terre ferme.

En théorie, notre pilote Dolo devait nous attendre pour nous guider jusqu'au rivage, mais la *lancha,* en revenant, nous avait dépassé et avait disparu une fois de plus derrière un bosquet de palétuviers. Nous abaissâmes le mât et la voile et reprîmes les pagaies. Quelques minutes plus tard, nous maudissions notre guide après que l'*Itza* se fut échouée sur un banc de boue.

Ayant sauté à l'eau pour pousser, nous nous enfonçâmes dans une vase gluante et tiède et il fallut s'agripper aux bords de la pirogue pour ne pas disparaître. Si la vase avait été uniforme, cela aurait pu encore passer. En outre, la vase regorgeait de petits objets répugnants, tranchants et rugueux que nous ne parvenions pas à identifier. Étaient-ce des bestioles ? Leur contact était insupportable. Lentement, nous atteignîmes la côte où gisait notre canot. Mais là, pas la moindre trace de ses occupants. Ils avaient eu la bonne idée d'aller se réfugier ailleurs : des escadrons de moustiques se mirent à nous charger, et nous avions beau nous gifler de toutes nos forces, ils restaient invincibles.

Finalement, nous retrouvâmes le reste de l'équipe et le minibus sur l'autre rive, où le vent du large chassait les moustiques. Il y avait là deux cabanes en bois qui appartenaient à une vaste plantation de cocotiers désormais abandonnée car les arbres se mouraient de la peste des cocotiers. Ce mal a frappé tous les pittoresques bosquets de cocotiers de la côte est du Yucatan. Il est transmis par le scarabée-rhinocéros, qui perce un trou au sommet de l'arbre, par lequel se répand ensuite un nématode microscopique qui ronge le cocotier. L'abattage de l'arbre contaminé est le seul (et coûteux) moyen d'éradiquer ce terrible fléau.

Nous montâmes rapidement nos tentes sur le sable et nos hamacs dans l'un des deux abris. Il était environ cinq heures de l'après-midi, et je devais me rendre au village pour trouver un pilote. Accompagné de Pierre, je partis vers la colonie de « pêcheurs » établie à quelques kilomètres au sud de San Miguel. Composé d'une vingtaine de cabanes et d'un petit contingent de pêcheurs, ce village avait poussé dans le sable depuis ma dernière visite. Ses habitants vivaient de la pêche à la langouste qui abonde dans les eaux boueuses aux alentours de la baie de l'Ascension.

Il me fallait à tout prix quelqu'un capable de nous piloter à travers les récifs qui longent la côte. Cette nécessité nous fut dramatiquement confirmée au village par de jeunes Américains déguenillés : la veille, leur yacht s'était fracassé sur les récifs de la barre au large de Punta Allen. Nous vîmes plus tard, près du phare, leurs gilets de sauvetage abandonnés et le youyou crevé qui leur avaient permis de sauver leurs vies.

Désormais, nous devions non seulement naviguer en pleine mer, mais franchir quotidiennement la barre à plusieurs reprises. Il ne faisait aucun doute que les marchands itzas avaient eux aussi eu besoin de pilotes professionnels. Sans doute existait-il, à chaque escale, des hommes connaissant chaque mètre de ces rivages, le moindre affleurement de corail, la moindre brèche et le plus petit récif. Mais aujourd'hui, personne ne navigue plus le long de cette côte, et j'espérais tout au plus trouver un pêcheur qui connaîtrait les hauts-fonds.

La navigation côtière aurait été facilitée si la barrière de corail avait été située plus au large : nous aurions pu ainsi naviguer à l'abri, entre elle et la côte, mais ce n'était malheureusement pas le cas. Au contraire, jusqu'à la pointe d'Ambergris Key, au Belize, sur près de deux cents kilomètres à vol d'oiseau, la grande barrière du Yucatan épouse presque le rivage. De loin en loin, elle rejoint les rochers d'un cap, si bien qu'il est pratiquement impossible de naviguer entre elle et le rivage. Il nous fallait donc la traverser pour naviguer au grand large. D'où la nécessité de quelqu'un qui connaisse chaque passe, chaque écueil et chaque abri des prochains deux cents kilomètres de côte.

Avant de quitter Chunyaxche, j'avais naïvement espéré trouver un pilote. En fait, j'avais rencontré bien des volontaires, mais je m'étais bien vite aperçu qu'ils n'avaient fait la route que dans des bateaux « normaux », au grand large, sans étape, alors que nous devions nous arrêter chaque soir, soit tous les vingt à trente kilomètres. Je m'étais rendu compte à temps que ces navigateurs postcolombiens ne savaient rien, ou pas grand-chose, des écueils et des étroits et dangereux passages que nous devions emprunter deux fois par jour. En fait très peu de bateaux longent la côte du Yucatan, et ceux qui s'y risquent naviguent très loin du rivage tant qu'ils ne sont pas arrivés à destination.

Suivant les instructions de Dolo, je me rendis dans ce qui était le café local, tenu par l'un de ses amis. Avec les étrangers, les Mexicains sont, dans le meilleur des cas, un tantinet méfiants. Il me fallut quelque temps pour persuader les pêcheurs que nous n'étions pas des touristes en goguette, mais que nous avions sérieusement besoin d'un excellent pilote.

« Oui, nous avons bien compris », m'interrompit le propriétaire. « Seulement la saison de la langouste a commencé et tous les pêcheurs sont occupés. Il y a de l'argent à gagner maintenant. »

Un ivrogne appelé *El Rojo* vint vers moi et me déclara, en jurant par la Vierge, qu'il n'y avait pas un écueil de la côte qu'il ne connaissait pas et que, si je le payais assez, il nous ferait l'honneur de sa compagnie.

« C'est vrai : c'est l'homme qu'il vous faut », ajouta avec un rire équivoque le patron du café. Je n'allais pas m'y risquer, car même le psychologue le moins perspicace n'aurait pas loué les services de cet homme.

« Combien payez-vous ? » C'était la question inévitable, mais je savais comment y répondre; des années de marchandage avec des muletiers dans les bazars de l'Orient m'avaient appris qu'il ne faut jamais parler d'argent. Il suffit de proposer un prix trop élevé pour que le plus incapable soit prêt à vous offrir des services qu'il ne peut assurer.

« L'argent n'est pas un problème. Je veux quelqu'un de bien, quelqu'un qui ne boive pas », dis-je, pour avoir l'air d'un dur.

Il y eut un silence, comme je m'y attendais après ce genre de remarque déplacée dans un café.

« Je paierai bien, mais après. Si le travail est bien fait », ajoutai-je pour meubler le silence. Un jeune homme aux cheveux bouclés et au regard malicieux nous avait observés sans mot dire.

« Je vous emmènerai jusqu'à El Ubero. Je connais la côte : j'y ai vécu et j'étais pêcheur dans la baie d'Espiritu Santo. Je connais le moindre rocher », dit-il.

Le jeune homme s'appelait Manuel. Je finis par l'embaucher, non sans être d'abord rentré au camp pour avoir l'avis du vieux Dolo. C'était « un bon *chico* », il n'avait pas menti.

L'affaire était à peine réglée que Patrice arriva au camp avec la Volkswagen.

« Ça ne va pas », dit-il. « Cet avion est une catastrophe : les pièces lâchent les unes après les autres. C'est bien simple, je n'arrive même pas à le faire démarrer ! »

Patrice était amer. Et moi, j'étais déçu.

« D'accord, on tire une croix sur l'ULM et on fera avec le Cessna. », décidai-je, un peu fâché. « Fais comme tu veux : tu peux rester et ramer ou repartir. »

13

Ascension

Finalement, Patrice décida de nous accompagner jusqu'à Espiritu Santo, où nous devions rejoindre une route. Après quoi, il rentrerait en France.

Cela décidé, je m'arrangeais pour que Sergio Vargas vienne récupérer son ULM, tout en confirmant notre prochain rendez-vous avec le Cessna sur une petite piste dans la jungle à Punta Pajaros, entre Ascension et la baie d'Espiritu Santo.

Épuisés par cette journée passée à ramer sous le soleil et la pluie, nous allâmes nous coucher, après un dîner de spaghettis cuisinés avec beaucoup d'imagination par Tito.

Des maux d'estomac me tinrent éveillé une partie de la nuit, et je pus alors constater que le vent forcissait.

A l'aube, le ciel était bleu mais un fort vent d'alizé chassait le sable sur le *cocal*. Je décidai qu'il valait mieux aller seulement jusqu'au phare de Punta Allen ce jour-là, le temps était trop mauvais pour notre première excursion en pleine mer. C'est à six que nous partîmes donc dans la vase du lagon, pagayant sans problèmes ni peine jusqu'au moment où, ayant passé le village de pêcheurs, il fallut remonter contre le vent pour contourner Punta Allen et atteindre le phare. Nous devions maintenant subir pour la première fois un vent de force cinq. A ma grande surprise, nous avancions pourtant très bien. Cependant, très vite nous commençâmes à fatiguer, et il nous fallut une bonne heure pour couvrir moins de deux kilomètres.

Dans un dernier sursaut d'énergie, nous abordâmes le rivage

devant le petit phare blanc tout neuf qui marque aujourd'hui l'entrée nord de la baie de l'Ascension.

Soufflant et poussant à qui mieux mieux, nous tirâmes l'*Itza* à sec à côté du youyou dégonflé des Américains naufragés, avant de rentrer au camp au terme d'un voyage de trois heures et demie, au cours duquel nous n'avions couvert que huit kilomètres...

« Même les yaks vont plus vite », fis-je remarquer. Personne ne trouva ça drôle, et pour cause.

Désormais, nous nous sentions prêts à nous lancer le lendemain en pleine mer. J'étais pour l'instant satisfait de Manuel, notre pilote, qui semblait efficace et compétent.

En ramenant notre *lancha* au camp, les fils Canche trouvèrent un ballot de haschich enveloppé de plastique flottant sur l'eau. Cet incident devait être notre première rencontre avec la drogue; nous allions à présent longer une côte inaccessible, refuge idéal pour les trafiquants. Déjà, Sergio Vargas m'avait montré, lors d'un survol de la région, des champs de marijuana clandestins cachés dans la jungle, et le gouverneur nous avait mis en garde contre les passeurs de drogue qui semblaient avoir remplacé les pirates des temps anciens.

Cet après-midi là, Pierre nous quitta pour surveiller le retour de l'ULM à Chetumal. Il devait nous rejoindre plus bas sur la côte, dans cinq ou six jours de l'autre côté d'Espiritu Santo, avec des provisions fraîches.

Le lendemain, le vent était toujours fort mais régulier, et il sembla se calmer vers neuf heures, heure à laquelle nous étions fin prêts pour notre première journée en mer.

Notre canot était surchargé de vivres pour une semaine, de pellicules et de nos effets personnels – un sac par personne enveloppé dans du plastique épais. A cela s'ajoutaient de lourds jerricanes d'essence pour les deux hors-bord. Le canot semblait prêt à sombrer lorsqu'il partit pour le phare. Le reste de l'équipage s'embarqua dans notre petite Volkswagen que nous avions décidé d'abandonner au gardien du phare pendant toute la durée de l'expédition.

Nous avions nos gilets de sauvetage et, lorsqu'il fallut les mettre, nous eûmes tous un petit moment d'angoisse. Allions-nous en avoir besoin ? Mon regard se posa sur l'horizon, vers l'est où le soleil montait rapidement dans le ciel. Le vent était tombé. Il n'y avait de toute façon pas de vagues à cet endroit encore abrité derrière la barre, la même barre qui avait causé le naufrage des Américains. Apparemment, leur mât s'était brisé et, sans moteur, le yacht fut poussé contre les récifs, impuissant face aux alizés.

A grand-peine, à six, nous avons pu mettre la pirogue à l'eau. Jadis, les nombreux habitants de la côte aujourd'hui déserte devaient aider les marins mayas.

Nous ne savons pas grand-chose de ce commerce côtier à l'époque de la conquête, car dès l'arrivée des Espagnols les activités économiques normales cessèrent. C'est ce que nous apprend la cinquième lettre de Cortés au roi Charles Quint, écrite en 1524, lors de la traversée du Tabasco en direction de Nito, le grand port de la baie de l'Amatique, notre propre destination. Au Tabasco, Cortés avait parlé aux marchands chontales :

« J'ai appris de ces hommes, » écrit-il au roi, « de nombreuses choses que je désirais connaître de cette contrée. Ils m'ont également dit que sur le rivage, de l'autre côté du pays nommé Yucatan, vers la baie qui se nomme « la Asuncion », il se trouve certains Espagnols qui leur ont fait bien des torts. Outre avoir brûlé des villages et tué des gens, si bien que de nombreux endroits sont dévastés et que les habitants ont fui vers les forêts, ils ont causé un plus grand dommage aux marchands et tout le négoce de cette région, qui était très considérable, est aujourd'hui anéanti. »

Ces mêmes Chontales du Tabasco avaient donné à Cortés une carte de la côte et lui avaient expliqué que les Chontales-Acalans possédaient à Nito, le port de commerce méridional, tout un quartier gouverné par le frère du prince d'Acalan.

Sans le savoir, Cortés allait devoir voyager avec ses chevaux par la vieille route terrestre qui avait été l'itinéraire commercial classique jusqu'au IXe siècle, route qui, comme il allait le remarquer, avait été abandonnée au profit de la route maritime, celle que nous allions suivre. A nous de prouver que ce commerce était suffisamment fiable, rapide et économique pour avoir été à l'origine de l'effondrement des villes de l'intérieur. A pied d'œuvre, cela ne paraissait plus aller de soi.

J'avais remis à plus tard le moment où il faudrait charger la pirogue avec du fret : nous avions encore trop à apprendre. Au contraire, l'*Itza* était aussi peu chargée que possible, notre seul cargo étant deux jerricanes d'eau et six – oui, pas moins de six – écopes, tellement j'étais certain que nous embarquerions de l'eau à chaque vague.

Au milieu de la baie de l'Ascension, se dressent trois îles connues collectivement sous le nom de Cayo Coulevra, l'archipel des Vipères. Nous devions les contourner en les laissant sur notre droite, de façon à mettre le cap vers la pointe méridionale de la baie.

Au début, pendant deux heures, nous avions l'impression de ramer sur place, n'eût été la couleur de l'eau qui changeait et passait du gris au bleu ciel, puis à un bleu plus profond parsemé de taches plus claires à mesure que nous approchions de la barre de corail. Nous finîmes par atteindre enfin le « chenal central ». L'eau prit une teinte outremer intense. Les premières grosses vagues se ruèrent sur nous depuis l'est, vagues nées dans l'Atlantique et poussées à travers les Caraïbes par les alizés. Retenant mon souffle, je les voyais rouler lentement en direction de l'*Itza* qui frémissait à leur approche. Puis, lentement et sans effort, notre pirogue se mit à chevaucher les vagues, montant et descendant avec ce qui me parut une certaine élégance. Continuant à ramer, nous commencions à tanguer de plus en plus fort au fur et à mesure que les vagues s'élevaient, alors que nous pénétrions plus avant dans le chenal. Je me demandais si l'*Itza*, en retombant, ne risquait pas de piquer dans la prochaine vague. Par définition, une pirogue, faite d'un seul tronc d'arbre, ne peut avoir, comme certaines barques, de renflement à la proue. En outre, sa rigidité me donnait de bonnes raisons de craindre que sa forme allongée et étroite l'amènerait à s'enfoncer dans les vagues, de plus en plus énormes, que je voyais approcher avec appréhension.

« Soyez prêts à écoper ! », dis-je à l'équipage avec optimisme.

J'aurais bien aimé avoir des écopes traditionnelles encore plus grandes, en calebasse, qui sont plus légères et efficaces que celles en plastique, mais nous n'en avions pas trouvé.

L'une après l'autre, les vagues se ruèrent sur l'*Itza*. L'eau sombre montait dangereusement vers le sommet du franc bord, mais la pirogue s'élevait, chevauchant les rouleaux avec élégance. C'était trop beau pour y croire. Si seulement cela pouvait durer...

Tandis que nous tanguions ainsi à chaque vague, l'eau affleurait le franc bord mais, à ma grande surprise, nous n'en embarquions jamais. Nous avancions à vive allure : progressivement, le Cayo Venado, l'archipel des Serpents s'approchait de nous, telle une seule île se scindant peu à peu en trois. C'est là qu'aurait été établi le quartier général de la terrible colonie pénitentiaire du Quintana Roo au début du siècle.

L'histoire de la conquête manquée du Quintana Roo par le général Bravo se lit comme le livret d'un opéra-comique. Pour commencer, le général lui-même, couvert de galons dorés et de médailles, avait une allure bien peu guerrière et semblait mal parti pour affronter la chaleur torride et les moustiques du Quintana Roo. Au début, tout sembla bien se passer, lorsque le général entra dans la baie tandis que ses troupes traversaient le pays pour atteindre Chan Santa Cruz, capitale des Indiens rebelles. Les Indiens abandonnèrent la ville en emportant les croix sacrées.

Chan Santa Cruz fut alors pompeusement rebaptisée Santa Cruz de Bravo et tout le monde applaudit le général. Mais en fait, il n'avait rien conquis du tout. Pire encore, il se trouvait maintenant assiégé par les Indiens et prisonnier dans sa propre ville.

Jour après jour, le paludisme préleva son tribut sur ses troupes qui, démoralisées, commencèrent à déserter. Le général devenait chaque jour plus irritable et intraitable. Son caractère était devenu tellement agressif et intolérant qu'un jour (selon la légende), alors que l'orphéon entonnait un air pour ponctuer la parade quotidienne du général sur la place de Santa Cruz de Bravo, il demanda, furieux, qui avait donné l'ordre de jouer sans sa permission. Un homme s'avança : c'était le fils du général. Ce dernier ne s'émut pas outre mesure et fit exécuter son propre fils sur-le-champ pour insubordination.

Le général ayant été abandonné par ses hommes puis, plus tard, par le gouvernement, la ville finit par être reprise par les Indiens en 1910. Sans fanfare ni trompette, il sombra dans l'anonymat et les Indiens reprirent le contrôle du Quintana Roo.

Toutes ces légendes m'occupaient distraitement l'esprit tandis que nous ramions et que se dessinait devant nous la ligne bleutée de Punta Pajaros, fermant au sud la baie de l'Ascension.

Six heures après notre départ, nous nous retrouvâmes coincés entre les lames écumantes de la barrière de corail et une plage de sable d'un blanc immaculé. Nous avions atteint notre destination.

Tandis que nous pagayions vers cette plage ombragée de maigres tamaris, un gros requin vint nous taquiner. Tout le monde crispa instantanément les doigts de pied, puis éclata de rire, mais la perspective de se baigner avait perdu son attrait.

Je tendis mon hamac entre deux arbres et je me reposai. J'étais épuisé par cet après-midi à ramer sous le soleil et ne me sentais pas très bien.

Tito, qui avait désormais prouvé qu'il était le membre le plus imaginatif de notre équipe, monta une jolie table de cuisine avec du bois d'épave qu'il abrita sous une toile de bâche. A la grande satisfaction de chacun, Fidel et Juan Canche, qui nous avaient suivis dans le bateau gonflable, apportèrent triomphalement trente belles langoustes. C'était le paradis. Laissant la compagnie à son enthousiasme dans le camp je partis me promener vers quelques huttes qui se dressaient à un kilomètre du camp, près d'un bosquet de cocotiers.

Aujourd'hui résidence d'été d'un riche financier mexicain, cette plantation appartenait autrefois à une personnalité célèbre de Cozumel, le capitaine Canto. Propriétaire d'une goélette qui ravitaillait la ville ainsi que les cabanes des squatters établis sur la côte. Ces derniers avaient planté des cocotiers sur la côte après 1940, date à laquelle les Indiens de Santa Cruz avaient cessé de tirer à vue sur tous ceux qui s'aventuraient sur « leurs » rivages.

Les nouveaux propriétaires de la plantation avaient construit la piste d'atterrissage un peu plus loin sur la côte, au-delà de notre camp, où Sergio Vargas devait venir se poser. Les occupants de la résidence étaient absents, mais leur *encargado* (leur représentant) m'accueillit et répondit à la plupart des questions qui m'engoissaient.

« Pensez-vous que le vent soit trop fort pour que nous puissions passer la barre ? » Telle fut ma première question, le vent s'étant à nouveau levé dans l'après-midi.

« Montez donc sur la tour, là-bas, et jetez un coup d'œil », me répondit l'homme.

Je grimpai donc sur un pylône qui avait été dressé au bord de l'eau pour signaler la passe entre les récifs.

De là-haut, je pouvais voir les houles qui roulaient vers le rivage et s'abattaient sur les rochers dans un vacarme assourdissant. La barre, inquiétante ligne d'écume blanche courant du nord au sud, ne s'interrompait qu'à l'endroit de cet étroit passage que je surplombais. D'énormes vagues s'y engouffraient, sans se briser.

Redescendu de mon perchoir, j'arpentai la plage pour reconnaître la côte plus au sud, et voir de plus près l'état de la mer.

« Je ne vous conseille pas de partir demain », me lança une solide femme à mon retour au camp. Elle était, m'expliqua-t-elle, la fille du capitaine Canto et connaissait bien la côte, où elle avait été élevée. Peut-être nous étions-nous rencontrés trente ans plus tôt, lorsque j'étais descendu vers le sud. J'avais à l'époque traversé la baie de l'Ascension sur une petite pirogue, puis j'avais continué à pied sur des kilomètres le long de la côte marécageuse, avant d'arriver au *cocal* du capitaine Canto qui venait d'être dévasté par l'ouragan Janet.

Le gendre du capitaine me confirma que nous ferions mieux d'attendre que le vent tombe. Manuel, notre pilote, partageait cet avis.

J'étais un peu inquiet : devions nous vraiment perdre une journée ou devions-nous tenter la sortie ? Que faire ? Combien de fois n'ai-je pas vu les pêcheurs méditerranéens refuser de sortir alors que la mer était relativement inoffensive ? Mais nous ne savions pas encore très bien comment réagirait notre pirogue face à ces vagues gigantesques qui se précipitaient dans l'ouverture de la barre.

« Demain à l'aube, nous sortirons avec le canot à moteur pour voir comment se présente la brèche », suggérai-je. Les autres étaient d'accord.

Nous nous préparâmes alors pour ce qui s'annonçait comme un grand festin : les fils Canche avaient pêché dans l'après-midi deux magnifiques poissons.

On fit frire les langoustes au-dessus d'un grand feu qui illuminait les visages de l'équipage, encore plus affamé qu'à l'ordinaire.

J'entamais ma deuxième langouste, lorsque je me rembrunis tout à coup :

« Comment les avez-vous attrapées ? », demandai-je, soupçonneux. Juan me gratifia de son plus beau sourire :

« Nous les avons prises en chemin, dans les pièges des pêcheurs. »

La bouche pleine, je protestai que c'était un vol scandaleux ! Les deux frères Canche se fâchèrent à leur tour :

« Ces hommes de la *colonia*, ils nous prennent notre poisson ! Ils ont épuisé toute la côte et ils viennent de Veracruz, de tout le pays, pour pêcher ici. Ils n'ont pas le droit. »

Je savais que les deux garçons ne plaisantaient pas : leur père m'avait souvent fait part de sa colère contre ces « étrangers » qui viennent envahir « leur » jungle et « leur » territoire. Les Indiens de Tullum et d'autres, comme certains planteurs de cocotiers du Quintana Roo avaient de bonnes raisons de se plaindre. Bien que pacifique, l'invasion des touristes et des spéculateurs, dont le premier ravage, construction d'une route, avait été particulièrement catastrophique. Les politiciens et consorts avaient eu le toupet de réquisitionner les terres des Indiens et des colons lorsqu'ils y trouvaient un intérêt. Durant des années, Pablo Canche et ses enfants s'étaient battus contre le gouvernement pour conserver une petite bande côtière, alors qu'autrefois ils possédaient toute la région. Finalement, que représentaient quelques malheureuses langoustes en regard de tout cela ?

J'abandonnai donc le sujet, en ajoutant tout de même qu'à l'avenir, je préférais peut-être que nous prenions notre poisson nous-mêmes... Cette nuit-là, je fus affreusement malade. Ce n'était pas la culpabilité qui me retournait ainsi l'estomac mais, je suppose, le fruit de mes nombreux voyages dans le Tabasco, paradis des amibes.

Rivé à mon hamac à la belle étoile, ne parvenant pas à

m'endormir, je voyais les nuages jouer à cache-cache avec la lune, portés par un alizé frôlant la tempête, sifflant dans les tamaris et plaquant sur moi la moustiquaire tel un linceul.

Le vent ne s'était pas calmé lorsque le camp s'éveilla. Tandis que les autres s'affairaient autour du petit déjeuner, je partis pour le camp de Punta Pajaros avec Jacques et Manuel, notre pilote.

Avec Jacques, j'escaladai à nouveau la tour qui surplombait la brèche. De là-haut, nous avions un panorama complet sur la barre. Il fallait néanmoins avoir l'œil aiguisé pour s'apercevoir que ces vagues ne roulaient pas sur elles-mêmes mais qu'elles explosaient contre des récifs de coraux invisibles et tranchants comme des lames de rasoir. J'observais ces vagues avec appréhension :

« Tu crois qu'on va pouvoir y arriver ? »

Manuel hocha la tête.

Jacques n'en savait trop rien.

« Peut-être... », hasarda-t-il.

Sachant que rien n'est plus trompeur qu'une vague lointaine, je suggérai que l'on fasse une première tentative avec le canot à moteur.

Nous retournâmes au camp, où Pilar et Tito me firent part d'un problème d'une toute autre nature : nous avions dû faire une erreur dans notre chargement : nous n'avions plus ni riz ni bananes. A part un morceau de fromage et une caisse de pain qui avait pris l'eau, il ne nous restait plus grand-chose à manger...

14

La barre

C'était un peu inquiétant. Apparemment, Pierre et moi avions sous-estimé l'appétit de nos galériens.

Il nous restait encore quatre jours d'attente avant de retrouver notre camion de ravitaillement. Il fallait donc faire quelque chose, mais quoi ? Optimiste, j'envoyai Juan et Fidel à la pêche avec Robert et José-Luis.

De notre côté, Jacques et moi prîmes le canot pour aller voir la brèche de plus près. Je m'aperçus alors que Jacques était un marin émérite, qui avait des années d'expérience en courses et croisières sur les côtes d'Europe. Comme dans tout ce qu'il entreprenait (qu'il s'agisse de cinéma ou de médecine), Jacques faisait preuve d'un sérieux méticuleux. Il possédait un savoir encyclopédique sur le moindre aspect de la navigation. C'était pour moi un grand soulagement car mes compétences en ce domaine étaient bien faibles. Dans mon enfance, j'avais appris la voile sur les eaux bien fréquentées du détroit de Long Island ; ma seule véritable expérience de la navigation en haute mer étant une traversée de l'Atlantique de New York à Gibraltar en 1961. Depuis lors, je m'étais plutôt intéressé aux véhicules sans contact direct avec l'eau, comme les aéroglisseurs.

Il restait cependant à savoir dans quelle mesure les connaissances de Jacques se révéleraient utiles pour notre pirogue archaïque.

Bientôt, le ronflement du moteur fut dominé par celui des vagues se brisant sur les récifs. Nous mîmes le cap sur la brèche.

Très vite, sous l'assaut des premiers gros rouleaux, le canot se dressa presque à la verticale, pour retomber l'instant d'après avec un bruit impressionnant.

Ballottés en tous sens, nous nous cramponnions tant bien que mal. Jacques fit virer de bord le canot et nous atteignîmes le milieu du passage, malmenés par deux vagues gigantesques qui nous portèrent si haut que nous eûmes l'impression de rester suspendus en l'air avant d'être violemment précipités dans le creux. Le moteur à pleine puissance, nous nous en retournâmes vers les eaux calmes du lagon.

A la plantation, tout le monde confirma notre verdict :

« C'est trop dangereux, il y a trop de houle. »

Et nous n'étions pas au bout de nos soucis : nous apprîmes qu'après avoir quitté Punta Pajaros pour le Sud, il nous faudrait retraverser la barre à trois reprises sur la route de Tupak, notre prochaine halte à l'entrée de la baie d'Espiritu Santo. Nous n'avions donc pas le choix : il fallait attendre que la mer se calme.

Le contretemps ne m'ennuyait pas trop car le lendemain, Sergio devait nous rejoindre avec son engin.

En outre, dans nos malheurs, nous eûmes tout de même une consolation : l'« encargado » nous proposa de lui acheter du riz et des haricots; au moins, nous aurions de quoi nous sustenter...

Tandis que nous dérivions sur les aléas du temps, un avion survola nos têtes à faible altitude. Ce n'était pas Sergio, l'appareil venait du sud. Il se dirigea droit sur notre camp puis se perdit derrière les arbres.

« Vous avez des visiteurs », dis-je au gardien de la plantation.

« Non, non, on a une radio à ondes courtes et on nous prévient toujours quand quelqu'un doit arriver en avion. »

Puis il ajouta à voix basse :

« J'ai ordre de ne pas aller jusqu'à la piste tant qu'on ne m'a pas prévenu. »

Il n'était en effet peut-être pas très prudent d'aller voir ce qui se tramait sur la piste d'atterrissage.

J'allais faire une remarque sur la drogue lorsque, à ma grande surprise, un autre avion surgit des bosquets. Celui-là était un appareil rapide. Il décrivit un cercle et poursuivit ensuite vers le nord.

Tiens, tiens...

« Tu devrais aller jeter un œil du côté de la piste dans la journée », dis-je à Jacques lorsque nous rentrâmes au camp. « Comme ça, on saura comment y aller rapidement lorsque Sergio arrivera. »

En fait, le seul accès à la piste d'atterrissage était la mer : il fallait remonter en bateau jusqu'à une jetée délabrée; là, partait une route de terre aboutissant à la piste de sable où poussaient quelques touffes d'herbe.

Plus tard dans la matinée, je décidai de profiter de l'abri que nous offrait la barre pour essayer l'*Itza* en mer. Pendant ce temps, Jacques et Pascal se rendraient en Zodiac à la piste d'atterrissage.

De retour le soir, ils nous dirent avoir repéré des personnages à la mine patibulaire rôder dans un canot près de la petite jetée. Nous aussi, nous avions aperçu ce bateau; naïvement, nous avions pris ses occupants pour des pêcheurs... Tout ce manège était bien mystérieux : des avions volant en rase-motte, des ballots de haschich flottant dans la baie, l'avertissement du gouverneur du Quintana Roo... Sans aucun doute, l'endroit, isolé du reste de la région par des kilomètres carrés de marais, était idéal pour la contrebande. Tout ce que nous pouvions faire, c'était nous tenir à l'écart de cela, et espérer que Sergio aurait la présence d'esprit d'avertir le bureau du gouverneur de l'heure de son vol le lendemain matin.

Je passai la fin de la soirée avec Pilar Luna et Erica Romero. C'était devenu une petite habitude; nous discutions des découvertes archéologiques de la côte. A Cozumel, j'avais eu vent de celle du chargement d'une ancienne pirogue de marchands. Lorsqu'elles font naufrage, les pirogues se retournent, mais ne sombrent jamais; contrairement aux galions et autres navires engloutis, elles ne laissent donc pas d'épaves. Tout ce qu'on peut alors espérer retrouver, c'est leur chargement. Parmi les objets découverts à Cozumel, les plus intéressants étaient des têtes de hache en cuivre. Ce métal, jaune orangé, brillait d'un tel éclat que, jadis, les Espagnols l'avaient souvent pris pour de l'or.

Les haches que j'avais vues me paraissaient trop petites et légères pour avoir été d'une quelconque utilité; je pense qu'elles étaient plutôt employées de façon symbolique, peut-être comme monnaie, à l'image des lingots d'argent en forme de fer à cheval des nomades d'Asie centrale. A l'époque précolombienne, le cuivre était principalement utilisé dans la fabrication de bijoux, colliers et bracelets, soit pur, soit en alliage avec l'or.

Pilar Luna avait plongé sur les sites de naufrages de toutes les côtes mexicaines, du Pacifique aux Caraïbes, et dans l'étonnant golfe de Californie. Les centaines, voire les milliers d'épaves répertoriées assuraient au département d'archéologie sous-marine créé par Pilar Luna un bel avenir. Malheureusement, à la veille de notre départ, nous était parvenu la triste nouvelle : un amiral de la marine mexicaine avait « vendu » toutes ces épaves à une entreprise américaine de renflouage! Ces nouvelles avaient révolté les universitaires mexicains, qui se déclarèrent tous prêts, Pilar en tête, à se mettre sur le pied de guerre pour sauver des mains avides de ces chasseurs de trésors et autres pillards professionnels ce que la mer avait su préserver pendant des siècles.

« C'est insensé de voir combien peu d'archéologues s'intéressent aux bateaux et aux anciens moyens de transport en général », se désespérait Pilar. « Alors que la meilleure façon d'appréhender une civilisation passe certainement par la connaissance de ses technologies. »

Je ne pouvais que partager son opinion : la technologie joue un rôle capital dans toutes les civilisations, et, pourtant, les archéologues ont tendance à la négliger pour concentrer leurs recherches sur l'art, l'architecture ou la littérature.

Sensibilisés par la présence toute proche des passeurs de drogue, nous évoquâmes bientôt le pillage et la contrebande d'objets anciens. Nombre de tombes, et même de musées, se font aujourd'hui dévaliser au Mexique et en Amérique centrale au profit d'un marché noir international d'antiquités précolombiennes. Le phénomène a pris une telle ampleur que même les plus grands trésors archéologiques sont menacés, comme l'a tristement prouvé le grand cambriolage du Musée National de Mexico, en 1986.

Il est scandaleux que les négociants d'antiquités puissent en toute impunité exercer dans le monde entier le commerce d'objets volés.

Le plus grave est que, pour des raisons bien compréhensibles, ces objets sont vendus sous une identification impropre. Il est évidemment très rare que soit précisé le lieu de leur découverte, donnée malheureusement essentielle pour les recherches et études archéologiques. Les précieuses informations que pourraient délivrer ces objets sur le passé sont alors perdues à jamais.

Pire encore, certains pillards équipés de scies en diamant, n'hésitent pas à défigurer des stèles, des statues, voire des monuments, afin de pouvoir écouler plus facilement des objets de dimensions modestes.

Qui incriminer ? Comme pour la drogue, n'est-ce pas le consommateur qui crée le marché ? Faut-il arrêter le vendeur, l'acquéreur, ou les deux ? Pour le moment, en tout cas, malgré des lois très strictes qui restent inappliquées, et en raison de l'inflation du prix de l'objet d'art, les criminels poursuivent leurs sinistres travaux. Perdus dans la jungle de l'Amérique centrale, les sites archéologiques mayas sont la proie favorite de bandes de trafiquants, fort bien équipées.

Le lendemain matin, je sautai de mon hamac avant l'aube. Le vent était tombé. Je jetai un coup d'œil à la mer : les vagues qui se brisaient sur les récifs étaient nettement moins impressionnantes. Après avoir consulté Manuel, je pris la décision de lever le camp.

Il fallut ensuite aller réveiller l'équipage. Chacun s'étant trouvé son petit coin pour dormir, l'opération tenait plutôt de la chasse au trésor dans les buissons que du branle-bas de combat général.

« Allez, debout, on s'en va ! »

J'avais l'impression d'être un pion dans un pensionnat. Mes appels étaient accueillis par les grognements ensommeillés de mes « élèves », blottis sous leurs couvertures.

C'était un grand jour : nous allions livrer notre première bataille contre la barre. Des nuages d'appréhension obscurcirent mon petit déjeuner. Je nous imaginais déjà chavirer et nous briser sur les rochers tranchants.

Nous étions convenus que Jacques, Pascal, Juan et Fidel resteraient derrière nous avec le Zodiac jusqu'à l'arrivée de Sergio.

Je me livrai à ce qui était désormais un petit rituel sinistre, et qui consistait à vérifier que chacun avait bien attaché son gilet de sauvetage. Nous tirâmes la pirogue jusqu'à la grève, véritable travail de titan.

Nous nous dirigions maintenant vers la brèche; lentement, comme à contrecœur, nous avancions vers la barre d'écume.

Une... deux... Une... deux... La ligne blanche se rapprochait; le passage était à présent juste en face de nous, ses eaux sombres se soulevant en impressionnantes dunes noires.

Brusquement, ce fut le chaos. L'*Itza* oscillait, tanguait, s'affolait.

Les embruns attaquaient la proue.

« Ramez plus fort! », hurlai-je, craignant que nous embarquions de l'eau. Mais la proue de notre pirogue continuait à se soulever avec élégance et, en l'espace de quelques secondes, nous avions franchi la barre.

Nous naviguions désormais en pleine mer.

Alors que nous laissions la brèche à quelques mètres sur notre gauche, nous aperçûmes entre deux vagues les dents acérées des coraux, immense mâchoire d'un squale écumant...

Une fois parvenus au large, nous virâmes plein sud, longeant la barre qui suivait la ligne rocheuse du rivage. Nous goûtions là à ce qui allait devenir notre ordinaire pendant des semaines. Nous étions séparés de la côte par les récifs, sans possibilité aucune de nous réfugier sur la terre ferme en cas de grain. Bien pire : il suffirait que l'alizé se lève pour que nous nous retrouvions poussés sur eux!

Nous pouvions désormais prendre toute la mesure des dangers que présente une côte ventée, d'autant plus périlleuse du fait de la présence menaçante de la barre de corail.

A notre droite défilaient lentement les rochers grisâtres et les cocotiers décharnés de la côte. Devant nous, se dessinait la ligne de Punta Piedra au-delà de laquelle s'avançaient dans le lointain les caps jalonnant notre route.

Vue de la mer, la côte n'était pas bien différente de ce qu'elle devait être à l'époque de la conquête. Les véritables

« pionniers » du Yucatan étaient en fait dix-neuf naufragés espagnols. Ils devaient fouler le sol mexicain sept ans avant les découvreurs officiels, et ce, après avoir vécu une bien curieuse aventure.

En 1511, sous les ordres d'un certain capitaine Valvidia, ils faisaient voile depuis Panama à bord d'une caravelle chargée d'or – vingt mille ducats, une immense fortune. Ils avaient mis le cap sur Saint-Domingue avant de rallier l'Espagne. Mais le destin leur réservait un tout autre voyage : prise dans une tempête au large de la Jamaïque, la caravelle se fracassa contre les récifs d'Alacran ou Vivora – connus aujourd'hui sous le nom de Pedro Cayes – au sud de l'île.

Le navire fut perdu mais dix-neuf personnes, dont une femme, parvinrent à s'entasser dans un canot et survécurent au naufrage.

Treize jours durant, les naufragés ramèrent et dérivèrent vers l'est, « les courants suivant le soleil ». Il semble que près de la moitié d'entre eux périt à la suite d'insolations. C'est ainsi qu'il ne resta plus que dix hommes et une femme, qui les premiers purent contempler cette côte bordée de cocotiers.

Nous ne savons pas exactement où Valvidia et son équipage abordèrent le Yucatan, mais, selon les différentes chroniques, il semble que ce ne soit pas très loin de la baie de l'Ascension.

Nos rescapés eurent à peine le temps de se réjouir qu'ils virent surgir des hommes vêtus de pagnes, le corps peinturluré de rouge – teinture qui les protégeait à la fois du soleil et des moustiques –, la tête rasée devant et sur les côtés. Seule une longue mèche de cheveux tressée d'écorce et de cuir rouge leur battait le dos, quand elle n'était pas ramenée en un étrange petit chignon. Ils arboraient des arcs et des flèches, et des filets leur servaient de besace.

Les Espagnols furent capturés et cinq d'entre eux, sur l'ordre d'un cacique local, offerts en sacrifice aux dieux de la région. Selon Cervantès de Salazar, leurs corps « furent donnés en pâture au peuple, tandis que les six autres, dont la femme, furent enfermés dans une cage pour y être engraissés, afin d'être mangés plus tard. »

Nous devons ces détails au témoignage de l'un des survivants, Geronimo de Aguilar, un clerc espagnol originaire de la ville d'Écija.

Son histoire est si fascinante qu'elle tient du roman feuilleton. Aguilar et ses compagnons réussirent à s'échapper en brisant leur cage; peu après, ils tombèrent aux mains d'indigènes moins féroces qui les réduisirent en esclavage. Tous moururent d'épuisement, sauf deux d'entre eux, Geronimo de Aguilar, et Gonzalo, un marin natif de Palos, le petit port andalou d'où Christophe Colomb était parti à la découverte de l'Amérique.

Gonzalo finit par épouser la fille d'un cacique de Chetumal. A l'image des indigènes, il se lima les dents, se peignit le visage et se tatoua les mains. Il s'intégra si bien à la population qu'il devint un guerrier renommé et apprit à ses congénères d'adoption, les familiarisant avec les chevaux et les mousquets, à se défendre contre les Espagnols. Nombreux sont ceux qui prétendent que ce fut à cause de Gonzalo, surnommé plus tard *el Guerrero* (le Guerrier) que la conquête du Yucatan fut si difficile et que la région ne fut jamais totalement soumise aux Espagnols. C'est en 1532 que Gonzalo partit de Chetumal à la tête de cinquante pirogues de guerre pour le Honduras lutter aux côtés de Ciumba contre les troupes de Pedro Alvarado, le redoutable gouverneur du Guatemala. Il trouva la mort après vingt années de fidèle dévouement à la cause maya.

L'histoire de Geronimo de Aguilar est tout aussi intéressante. Il fut d'abord l'esclave d'un roi nommé Xamanzana qui mourut peu après. Il semble que Geronimo gagna rapidement l'estime de son nouveau maître qu'il aida à combattre ses ennemis, Geronimo aurait vécu non loin de Boca Pailla.

Nous imaginons sans peine quelle put être sa joie lorsqu'en 1517, six ans après son naufrage, il apprit l'arrivée sur la côte des caravelles de Cordoba. Mais hélas, les bateaux ne s'y attardèrent pas, tout comme l'année suivante ceux de Grijalva.

Finalement, lorsque Cortés accosta en 1519 à l'île des Hirondelles – ancien nom de Cozumel – il apprit l'existence « d'hommes barbus » – d'un guerrier blanc – sur la côte et supposa que d'éventuels déserteurs pourraient compromettre ses plans de conquête. Les laisser là-bas était, comme il le dit lui-même, « hors de question ». Il décida donc de les faire rechercher et appareilla un canot et deux brigantines, chargeant ses marins d'attendre huit jours sur la côte avant de revenir. Cortés leur remit une lettre dans laquelle il priait les Espagnols de se joindre à lui.

Geronimo de Aguilar reçut le message de Cortès et se rendit immédiatement sur la côte. Hélas, à son grand désespoir, les trois bateaux étaient déjà repartis. Cortès lui-même avait d'ailleurs quitté Cozumel sans attendre le retour des brigantines. Désespéré, Aguilar trouva sur la plage une pirogue à demi pourrie et réussit à ramer avec quelques Indiens jusqu'à Cozumel. Selon le chroniqueur Motolina, il aurait traversé le détroit dans une pirogue à voiles. Entre-temps, une tempête avait contraint Cortés à revenir vers Cozumel où Geronimo de Aguilar le retrouva.

Aguilar devait alors jouer un rôle capital dans les premiers mois de la conquête, servant d'interprète entre Cortès et les Mayas, puis entre Cortés et la Malinche, l'épouse indienne de Cortés, qui traduisait en maya la langue aztèque.

Je fus tiré de mes pensées par une vague plus haute que les autres. Nous voguions maintenant en haute mer, ayant suivi les instructions de Manuel. Une forte houle soufflait en provenance de l'est, si bien qu'à chaque vague l'horizon disparaissait derrière des montagnes d'eau.

Nous naviguions depuis trois bonnes heures lorsque nous entendîmes un bruit de moteur. L'avion de Sergio Vargas décrit plusieurs cercles au-dessus de nos têtes, Jacques filmant sans doute nos progrès au fur et à mesure. Puis il disparut et le silence retomba lourdement.

Entre-temps, le canot nous avait rejoints, et Manuel, hurlant pour dominer le bruit du moteur, nous enjoignit de ramer vers le rivage.

Je ne voyais pas la nécessité de la manœuvre, mais je fis néanmoins virer l'*Itza* en encourageant l'équipage à souquer ferme.

Cinq minutes plus tard, alors que nous étions à quelque deux cents mètres de la côte, je sentis que l'embarcation était soulevée par-derrière. J'avais à peine eu le temps de comprendre ce qui nous arrivait que la pirogue commença à prendre de la vitesse et à se ruer sur le rivage, dans un bouillonnement d'écume.

« Ramez vite, droit devant ! » criai-je, alors que nous étions au sommet d'une gigantesque vague déferlante, surfant à une incroyable vitesse.

« Surtout, ne pas nous laisser prendre de travers », hurlai-je en vain : la moitié de l'équipage avait laissé tombé les pagaies pour se cramponner aux bords de la pirogue.

La vague finit par nous déposer à toute vitesse non loin d'une plage. Nous avions encore une fois traversé la barre pour pagayer pendant une heure à son abri. Après quoi, nous repassâmes la barre presque sans nous en apercevoir et nous nous retrouvâmes au large, une fois de plus livrés aux vagues du grand large.

Le temps était au grand beau mais, malheureusement, le vent était tombé : nous ne pourrions pas reposer nos bras épuisés en hissant la voile.

15

Contrebande

Nous avions atteint la plage de Santa Rosa dont les ruines de plusieurs temples mayas témoignent du passage en ces lieux de la route commerciale maya.

Durant les deux longues heures qui suivirent, j'eus tout le loisir d'apprécier la différence entre les pagaies et les avirons, bien moins pénibles. Un rameur, en effet, peut s'appuyer sur sa rame et utiliser le poids de son corps pour la tirer. Nous, en revanche, étions réduits à forcer douloureusement sur nos bras et nos reins. Assis tous deux à l'arrière de l'*Itza*, Charles Stevens et moi barrions la pirogue à tour de rôle, tâche malaisée en raison du poids de la pirogue.

Ayant passé une pointe rocheuse, nous fûmes confrontés à un nouveau récif qui nous séparait d'une longue plage sablonneuse. Selon les instructions de Manuel, nous devions trouver une étroite passe entre les rouleaux. Pagayant entre deux murailles d'écume, nous fûmes soulevés par d'énormes vagues qui nous propulsèrent enfin en eau calme. Calme, mais peu profonde : ayant touché le fond, il fallut sauter dans une vase molle, risquant de nous couper sur les débris de corail, pour pousser l'*Itza* jusqu'au rivage.

Nous étions épuisés, mais nous avions retrouvé notre enthousiasme. Notre pirogue s'était révélée résistante et maniable. Nous avions bravé des vagues d'une hauteur impressionnante et traversé à trois reprises la barrière par d'étroits passages. Pour la première fois, je commençais à croire que nous pourrions atteindre, sinon le terme de notre voyage à l'extrémité sud du Belize, du moins la baie de Chetumal. En effet, au fond de moi et bien que je ne m'en sois ouvert à personne, je doutais que nous réussissions jamais à rallier la frontière du Guatemala.

Nous avions débarqué sur la plage d'un cocal à moitié abandonné, à quelques centaines de mètres d'une hutte au toit de palmes et de papier goudronné. Je me dirigeai vers l'habitation. Des pêcheurs mayas bourrus, à qui je demandai où nous pourrions établir notre campement, me répondirent sèchement de suspendre nos hamacs le plus loin possible de leur cabane.

Nous nous éparpillâmes rapidement parmi les cocotiers le long de la grève, espérant que la brise chasserait les moustiques. Déjà, nos petits amis bourdonnants étaient accourus des immenses marécages pour nous accueillir. Ces marécages, qui s'étendaient sur trente kilomètres à l'est derrière la plage, réduisaient la côte à une sorte d'île coincée entre la baie de l'Ascension et celle d'Espiritu Santo.

Il était encore relativement tôt, car nous n'avions ramé que pendant six heures. Aussi, lorsque Jacques arriva avec le Zodiac, nous décidâmes d'aller à la recherche des ruines de Tupak que j'avais découvertes en 1959, un beau temple rectangulaire surmonté de ce qui semblait être une lanterne de pierre ou un phare. Le temple se dressait au milieu des marécages quelque part derrière notre camp. Malheureusement, nous n'avions que peu d'espoir de retrouver le site rapidement sans l'aide d'un guide car il était assez loin. Des pêcheurs savaient bien où se trouvait la ruine, mais doutaient que, sans canot, nous puissions l'atteindre à cause de l'eau profonde. Quoi qu'il en soit, il était déjà trop tard, et il y avait trop de moustiques. Nous renonçâmes à contrecœur, et nous nous contentâmes de remonter la côte pour visiter les ruines de Santa Rosa.

Le soleil était déjà couché lorsque nous arrivâmes en vue des temples de Santa Rosa, découverts en 1922 par le docteur Morley. L'un de ces temples renferme la statue très abîmée et décapitée d'un *chac-mool*, un homme allongé, le genou replié, reposant sur les coudes et la tête tournée de côté. Ces étranges statues semblent avoir servi d'autels, l'homme tenant sur le ventre une sorte de plat dans lequel les offrandes devaient être déposées.

Tandis que nous examinions les ruines et que José-Luis les croquait sur le papier, le propriétaire de la plantation de cocotiers voisine vint à notre rencontre et nous fit part de son point de vue sur les anciens Mayas. Il avait découvert que les Mayas avaient transporté de la terre depuis l'intérieur jusque sur les rivages de façon à pouvoir y cultiver le maïs. Ils avaient également dégagé un ancien chemin de pierre qui menait aux marais. Pour ma part, j'étais persuadé que les ruines de Santa Rosa et de Tupak, isolées ainsi de la terre ferme entre les baies de l'Ascension et d'Espiritu Santo, avaient été des ports. L'aridité de la côte sableuse et les dimensions des temples excluaient les hypothèses de simples villages de pêcheurs ou de modestes communautés paysannes. Non, ces cités avaient dû constituer d'importantes étapes pour les pirogues comme la nôtre faisant route vers le sud.

Il était tard lorsque nous revînmes au camp, et nous dînâmes autour d'un feu. Je n'avais pas très faim et j'étais épuisé. Pourtant, je ne pouvais pas dormir. Allongé dans mon hamac à la belle étoile, protégé du vent et du froid par une légère moustiquaire qui dansait dans la brise, je veillai à la lumière de la lune. J'avais froid et me sentais un peu déprimé : je ne me rendais pas compte que j'étais en fait gravement malade.

Je me suis souvent demandé pourquoi les choses du passé exercent une telle fascination sur les hommes. L'avenir m'a toujours intéressé, mais jamais *fasciné.* En revanche, le passé exerce sur mon esprit un étrange et puissant attrait. J'imaginais l'antique monde maya; j'entendais, émerveillé les chants des grands prêtres qui résonnaient autour des pyramides; j'assistais, pétrifié, aux sacrifices; à tout ce qui ponctuait le rythme de l'existence de ce peuple de mystère, si différent de nous, à moins qu'il ne fût si semblable. Les monuments, les vestiges du passé et les sculptures nous apprennent bien des choses, mais rien de l'âme des Mayas, de leurs sentiments, de leurs émotions, de ce qui les faisait rire ou pleurer. Lorsqu'on lit les nombreux récits des premiers Espagnols ayant pénétré sur le sol américain, on cherche en vain quelque description des sentiments des Indiens. Çà et là, on trouve une maigre indication : « ... Et les Indiens pleurèrent », ou encore « Ils se mirent en colère », mais rien de plus. Nous savons que c'était un peuple excessivement chaste et qui estimait considérablement la vertu. Un homme surpris à faire des avances indécentes à une jeune fille ou à une femme était exécuté. La pruderie des Mayas était telle que les prêtres espagnols eurent bien du mal à leur faire admettre le comportement extrêmement choquant et immoral de leurs compatriotes. Pour les Espagnols, atterrés par les sacrifices humains que pratiquaient les Mayas, ces derniers passaient pour des êtres de cruauté et assoiffés de sang. De même, les Indiens considéraient les Espagnols comme des hommes cruels : ne les prenaient-ils pas en otages pour les emmener à Cuba et en Espagne, quand ils ne les réduisaient pas tout simplement en esclavage ? Il suffit de lire les textes de l'évêque Bartolomé de las Casas ou d'autres « défenseurs » des Indiens pour prendre toute la mesure de la cruauté des « conquistadores », auxquels les prêtres mayas et aztèques n'avaient finalement rien à envier.

En fait, selon tous les témoignages écrits, le conflit qui opposa Espagnols et Indiens fut une horrible confrontation. Si l'esclavage et la guerre prélevèrent leur tribut sur les indigènes, l'arrivée des Blancs était inévitablement associée au courroux des dieux qui leur avaient envoyé un terrible fléau : en effet, les Espagnols apportèrent avec eux des maladies jusque-là inconnues en Amérique latine. De nos jours, l'impact historique de ces épidémies a commencé à être analysé. Nous comprenons maintenant le rôle non négligeable des maladies importées d'Europe dans la destruction des empires mayas et aztèques : elles détruisirent physiquement près de quatre-vingts pour cent de la population, mais leurs conséquences morales et psychologiques sur ceux qui en réchappèrent furent effroyables; en effet, ces épidémies tuaient les Indiens, mais épargnaient les hommes blancs; c'étaient donc des châtiments infligés par les dieux qui soutenaient l'envahisseur et sa culture. Les Indiens ne pouvaient que conclure à la condamnation de leurs traditions. Des milliers d'entre eux, confrontés à un tel cataclysme, désespérés, se suicidèrent.

Ayant observé leurs descendants, j'ai souvent le sentiment que, quelque part, l'esprit de ce peuple a été brisé à jamais; l'âme indienne ne s'est jamais vraiment remise de la violence des colons européens et de ces « châtiments » divins.

Pour tenter de comprendre ce que fut l'arrivée des Espagnols en territoire indien, imaginons ce que serait pour nous l'atterrissage de Martiens, équipés d'armes futuristes et révolutionnaires, porteurs de maladies inconnues qui décimeraient nos populations, non seulement sans affecter les envahisseurs mais leur insufflant une force encore supérieure qui nous soumette et nous conduise à la ruine.

Ces sombres pensées me reportaient un an en arrière lorsque j'avais cru déceler dans les yeux habituellement enjoués des paysans tibétains ce même désespoir qui habite maintenant le regard de tant d'Indiens d'Amérique. Les Tibétains, après trente ans de domination chinoise et l'assassinat d'un million deux cent mille d'entre eux (un cinquième de la population) donnent aujourd'hui l'image d'un peuple brisé, privé de son chef véritable, de ses valeurs traditionnelles et, pire encore, d'espoir.

Comme les Tibétains, les Indiens d'Amérique, se trouvent face à un avenir dépourvu de tout ce qui leur était cher, de toute tradition. Ils sont confrontés à la perspective de « devenir à peine mieux que des animaux », comme me l'avait dit la mère de Juan et Fidel, dont les hamacs étaient suspendus de chaque côté du mien. Que serait vraiment leur avenir, maintenant que la « civilisation » avait envahi le territoire que leurs ancêtres avaient si bien défendu pendant des siècles ?

Pourraient-ils jamais devenir des Mexicains à part entière, les *Indios* ne seraient-ils pas toujours méprisés par la classe moyenne mexicaine, prétendue éduquée ? Leur seul espoir de s'élever socialement ne réside-t-il pas dans une trahison de ce qui fut jusque-là leurs inévitables identités et traditions ?

Et nous, « hommes civilisés » ? Et si finalement, dans notre monde moderne, où les valeurs changent si vite, nous étions tous en train de devenir des gens qui n'ont plus leur place nulle part, et dont l'avenir consiste à abandonner, rejeter, oublier nos traditions passées pour être réduits, comme le disait Mme Canche, à « devenir à peine mieux que des animaux » ?

Heureusement, l'aube a le pouvoir de chasser les noires pensées. Le soleil inondait l'horizon et les couleurs vives de l'aube tropicale incendiaient la mer.

Désormais, l'expédition « L'Or maya » s'était vu attribuer

l'éloquent surnom d'« Expédition de la faim ». Notre illégal festin de langoustes n'était plus hélas qu'un souvenir lointain, et le riz et les haricots étaient devenus notre ordinaire.

La traversée de la baie d'Espiritu Santo ne présentait pas d'obstacle particulier. Moins large que la baie de l'Ascension, ses eaux plus sombres semblaient indiquer qu'elle était plus profonde. Nous aperçûmes quelques dauphins, que nous prîmes tout d'abord pour des requins, puis une raie géante, monstre marin de plusieurs mètres d'envergure. Tel un phare au milieu de la baie, se dressait la sinistre épave d'un cargo qui nous rappela encore une fois combien nous étions vulnérables.

Nous nous retrouvâmes bientôt dans des hauts-fonds. De-ci de-là apparaissaient d'imposants massifs de corail.

« Attention! Attention! », cria Robert Jordan. Mais il était déjà trop tard. Avec un bruit sourd, l'*Itza* s'immobilisa, prisonnière des coraux. Mais, heureusement, la pirogue ne semblait pas avoir souffert, et fut très vite remise à flot.

Il n'y avait pas eu de vent de toute la journée, et nous devions pagayer continuellement. Personne ne se plaignait, mais je voyais bien, à la sueur qui ruisselait sur les dos des rameurs et aux litres d'eau que nous ingurgitions, qu'une petite brise aurait été tout à fait bienvenue.

Nous avions désormais commencé la partie réellement archéologique de notre expédition : le calcul de la vitesse moyenne que nous pouvions atteindre en fonction des conditions météorologiques. Bien entendu, comme nous ignorions si les anciens Itzas utilisaient la voile, nos calculs faisaient abstraction de leur utilisation.

Force nous fut de constater que l'*Itza* était lente. Nous avions beau pagayer de toutes nos forces, quelque fût le nombre de rameurs, notre vitesse excédait à peine 4,5 kilomètres/heure.

Pourtant, pour les anciens, atteindre une telle vitesse en transportant une lourde charge n'était pas négligeable. En effet, les Mayas et les peuplades du nord de l'Amérique centrale n'avaient pas d'animaux de faix, bœufs, chevaux ou même lamas, comme dans les Andes. La seule alternative était donc le transport à dos d'homme, beaucoup plus lent.

Le temps était maussade et de lourds nuages s'ammoncelaient lorsque nous arrivâmes enfin à Punta Herrero, au sud de la baie d'Espiritu Santo. De loin, nous distinguions un phare noirci qui constitua pendant des années le seul monument « moderne » de la région, et dont l'histoire tragique reflète celle de la côte.

Construit en 1905 par des ingénieurs français, le phare se trouvait sur le territoire indien de Chan Santa Cruz. Cinq ans plus tard, les Indiens en tuèrent le gardien et s'en emparèrent. Le bâtiment fut ensuite abandonné jusqu'en 1935, date de la signature du traité de paix entre les Indiens et les autorités mexicaines. Par la suite, trois gardiens y trouvèrent la mort lors d'ouragans. Lorsque je vis l'endroit maudit en 1959, le gardien allumait encore la lampe chaque soir, et le phare, qui penchait légèrement, avait des allures de tour de Pise. Aujourd'hui en ruine, il a été remplacé par un vulgaire fanal automatique.

Le vent se mit à souffler alors que nous hissions l'*Itza* au sec à Punta Sardina. Redoutant la pluie, certains d'entre nous, dont moi, préférèrent coucher sous la tente, mais d'autres, plus téméraires, optèrent pour une nuit à la belle étoile, décision qu'ils allaient vite regretter.

Tito, avec son énergie accoutumée, installa une cuisine de fortune pour préparer le dîner : deux poulets que Sergio nous avait apportés par avion. Au milieu du repas, le vent se leva, amplifiant le grondement sourd de la barre.

Il plut pratiquement toute la nuit. L'eau ne cessait de ruisseler à travers le nylon de ma tente ; je feignais de l'ignorer afin de retarder au maximum le moment où il faudrait se décider à faire quelque chose. Je n'arrivais pas à dormir et je me sentais fiévreux.

Que diable faisais-je ici, à cinquante ans, que dis-je, à deux jours de mon cinquante et unième anniversaire, à jouer les explorateurs ou les Peaux-Rouges, sillonnant les mers au creux de mon arbre ?

Que pouvais-je bien chercher à prouver, à pagayer dans un cercueil à l'époque des avions à réaction ? Jusqu'où allais-je poursuivre cette régression, moi qui avais conçu un aéroglisseur pour l'exploration, qui préférais prendre un hélicoptère plutôt que de marcher, qui me suis toujours fait l'apôtre du progrès quand je le jugeais nécessaire, et qui me suis toujours moqué des chantres de la mode rétro ou du Larzac ? A quoi tout cela rimait-il..., me demandais-je, tandis que l'eau commençait à me dégouliner dans le dos...

Dehors la pluie s'était calmée, mais ni le vent ni le rugissement des vagues.

Mon désespoir diminua lorsque je me rendis compte que je n'étais pas le seul mal en point de notre équipe : la moitié d'entre nous s'étaient blottis autour des cendres d'un feu. Et l'aube commença à poindre. Lentement grisâtre et aussi glacée que la nuit.

Constatant qu'il y avait peu ou pas de vent, je pressai l'équipe de partir.

La brèche dans la barre de récifs était située au nord de notre campement : le passage était libre, dépourvu de brisants. Il fallait partir le plus tôt possible. L'étape suivante prévue était un *cocal* répondant au curieux nom de Tampalan. Selon les indications de notre carte, l'endroit était situé à vingt-cinq kilomètres, soit environ six heures. Si nous partions rapidement, nous pourrions arriver là-bas vers deux heures de l'après-midi.

Jacques était inquiet. La barque était très chargée; avec la houle, on courait le risque de prendre des paquets de mer. De plus, la pluie menaçant, il craignait que notre coûteux et délicat équipement cinématographique n'en pâtisse.

« Reste ici avec Pascal et j'enverrai le canot à moteur vous chercher », lui proposai-je.

Il était huit heures lorsque nous quittâmes Jacques et Pascal pour nous diriger vers la *brecha* et rejoindre la mer démontée.

16

Naufrages

Une fois les récifs passés, la pluie recommença à cribler la surface de l'eau. Le vent était tombé.

Plissant les yeux sous l'assaut des gouttes avec un stoïcisme tout britannique, nous continuions à ramer, soulevés par des vagues de fond en provenance de la Jamaïque ou de contrées plus lointaines encore.

Il ne serait pas honnête d'omettre dans ce récit l'ennui, ou pire, ces petites pensées stupides qui nous habitent lorsqu'on pagaie. Je ne peux parler que pour moi, de ces petites jalousies mesquines, de cet apitoiement sur soi-même et de la certitude que l'on a d'avoir reçu la rame la plus pesante ou celle dont la poignée est la plus inconfortable... ou du soupçon que les autres ne font aucun effort et se contentent d'effleurer la surface de l'eau... voire de la conviction que les rameurs de bâbord rament trop fort et font tourner la pirogue – à moins qu'ils ne rament justement pas assez ?

C'est incroyable comme l'esprit peut se laisser aller, frisant parfois les plus hauts sommets, mais tombant plus souvent dans des abîmes de considérations futiles et mesquines.

« Une... deux... Une... deux... »

Comme nous étions heureux de ne pas être des esclaves, alors que notre situation n'était pas plus enviable, ramant comme des forçats pour ce qui nous apparaissait comme l'éternité. Cent fois je refis le compte des kilomètres parcourus : quarante-deux le premier jour dans les marécages, trente et un le second dans le lagon intérieur, huit le troisième jour jusqu'au phare, vingt-cinq ou vingt-six le quatrième jour pour traverser la baie de l'Ascension, vingt-quatre environ pour atteindre Tupak, vingt-huit jusqu'à Punta Sardina... Cela faisait donc cent cinquante-huit kilomètres. Lorsque je dus soustraire ces cent cinquante-huit kilomètres des sept cents prévus, le résultat fut moins souriant. Il n'y avait pas à tortiller : il nous restait cinq cent quarante-deux kilomètres à couvrir. Cela revenait à une condamnation aux galères. Nous n'y arriverions jamais.

Rien ne sert de compter : telle était la leçon que j'avais tirée de mes périples himalayens. En fait, il n'y a rien de plus désespérant que les calculs. De même qu'une casserole qu'on surveille n'en finit pas de chauffer, un kilomètre qu'on mesure n'en finit pas de s'étirer.

L'homme a toujours aimé voyager. A pied ou à cheval, un voyage est un long et passionnant film. Chaque mètre apporte une nouvelle image, chaque kilomètre une nouvelle rencontre. Celui qui voyage à pied se fait des centaines d'amis sur le chemin, dans les maisons qui lui offrent l'hospitalité d'une nuit. Le voyage était à lui seul une façon de vivre, une fabuleuse aventure. L'objectif à atteindre, la destination, n'étaient que prétextes.

Le voyage moderne, calculé en heures perdues à arpenter les couloirs d'aéroport ou ligoté à un siège, est devenu une corvée fastidieuse dont on s'acquitte dans le seul but d'atteindre un objectif. Dans l'avion, j'ai même renoncé à engager la conversation avec mes voisins, le sujet se réduisant à l'inconfort et au non-plaisir des voyages précédents.

Même la mer, à haute dose, peut être lassante. J'ai traversé l'Atlantique à bord d'un petit voilier. Mes amis m'enviaient. « Quelle chance tu as ! » En réalité, cela avait été le voyage le plus ennuyeux que j'aie jamais fait. Soixante-cinq jours en mer avec continuellement la même ligne d'horizon, immuable. Le pire, c'étaient les quarts. Il fallait rester debout à veiller en scrutant le même non-paysage. Le seul plaisir véritable que je tirai de cette traversée fut d'en voir enfin le bout, d'apercevoir la terre et sa richesse de paysages.

La navigation côtière, le cabotage de l'*Itza*, était heureusement bien différente : on avait toujours la possibilité de contempler le rivage dont la variété et la beauté nous tenaient émerveillés. Et puis, il y a les oiseaux, les grands pélicans malhabiles qui volent en formation comme des bombardiers, plongent à pic et émergent un poisson dans le bec. Enfin, chaque soir, il y a la possibilité de retrouver notre chère terre ferme.

La journée passa lentement, avec quelques averses mais sans vent. Pourtant les vagues avaient grossi au point de devenir d'énormes dunes. Lentement, nous en dévalions les pentes avant d'être à nouveau propulsés au sommet, avec vue panoramique sur la côte et les palmiers. En haut... En bas... En haut... En bas... Cependant, je n'étais pas vraiment conscient des conséquences de ces énormes rouleaux, jusqu'au moment où, perché sur une crête, le grondement de la barre me parvint plus puissant et plus menaçant que jamais. Plus les vagues étaient grosses, plus elles s'abattaient avec violence sur les récifs. C'était pourtant fort simple.

Dans le canot, Manuel avait pris la tête du convoi. Il devait être trois ou quatre heures de l'après-midi, mais il faisait déjà sombre. Les nuages noirs du dernier orage obscurcissaient un ciel menaçant. Il recommença de pleuvoir des trombes d'eau tropicales. Notre visibilité se réduisait à une centaine de mètres. Quand allions-nous atteindre la *brecha*, l'ouverture qui nous permettrait d'aborder la terre ferme et de nous réchauffer à la flamme d'un bon feu ?

Nous scrutions la côte mais ne distinguions que de l'écume blanche d'où surgissait une masse noirâtre, la carcasse rouillée d'un navire naufragé, funeste témoignage d'une obscure tragédie.

Je ne connais rien d'aussi dramatique que l'épave d'un gros navire. Si les ruines de maisons et de temples ont un côté romantique, les épaves, éternel rappel de la fragilité des entreprises humaines, dégagent une aura de mort.

En voyant cette épave, au moins la septième depuis que nous avions quitté la baie de l'Ascension, je commençai à ressentir les premiers pincements de cœur d'une angoisse réelle et profonde.

Je regardai Manuel, debout dans le canot devant nous, qui scrutait la barre.

Je connaissais déjà la réponse à la question qui me brûlait les lèvres; l'écume blanche courait tout le long de la côte en une ligne continue.

Manuel vira de bord et vint se ranger à nos côtés : « Toutes les brèches sont fermées. »

Le phénomène est simple : lorsque la mer est trop grosse, les étroits passages qui s'ouvrent en temps normal dans la barrière sont alors bloqués par les vagues qui viennent se briser sur le chenal, obstruant la brèche.

« Nous sommes coincés au large », pensais-je.

Impuissant, je regardai la barre, et, au-delà, le doux rivage de sable blanc, petit paradis tellement proche mais inaccessible.

Je savais bien ce qui restait à faire en pareille circonstance. Mais il était hors de question de continuer à ramer toute la nuit, dans l'espoir – oh combien incertain – que la mer se calme et que la *brecha* se rouvre. D'autre part, le canot ne pouvait guère nous être d'un grand secours car nous n'avions pratiquement plus d'essence.

Je scrutai à nouveau la côte. Des cocotiers décapités laissaient présager l'existence d'une plantation abandonnée. Je m'usais les yeux dans le vain espoir de découvrir un autre passage dans cette maudite barre.

C'est alors que je repérai une cabane à toit de chaume. Mon cœur se mit à battre. Je savais que les colons bâtissaient habituellement leurs maisons en face d'une brèche. Il y en avait donc forcément une là-bas!

Manuel s'était dressé sur la pointe des pieds, mais il ne vit, comme moi, que la barrière ininterrompue.

La situation devenait grave, pour ne pas dire désespérée. Bêtement, j'avais levé le camp sans m'assurer au préalable des conditions météorologiques. Mon pilote, si bon soit-il, ne s'était pas davantage préoccupé des conséquences que devaient inévitablement avoir d'aussi hautes vagues sur les brèches.

Il ne nous restait plus qu'une seule alternative. Je fis signe à Manuel et au Zodiac d'approcher.

Je demandai à Manuel s'il pouvait repérer l'emplacement présumé de la brèche. Il acquiesça :

« C'est un passage très étroit, juste à gauche de l'épave. »

La solution que j'envisageais était très risquée, mais c'était la seule : nous tâcherions de chevaucher une vague suffisamment grosse, en priant pour qu'elle nous propulse au-delà des récifs. C'était presque du suicide, mais nous n'avions pas le choix.

Le « plus sûr » pour ne pas chavirer ou se faire rouler par une vague, c'était de faire très vite, donc d'utiliser le canot à moteur ou le Zodiac. Avec de la vitesse, nous pourrions zigzaguer pour éviter les crêtes qui se brisaient et, avec un peu de chance, choper une vague qui nous porterait par-dessus les récifs.

Il n'y avait pas de temps à perdre; il nous fallait abandonner l'*Itza* et monter dans le canot, une décision déchirante mais nécessaire.

Je me mis debout et, aussi rapidement que possible, j'expliquai la situation à l'équipe en anglais, français et espagnol : dans l'impossibilité où nous nous trouvions de franchir les récifs avec la pirogue, nous allions abandonner l'*Itza* et nous ruer sur la barre avec le canot, notre seul espoir.

De notre lieu de détresse, nous regardions les vagues rugissantes.

« Attachez toutes les cordes disponibles bout à bout. Nous allons tous monter dans la *lancha* et tenter de remorquer l'*Itza.* »

« Si tu veux, je peux rester dans la pirogue », proposa bravement Charles Stevens.

Je déclinai son offre courageuse car je voulais pouvoir nous libérer de l'*Itza* si elle nous empêchait de manœuvrer correctement, ce qui était d'ailleurs fort probable. Ne pouvant tous tenir dans le canot, l'équipe du Zodiac devait nous suivre.

C'est une troupe trempée et pitoyable qui prit place dans la *lancha.* Je m'assis à l'arrière avec Manuel, une machette à la main, prêt à trancher la corde nous reliant à l'*Itza.*

Manuel mit le cap sur la côte. En quelques minutes, nous fûmes cernés par d'énormes vagues blanches, monstrueux rouleaux rugissant qui se brisaient dans des gerbes d'écume. Manuel zigzaguait désespérément pour éviter ces effrayantes trombes d'eau. Derrière nous, au bout de sa corde, notre pauvre pirogue suivait tant bien que mal, tantôt à la traîne, tantôt projetée en avant par une vague.

Propulsé quelques secondes au sommet d'une lame, je pus

distinguer une vaste baie peu profonde, dans laquelle s'engouffraient les vagues les unes après les autres. Mieux valait ne pas s'y aventurer. Manuel vira à tribord, puis à bâbord, pour éviter un autre rouleau et, soulevé par une vague, le canot poursuivit sa course folle sur une crête parallèle à la côte. Je baissai les yeux mais, le temps d'un bref regard, j'aperçus des rochers déchiquetés : nous étions juste au-dessus de la barre.

Quelques secondes plus tard, dans un fracas d'écume, notre canot fut projeté en avant par une vague salutaire qui nous déposa par-delà la barre, dans des eaux calmes et abritées.

A cent mètres du lieu où nous avions « atterri », gisait l'épave, lugubre monument aux morts.

Je jetai un coup d'œil par-dessus mon épaule et vis avec soulagement Juan qui arrivait à son tour avec le Zodiac. Tout le monde était sain et sauf, y compris l'*Itza*, qui nous avait suivis, ballottée au bout de ses cinquante mètres de corde, propulsée elle aussi par-dessus les coraux.

La chance nous avait sauvés, mais aussi l'admirable sang-froid de Manuel, son œil sûr et la vivacité de ses réflexes.

Après avoir été bringuebalés par la mer toute la journée, le brusque contraste entre les vagues déchaînées et les eaux calmes nous procurait une curieuse impression. Le mot « abri » prenait alors tout son sens : les quelques mètres qui nous séparaient de l'océan déchaîné faisaient à eux seuls toute la différence.

Comme toujours en pareil cas, lorsqu'on vient de friser la catastrophe, notre peur fit place à une euphorie nerveuse, et très vite, nous avions oublié que nous avions frôlé la noyade collective sur les récifs de Tantaman.

Soulagés, nous tirâmes l'*Itza* sur la plage, en face de l'épave, et nous décidâmes d'aller explorer les environs de cette plantation de cocotiers où nous nous étions échoués.

Les palmiers étaient trempés. Comment décrire notre joie à la découverte de deux cabanes abandonnées, à cinquante mètres de la mer ? Il n'y avait pas âme qui vive et, en moins de temps qu'il n'en faut pour le dire, nous nous étions déjà installés et commencions à nettoyer les deux huttes.

Fidel et son frère grimpèrent sur les toits pour colmater les trous. Tito « monta » la cuisine.

C'est alors que je me souvins d'appeler Pierre par talkie-walkie ; nous avions évidemment oublié de le faire au cours des dernières heures.

« Pierre, tu m'entends ? Pierre, tu m'entends ? »

Cette phrase, si souvent répétée, avait fini par devenir l'un des leitmotives de l'expédition, une question qui d'ailleurs restait jusqu'à maintenant sans réponse. Nous avions perdu Pierre, à moins que ce ne fût lui qui nous ait perdus... Et Pierre, eh bien... Pierre avait toutes nos vivres avec lui...

Il y avait aussi Jacques et Pascal, qui étaient restés à Punta Sardina, et que nous ne pouvions espérer aller chercher, étant donné l'état de la mer.

Assis autour du feu, on dévora avec appétit les dernières provisions.

Ce soir-là, je récapitulai les événements de la journée, louant Dieu de nous avoir épargnés. Il ressortait de cette expérience que la sécurité de la navigation côtière en pirogue exigeait non seulement une parfaite connaissance de la côte, mais aussi du temps. Un savoir que les anciens marins mayas détenaient certainement, mais qui nous faisait défaut, d'où les risques inévitables d'une exploration des routes maritimes du passé. Désormais, nous nous devions d'être plus prudents.

Le lendemain, 8 février, il pleuvait. Un fort vent s'était levé de l'est, accumulant d'épais nuages noirs au-dessus de nos têtes. Ah ! ils seraient bien déçus, tous nos amis restés en France et qui nous imaginaient en train de nous dorer au soleil sur les plages des Caraïbes ! En fait, depuis que nous avions quitté le lagon de Chunyaxche, personne ne s'était baigné, soit que le temps était trop froid, soit que l'eau était trop vaseuse et trop peu profonde comme à Tupak.

La matinée s'écoula donc en quarts de vigie sous la pluie, à l'entrée de la route, à un kilomètre de notre camp, dans l'espoir d'intercepter Pierre. Malheureusement, nos appels réitérés d'heure en heure – Pierre m'entends-tu ? – n'eurent que le silence pour écho.

A midi, je partis vers le nord, longeant le rivage en direction de la maison que nous avions aperçue en face de la première brèche fermée. Sur plusieurs kilomètres, la plage était bordée d'une plantation de cocotiers partiellement abandonnée dont les arbres malades, aux cimes jaunissantes, détrempés et ébouriffés, reflétaient l'image même du désespoir.

Quand, tout à fait en fin d'après-midi, Pierre fit enfin son apparition.

Son arrivée dans le *cocal* désolé fut une véritable fête. En un rien de temps – et tout en lui reprochant de nous avoir laissé trop peu de provisions à Punta Allen –, nous dévalisions les caisses de vivres qu'il venait d'apporter : biscuits, chocolats et autres merveilles.

Le lendemain à l'aube, je partis avec Pierre chercher Jacques et Pascal, que nous avions laissés à Punta Sardina tels deux naufragés sur une île déserte.

Ayant récupéré Jacques et Pascal à Punta Sardina, nous décidâmes d'un commun accord de renouveler notre « exploit » et de retraverser le lagon, cette fois avec le minibus. Le niveau de l'eau dépassant celui du plancher, Jacques empila son équipement photo sur les sièges.

Très lentement, nous traversâmes le lagon, dont les eaux atteignaient par endroits près d'un mètre de profondeur. Heureusement, notre moteur était situé à l'arrière, suffisamment haut pour ne pas s'étouffer.

Au camp, le temps était toujours aussi épouvantable et la mer aussi déchaînée, nous décidâmes d'attendre une journée de plus et d'aller chercher un complément de provisions et du carburant à Carillo Puerto, l'ancienne capitale indienne du Chan Santa Cruz. Patrice, le pilote de l'ULM, nous accompagnait, devant nous quitter pour rentrer en France comme prévu.

Si le temps le permettait, nous partirions le lendemain matin.

Cent trente kilomètres nous séparaient maintenant de Xcalac, petit village de pêche qui était longtemps resté le seul comptoir espagnol de toute la côte, et situé à une dizaine de kilomètres d'un étroit chenal qui relie la profonde baie intérieure de Chetumal à la mer. Ce chenal constitue la frontière entre le Mexique et le Belize.

A peine réveillé, je me rendis sur la plage. La mer s'était calmée et le rugissement provenant des récifs s'était atténué en un grondement sourd. Nous pouvions maintenant distinguer clairement, non loin de l'épave, à l'emplacement de la brèche, un passage d'eau calme dans les brisants, le chenal que nous aurions dû emprunter. De chaque côté, apparaissaient les doigts noirs et crochus de coraux tranchants. Je frissonnai rétrospectivement.

En un clin d'œil, l'équipe fut prête, les tentes démontées, les hamacs pliés et les affaires rangées et chargées à bord.

« Nous allons passer la nuit à El Ubero, expliqua Manuel. Là-bas, la brèche est très large et n'est jamais fermée. »

Tandis que nous ramions vers la pleine mer, nous donnâmes libre cours à notre soulagement : Tantaman n'était plus qu'un mauvais souvenir.

Le soleil commença de briller à nouveau et une forte brise d'est se leva. Nous dressâmes hâtivement notre mât et hissâmes la voile de papyrus.

A notre grande joie, le vent propulsa l'*Itza* à une vitesse qui nous parut considérable.

Comment était-il possible que les Mayas et les *Itzas* n'aient jamais connu l'usage de la voile ? Il est vrai que les sociétés esclavagistes sont généralement moins motivées pour élaborer des outils allégeant le dur labeur des hommes.

Debout à l'arrière de l'*Itza*, je sentais renaître en moi la fierté et la confiance en notre embarcation et notre entreprise.

Le vent soufflait de plus belle mais notre mât en bois de palétuvier ne donnait pas le moindre signe de défaillance, pas plus que la voile ou le gréement en hennequin. Malgré l'absence de quille, nous ne gîtions que très faiblement, sans doute en raison du poids élevé de l'embarcation.

Au bout de quelques heures, le vent vira légèrement au sud-est, nous obligeant à ramer sous voile pour doubler le petit cap de Punta Pulticub. Puis nous nous remîmes uniquement à la voile.

Nous avancions à une telle vitesse que nous atteignîmes notre destination, El Ubero, à deux heures de l'après-midi. Le large chenal était ouvert et nous abaissâmes le mât pour parcourir les derniers mètres qui nous séparaient de la plage.

J'avais de mauvais souvenirs d'El Ubero. Durant mon voyage

à pied le long de la côte, l'*encargado* du *cocal* de cet endroit m'avait refusé toute nourriture, et j'avais été contraint de dormir dans une remise et de manger du coprah, la chair rance du coco dont l'huile sert à préparer du savon. J'avais évidemment été malade.

Le *cocal* était aujourd'hui abandonné, mais quelques pêcheurs y avaient construit leurs cahutes, autour des ruines d'une petite « unité de réfrigération », grandiose projet gouvernemental resté inachevé. Nous installâmes notre campement dans deux huttes désertes sur la plage, après avoir effectué quelques réparations rapides mais indispensables, car il devait pleuvoir à verse cette nuit-là.

Dès que j'eus suspendu mon hamac, je m'allongeai pour me reposer : il n'y avait pas de doute, j'avais de la fièvre. Des cris me tirèrent de ma sieste : Fidel avait attrapé un scorpion de la taille d'une langoustine, l'air tellement menaçant qu'il ne put convaincre l'assistance de l'innocuité d'une piqûre de ces scorpions géants des sables.

A quelques mètres de notre campement, deux pêcheurs et leurs familles vivaient de la pêche aux conques, ces gros escargots de mer dont la coquille sert de corne à brume, corne au son étrange duquel je m'étais éveillé presque chaque matin dans les monastères de l'Himalaya. Ces mollusques, dont la chair grillée est délicieuse, ont une saveur proche de celle du homard. Sur terre, ces créatures ont une curieuse façon de se déplacer. Habituellement, elles rampent au fond de l'océan comme des escargots, en utilisant leur énorme « pied ». Mais une fois déposées à terre, elles avancent par petits bonds rapides, en projetant hors de leur coquille un appendice noirâtre en forme de griffe qui leur permet de soulever leur lourde coquille de deux kilos. Ce que peu de gens savent, c'est que les conques, tout comme les huîtres, peuvent produire de splendides perles de la taille d'un pois chiche, voire plus grosses, dont la couleur varie du jaune clair au rose sombre.

Si leur son est plaisant à l'oreille, sa chair délicieuse au palais et ses perles agréables à regarder, les conques possèdent encore une autre vertu : la propriété prétendument aphrodisiaque d'une étrange partie de leur tube digestif, semblable à une paille cristalline.

Ce soir-là, mes compagnons se chargèrent de me rappeler que j'étais à la veille de mon cinquante et unième anniversaire. Pour célébrer l'événement, on fit passer une bouteille enrubannée de ma tequila préférée. J'étais plus mal en point que joyeux, mais c'est avec plaisir que je bus ce qui allait être mon dernier verre, car dès le lendemain, jour de mon anniversaire, Jacques diagnostiqua une hépatite, ce que semblaient confirmer mes yeux, pratiquement aussi jaunes que j'étais bronzé.

Nous partîmes tôt le 11 février, par un temps splendide. Je me sentais encore moins bien que la veille et fus soulagé de constater que le vent soufflait encore avec suffisamment de force pour nous éviter de ramer. Une fois la voile hissée, nous commençâmes à filer en pleine mer. Le bleu sombre de l'eau profonde contrastait avec la couleur claire des eaux du rivage de l'autre côté de la barrière.

L'alizé soufflait toujours et nous progressions à vive allure. Nous passâmes l'un après l'autre les petits caps jalonnant notre route. Bien que la côte semble rectiligne à qui l'observe sur une carte, de la mer nous en distinguions parfaitement les moindres découpes et les moindres éminences. Il y eut d'abord Punta el Placer, puis Punta Changuay, où j'avais initialement prévu de nous arrêter. Comme il était encore très tôt, je décidai de continuer.

Il était à peu près trois heures lorsque nous arrivâmes à la hauteur de Río Indio, l'endroit où s'était terminée en 1959 ma course solitaire; c'était là que j'avais trouvé un petit bateau qui m'emmena jusqu'à Xcalac. J'avais également découvert dans l'intérieur des terres, près de Río Indio, cinq ruines mayas, rappelant qu'au IXe siècle cette côte avait été bien plus peuplée qu'elle ne l'est de nos jours.

Tandis que nous descendions lentement la côte, nous pûmes remarquer que pratiquement tous les sites archéologiques importants se trouvaient à des emplacements stratégiques. En effet, ces ruines étaient situées soit face aux brèches de la barrière de corail, soit aux points de départ de la traversée des larges baies. Sans aucun doute, les temples de ces ruines recevaient les offrandes des marins à Ek Chuah, le dieu des voyageurs, afin qu'il leur accorde sa protection.

La mer était maintenant assez forte et les vagues n'étaient

plus ces énormes rouleaux auxquels nous étions habitués, mais de petites vagues creuses qui commençaient à se briser tout autour de nous.

C'est avec soulagement que nous tournâmes enfin le dos à cette mer couverte de moutons pour suivre Manuel qui s'était engagé dans un chenal entre de grands rochers. Ce passage de la barre nous mena dans les eaux plus calmes et peu profondes d'un canal longeant la côte. Nous en profitâmes pour changer de voile, une longue manœuvre, et hisser notre petite voile de gros temps qui, très vite, se gonfla sous la brise qui forcissait.

Nous filions maintenant à pleine vitesse, fendant l'eau bleue, protégés des vagues par la barre. A présent, notre seul problème consistait à éviter les rochers et les affleurements de corail qui émergeaient par endroits, taches sombres le long du canal azuré. Suivant les indications de Manuel, Peer Winfield se tenait debout à la proue pour m'avertir dès qu'il repérait des rochers.

Nous en heurtâmes pourtant à plusieurs reprises, mais sans subir aucun dommage apparent, sans doute grâce à l'épaisseur de notre coque.

Nous arrivâmes en vue de Marajual vers quatre heures, après avoir couvert trente-six kilomètres dans la journée.

Ayant passé plus d'une semaine sur des plages désertes, Marajual, composé seulement de quelque six cabanes et d'une station navale rudimentaire, représentait pour nous la civilisation. On nous prêta une cabane équipée de tables et de chaises, les premières que nous voyions depuis notre départ. Du grand luxe ! Au moins pourrions-nous manger et dormir à l'abri et au sec. Encore mieux, on y vendait des langoustes ! Nous en achetâmes quelques douzaines pour mon anniversaire.

J'avais cinquante et un ans et, malgré ma jaunisse on m'offrit tequila et langoustes à discrétion, ce qui n'est pas exactement conforme aux prescriptions médicales en pareil cas. Je me sentis donc encore plus malade et, de surcroît, très vieilli...

En vérité, je refusais d'admettre que j'étais vieux. Pour moi, les gens vieux, c'étaient Jacques ou Pilar Luna, âgés respectivement de trente-quatre ans et un peu plus. Ils étaient vieux parce qu'ils étaient sérieux et posés. Mais l'existence que je menais depuis mon premier voyage au Yucatan ne m'avait jamais autorisé à vieillir, me cantonnant dans les limbes de la jeunesse, quelque part aux alentours de vingt-quatre ans. Il semble pourtant qu'il y ait un âge pour tout, et la plupart des êtres passe par des étapes bien définies les faisant progresser sur la voie de la maturité. Je n'en avais, moi, pas eu l'occasion. Je devais être un exemple de développement arrêté. Ayant eu la chance de réaliser mes rêves d'enfance, j'étais resté au seuil du monde adulte. Ni mes ambitions ni moi-même n'avions évolué. Durant des années, pendant lesquelles Peter Pan était mon héros, je m'étais évertué à ne pas vieillir ; savoir rester jeune était pour moi la plus merveilleuse des qualités. Pourtant, maintenant, à cinquante et un ans et mon hépatite aidant, je me demandais si je n'avais pas commis une grave erreur. Peut-être qu'après tout la sagesse n'était pas le « vice des vieux ». Peut-être avais-je manqué quelque chose en refusant ainsi de vieillir. N'étais-je pas ridicule avec mes yeux jaunes, à manger de la langouste dans une hutte perdue sur une côte battue par les vents, à essayer de prouver qu'un cylindre de bois évidé pouvait naviguer sur des eaux semées de récifs ? Et ce alors que le regard du monde civilisé se tourne vers un autre genre de cylindres, en aluminium, qui, eux, pointent vers les étoiles ? L'espace était l'avenir ; ma fusée de bois pointait dans la mauvaise direction. Je ne progresserais jamais si je persistais à marcher à reculons. N'avais-je pas perdu mon temps ? N'étais-je pas revenu précisément là d'où j'étais parti ? La même côte, trente ans après, et toujours le même enthousiasme enfantin. C'était peut-être grave...

Malgré ma fatigue, je ne pouvais pas dormir. Je passai la nuit à me faire du mauvais sang, redoutant le lendemain. Manuel allait nous quitter, j'avais embauché un autre pilote, un jeune homme efflanqué nommé Fernando qui allait nous accompagner jusqu'à Xcalac, à cinquante-huit kilomètres au sud, à deux jours de rame. Mais que valait-il ? Une erreur fatale et nous irions rejoindre les conques au fond de l'océan...

17

Police

Le lendemain matin, des rouleaux mouchetaient la surface de l'eau à perte de vue, alors que nous ramions pour sortir de l'étroit chenal en face de Marajual. Secoués par les vagues, fouettés par un fort vent d'alizé, nous hissâmes la grand-voile.

Je ne tarirai pas d'éloges ni de reconnaissance et d'admiration pour le talent de Tito Vélasquez et d'Exaltación. Je n'aurais jamais imaginé que l'*Itza* puisse ainsi affronter les mers. Quelle que soit la hauteur ou la longueur des vagues, quelle que soit la vitesse à laquelle elles nous plongeaient dans les creux ou nous soulevaient sur leur crête, elle n'avait encore jamais embarqué d'eau.

Pourtant, aucun de nos deux constructeurs n'avait jamais pris la mer. Encore fallait-il savoir quelle était la part du savoir-faire de Tito et Exaltación dans l'excellent comportement de notre pirogue, et celle de la qualité de l'arbre lui-même.

En effet, comme je l'ai expliqué, nos constructeurs avaient travaillé en se conformant strictement aux mesures traditionnelles héritées de leurs ancêtres. Les proportions naturelles des *piches* étaient donc beaucoup plus importantes pour l'apparence de notre pirogue que la formule traditionnelle Chontale. Si nous avions construit notre *Itza* en caracolillo ou en acajou, en suivant la même formule, notre embarcation aurait été beaucoup plus longue pour une largeur égale et aurait certainement beaucoup moins bien tenu la mer.

Les architectes modernes ont découvert grâce à des calculs savants ce que nombre d'artisans savent simplement d'expérience. La longueur optimale d'une barque marine est liée à sa largeur et à la hauteur de son franc bord. D'après nos calculs, l'*Itza* avait un excellent rapport longueur-largeur, soit de cinq pour un, ce qui est d'ailleurs le même coefficient que celui des drakkars vikings et de nombreux autres bateaux.

Il ressort de ce raisonnement que la « formule » utilisée par les Chontales n'est valable qu'à condition d'utiliser du bois de pichi, lequel est aussi le seul bois résistant aux fatales attaques des tarauds. N'était-ce là qu'une coïncidence, une chance, ou bien était-ce le fruit d'une réflexion ? Personnellement, je crois que c'est un peu les trois.

Nous avancions à vive allure lorsque le vent tourna au nord et commença à souffler dans notre dos. Au bout de trois ou quatre heures, Fernando, notre pilote, nous sortit des grandes vagues pour nous mener le long de la côte, derrière la barrière, où nous continuâmes à filer vent arrière.

Il fallut alors se lancer dans un dangereux slalom pour éviter les énormes formations coralliennes et les rochers. Dans cette épreuve, Fernando se révéla aussi bon pilote, sinon meilleur, que Manuel : il semblait connaître le moindre obstacle aussi bien que les navigateurs de jadis. Dans ces eaux calmes, grâce au vent, nous réussîmes à couvrir quelque cinquante-huit kilomètres dans la journée, et arrivâmes à cinq heures en vue du petit phare et des maisons de bois de Xcalac.

J'étais très mal en point, mais heureux. Le trajet jusqu'à Xcalac représentait presque la moitié de notre route. Nous avions donc parcouru trois cents kilomètres depuis que nous avions quitté Chunyaxche. Après Xcalac, nous aborderions les eaux du Belize, leurs milliers de petites îles, archipels qui constellent une vaste mer intérieure fermée par la barrière de corail qui, là-bas, court à cinquante kilomètres au large des côtes.

Nous avions toutes les raisons d'être fiers d'avoir atteint Xcalac sains et saufs, ayant parcouru une des plus rudes côtes de l'Amérique, côte ventée que les premiers conquistadores avaient baptisée *Costa Brava*. L'un d'entre eux, Alonzo Davila, était un homme que j'avais toujours admiré.

Alonzo Davila était le bras droit de Montejo, le « conquérant » du Yucatan. Lors de l'une de ses premières tentatives de débarquement au Yucatan, Davila avait fondé une ville dans la baie de Chetumal. Confronté à la résistance farouche du « Seigneur des Sables », le cacique de Chetumal qui bénéficiait, dit-on, de l'appui du marin naufragé Gonzalo Guerrero, Davila avait dû fuir la ville, de nuit, au moyen de pirogues semblables à la nôtre.

Pour s'enfuir, deux routes s'offraient à lui : traverser la baie de Chetumal pour atteindre les Caraïbes et remonter au nord, ou suivre la côte en direction du sud, vers le Belize et le Honduras.

Comme il l'expliqua par la suite, Alonzo Davila décida de descendre au Honduras parce que « personne ne pouvait remonter la côte car elle est *brava* et toute de rochers » (cette côte que nous venions de naviguer).

J'avais lu son récit dans les moindres détails avec grand intérêt; il était à notre connaissance le seul à avoir emprunté l'itinéraire que nous allions suivre à partir de Xcalac.

Avec cinq chevaux et trente hommes, Davila embarqua sur ses pirogues dont plusieurs étaient attachées deux par deux, de façon à transporter les chevaux, en travers, deux pattes dans chaque pirogue. Cette « invention » récente était très appréciée des Espagnols, leur permettant d'emmener leurs chevaux sans avoir à construire d'énormes ponts, comme l'avait fait Cortés lors de sa première traversée du Tabasco.

L'histoire du voyage d'Alonzo Davila jusqu'au Honduras tient du cauchemar : il prétend avoir mis sept mois pour arriver à destination! A dire vrai, lorsque j'avais lu son récit, j'avoue que j'en avais ressenti quelques sueurs froides. Arrivé à Trujillo del Pinar au Honduras en 1533, Davila raconte que le cabotage en pirogue le long de la côte du Belize et parmi ses innombrables îles représente une épreuve extrêmement périlleuse, le voyage le plus abominable qui soit. C'est au cours de ce trajet que périrent non seulement nombre de ses hommes, mais aussi les malheureux Indiens qu'il avait engagés comme galériens. Ces esclaves étaient attachés aux pirogues et furent emportés au large par un violent ouragan vers la fin du voyage, alors que les Espagnols étaient déjà à terre.

Devions-nous croire ce récit? Je n'arrivais pas à imaginer qu'il faille pagayer sept mois pour couvrir quatre cents kilomètres. Désormais pourtant, je savais que c'était fort possible :

n'avions-nous pas fait trois cents kilomètres en treize jours dont trois et demi consacrés à attendre que le temps se lève, et ce sur une côte le long de laquelle Davila lui-même s'était refusé à naviguer ?

Quoi qu'il en soit, c'est donc avec grande appréhension que j'envisageais la seconde partie de notre voyage. D'autant plus que j'étais très malade, bien que je refusais d'admettre le diagnostic de Jacques.

« Je ne suis jamais malade lors de mes expéditions », lui avais-je rétorqué, comme pour conjurer le sort. Je me rappelai alors l'unique « incident » de parcours que j'avais subi en plus de trente années d'expéditions; c'était en 1982, dans le Tibet oriental. Une véritable histoire à dormir debout : j'avais glissé et m'étais cassé la jambe sur un haut col menant au mont Minya Konka, le plus haut pic de Chine, situé sur la frontière entre ce pays et le Tibet oriental.

Il m'avait fallu sept jours, à dos de cheval avec ma jambe cassée, pour atteindre un poste militaire chinois où j'avais vu un médecin. Malheureusement il n'y avait pas de plâtre et j'avais dû rester alité, la jambe tendue, incapable de bouger. Deux jours plus tard, un tremblement de terre secouait la région en pleine nuit. Les gens poussaient des cris stridents, sautant par les fenêtres pour se mettre à l'abri dans la cour. Sautant à mon tour, j'avais atterri au bas de la cage d'escalier avec un telle énergie et un tel enthousiasme, que j'avais réussi à me fracturer l'autre patte... Si bien que je passais deux longues semaines à méditer sur l'inutilité des béquilles quand on n'a ni plâtre ni jambes...

Mais répéter cette histoire en riant n'arrangeait en rien ma jaunisse.

« Est-ce que c'est grave ? », demandai-je à Jacques avec inquiétude. j'avais très peur de l'hépatite depuis un voyage au Népal où j'avais été témoin de ses ravages sur les jeunes, et ayant perdu deux amis des suites de cette maladie aux Philippines.

« Il faut attendre avant de pouvoir se prononcer. Au pire, il faudra que tu retournes en France ou à Mexico. Au mieux, ce sera Merida et un check-up complet. »

« Mais je ne peux pas laisser l'*Itza*! Jusqu'à quel point c'est dangereux si je reste ? »

Jacques prit son air sérieux qu'il réserve habituellement à la discussion de la composition chimique des émulsions photographiques.

« Si ce n'est pas une hépatite, mais simplement un canal biliaire obstrué, tu pourrais bien n'avoir que six heures pour te rendre aux urgences. »

« Six heures ? Tu veux rire ! Et qu'est-ce que ce canal a à voir avec mon hépatite ? »

Jacques se mit en devoir de m'expliquer les obscurs mécanismes régissant mon foie. Pourtant, j'insistai pour attendre que nous soyons arrivés au Belize.

« De toute façon, je ne crois pas aux bobards des médecins, lançai-je. Nous devons quitter le Mexique au plus vite. »

Ma femme me dit souvent que je suis mal élevé. Je me plais à croire que je suis plutôt un meneur d'expédition du genre bienveillant et facile à vivre. En tout cas, désormais, mes yeux jaunâtres trahissaient le tempérament biliaire devenu le mien. En fait, c'était à Xcalac que j'avais commencé à être vraiment agressif. Je m'étais soudain retrouvé dans la peau d'un colonel de l'armée des Indes, braillant sur tout le monde, Jacques y compris, hurlant que je n'encadrais qu'une équipe de souillons, un ramassis d'imbéciles, fainéants et endormis, bref, des bons à rien. Je m'étais mis à donner des ordres comme le plus méprisable sergent-major anglais et commençais à voir les choses, non plus baignées de la douce lumière des tropiques, mais plutôt à travers les lunettes fumées de quelque dictateur sud-américain. Bien sûr, je ne m'étais pas tout de suite rendu compte de ce brusque changement d'humeur : seul mon équipage s'en apercevait. Et qui étaient-ils, d'ailleurs, pour se plaindre ?

Ce revirement de caractère aurait dû à lui seul permettre à Jacques de parfaire son diagnostic, ce verdict que je refusais d'entendre ; que cette hépatite fût A, B ou autre, peu m'importait. Ma décision était prise. On continuait, quoi qu'il en coûte, à moi comme au reste de l'équipage.

Je devais aller à Chetumal avec Pilar pour m'occuper des formalités nécessaires à notre départ du Mexique. Durant ces nombreux mois de préparation, je n'avais pas réussi à obtenir le moindre document écrit garantissant que nous pourrions légalement passer du Mexique au Belize via Xcalac. Comme je l'avais appris à mes dépens, la frontière entre Xcalac et le Belize n'est pas officielle; j'avais alors goûté aux geôles de San Pedro, au Belize. Il n'y a aucun bureau d'immigration, ni à Xcalac, ni à San Pedro. N'ayant pas particulièrement envie de renouveler l'expérience, j'avais tenté d'obtenir un laisser-passer officiel. Mais jusqu'à maintenant mes démarches étaient restées vaines.

A Chetumal, tandis que nous cherchions le moyen légal de quitter le Mexique, je retrouvai Fernando Cortez-Brasdefer, chef du département archéologique du Quintana Roo. Avec son mètre soixante, Fernando est un petit homme dont le nom arrogant et belliqueux dissimule une nature charmante. Depuis le début, il avait contribué à la concrétisation de notre projet, mais n'avait pas réussi, lui non plus, à obtenir le moindre document officiel pour notre sortie du pays.

Actuellement, il vaquait à des affaires d'une tout autre importance. Depuis notre dernière rencontre, il était devenu un héros national; il s'était fait remarquer en se dressant, seul contre tous, pour accuser et dénoncer publiquement l'amiral de la flotte mexicaine et le président de la République lui-même, qui avaient bradé aux Américains les épaves des galions espagnols engloutis le long des côtes mexicaines.

Avec un courage digne de ses ancêtres, ce sémillant petit bonhomme s'était mis en devoir de se battre pour empêcher les *gringos* de piller les épaves, une bataille dont Pilar Luna devait plus tard prendre la tête.

Une pile de télégrammes attendait Pilar à Chetumal. La situation à Mexico était très critique et notre directrice du département d'archéologie sous-marine devait retourner à ses obligations. C'est ainsi que nous fûmes privés de la compagnie de Pilar, dont la grande connaissance de l'archéologie côtière, la bonne humeur et l'assistance à Mexico nous avaient été si précieuses. Nous étions tous très chagrinés et notre seule consolation était de garder en otage la belle Erica Romero, qui avait fait vœu de fidélité à l'*Itza*, pour le meilleur et pour le pire, jusqu'au bout.

De plus en plus jaune d'heure en heure, de plus en plus irritable, je quittai Chetumal en maudissant les autorités, n'ayant pu obtenir aucune des autorisations nécessaires au transit de mes bateaux et de leurs équipages.

En désespoir de cause, je décidai de tenter une entrée au Belize comme « flotte de vaisseaux » – ce sont les termes employés par le droit maritime classique. En effet, sous ce terme, la loi autorise les grands navires à passer d'un pays à l'autre avec leurs équipages sans passeports ni visas.

Le capitaine du port de Xcalac était un charmant vieux monsieur. N'ayant pas vu notre pirogue, il imagina que je possédais un yacht et ne fit aucune difficulté à me donner un papier dûment tamponné, stipulant que je quittais officiellement Xcalac avec mes capitaines et un équipage de douze hommes, faisant voile vers le Belize.

Un seul problème se présenta, lorsqu'il me fallut donner les noms de mes bateaux.

« Allons donc, vos trois bateaux doivent bien avoir des noms ? »

J'essayai de lui expliquer pourquoi ils n'en avaient pas ; il fronça les sourcils.

« Vous plaisantez. Tous les bateaux ont un nom. C'est obligatoire selon la loi internationale. Les bateaux doivent avoir au moins un nom, quand ils n'ont pas de numéro d'identification. Qu'est-ce qui est inscrit sur vos vaisseaux ? »

« Eh bien, euh... nous n'avons pas... nous n'avons pas eu vraiment le temps d'écrire quoi que ce soit. » marmonnai-je, ne voulant pas révéler que notre « flotte de vaisseaux » se réduisait à un tronc d'arbre creux, un canot à moteur et un Zodiac. Par chance, les deux derniers portaient un numéro d'immatriculation en bonne et due forme.

« L'équipage vit-il à bord ? »

Je répondis par un grognement vaguement affirmatif.

« Messieurs Juan Canche et Fidel Canche sont vos capitaines ? »

Je hochai la tête.

« Parfait, donc. Vous pouvez partir demain. Voici votre permis. »

J'étais ravi d'avoir finalement obtenu ce morceau de papier.

Nous pouvions désormais « abandonner » légalement le Mexique. Mais le problème subsistait : les autorités du Belize allaient-elles nous autoriser à entrer ?

En théorie, j'avais reçu l'autorisation du département d'archéologie de Belmopan – la capitale du Belize – pour entrer au Belize par San Pedro et, toujours en théorie (les choses sont *toujours* théoriques sous les tropiques), je serais reçu à San Pedro par des officiers des douanes venus tout spécialement de Belize City. Que ce soit en théorie ou en réalité, tout cela semblait un peu trop facile...

Nous mîmes la dernière main aux préparatifs de départ. Ce qu'il me manquait à présent c'était un autre pilote qui puisse nous guider parmi les récifs et à travers Bacalar Chico, le chenal qui relie la baie de Chetumal à la mer.

En théorie (eh oui, toujours la théorie...), trouver un pilote aurait dû être simple, Xcalac comptant près de deux cents habitants, des pêcheurs pour la plupart. Mais aucun n'était disponible : la saison de la langouste venait juste de commencer et, en regard des vingt-huit mille pesos que rapportait le kilo de langouste, personne n'avait envie de piloter une pirogue jusqu'au Belize.

Je finis par mettre le grappin sur un pêcheur nommé Angel. Il possédait un bateau et pouvait nous guider si nous le payions suffisamment, soit davantage que ce qu'il pouvait espérer gagner en pêchant la langouste durant les deux ou trois jours que durerait notre voyage. San Pedro était situé à la pointe sud de l'île d'Ambergris, à soixante kilomètres de Xcalac.

Je lui demandai combien de langoustes il pensait pouvoir pêcher en trois jours. Angel réfléchit pendant un bon moment, histoire de calculer un chiffre exorbitant, puis finit par lâcher avec un grand sourire :

« Cinq cents dollars ? »

J'eus un rire – jaune, bien entendu – avant de lui demander : « Cinq cents dollars du Belize ? Tu es complètement cinglé. » Je savais très bien qu'en fait il avait voulu dire des dollars américains : un dollar américain vaut en effet deux dollars du Belize.

Après avoir marchandé à l'orientale, ce en quoi mon teint

couleur safran ne pouvait que m'être d'un grand secours, nous finîmes par nous mettre d'accord.

Il était très tôt lorsque nous nous préparâmes à quitter Xcalac. Le Zodiac et la *lancha* étaient chargés plus que de raison.

A partir de maintenant, nous devrions nous suffire à nous-mêmes tandis que nous louvoierions entre les îlots du Belize, « célèbres pour leurs nombreuses épaves », comme le rappelait fort à propos une brochure touristique.

Le minibus avait quitté Xcalac depuis un moment, il était déjà huit heures, et Angel ne s'était toujours pas montré. Ivre de colère, je me rendis chez lui. Je crus piquer une seconde jaunisse lorsqu'il me répondit calmement qu'il n'avait tout simplement pas envie de venir! Je me lançai dans une furieuse diatribe antimexicaine et le sommai de tenir sa parole. Peu m'importaient ses humeurs, il *fallait* qu'il vienne, sinon... eh bien, sinon... je le ferais exécuter!

Finalement, je réussis à le convaincre. Ce pilote m'était absolument nécessaire, la navigation côtière dépendant d'une parfaite connaissance de la région. En comparaison, la navigation moderne au grand large, qu'elle soit à voile ou à moteur, est beaucoup plus facile et ne nécessite de pilote qu'à l'entrée ou au sortir d'un port difficile; les cartes sont utiles, mais pas indispensables. En revanche, même avec d'excellentes cartes, si précises soient-elles, il nous aurait été impossible de longer la côte sans l'aide d'un pilote expérimenté.

Les Indiens possédaient-ils des cartes marines détaillées? Ce n'est pas exclu. Cortés raconte que les Chontales lui avaient remis des cartes de la côte, peintes sur du tissu – un matériau beaucoup plus pratique en mer que le papier – sur lesquelles figuraient les ports et les étapes. Mais, quoi qu'il en soit, les négociants indiens devaient tout de même avoir recours à des pilotes locaux.

Ils avaient probablement beaucoup moins de mal que nous à les trouver, et pouvaient sans doute s'en passer en maints endroits, grâce à leurs cartes et aux repères et balises placés sur leur chemin.

Bien que je sois furieux contre Angel, qui avait retardé notre départ jusqu'à huit heures et demie, j'étais très heureux qu'il soit là pour nous diriger parmi les formations de corail. Deux heures après avoir quitté Xcalac, Angel nous mena à travers un étroit passage entre deux haies de palétuviers. C'était l'entrée de Bacalar Chico, un canal serpentant entre d'épais bosquets de palétuviers et reliant la mer des Caraïbes à la baie de Chetumal, elle-même reliée au lagon de Bacalar, à l'intérieur des terres, par des rivières. Ce canal, dont les eaux bleues rappellent celles de Chunyaxche, est aussi la frontière internationale. Il contourne des dizaines d'îlots et se ramifie dans toutes les directions, si bien que sans Angel, nous nous serions vite perdus.

En moins d'une heure, nous avions débouché dans ce qui semblait être un lac intérieur, bordé de petites îles basses et sablonneuses, couvertes de buissons. Nous commencions à toucher le fond et il fallut crier à Angel de nous indiquer précisément le chenal le plus profond. Finalement, il était près de midi lorsque nous arrivâmes dans la baie de Chetumal. Ses eaux jaunâtres conviennent parfaitement à la navigation en pirogue, mais sont trop basses pour des caravelles ou des brigantines. C'est ainsi que les pirates, avec leurs bateaux à fond plat, purent s'y cacher et échapper à leurs poursuivants. Durant des siècles, les régions de Xcalac, San Pedro, Ambergris et Chetumal étaient régentées par les pirates, qui assaillaient régulièrement Bacalar dont ils contrôlaient l'accès à la mer. En fait, Bacalar fut probablement le comptoir espagnol le plus attaqué de tout le Nouveau Monde. *Bacalar de las Lagrimas* – Bacalar des Larmes – comme me l'avait décrit mon vieil ami Angel, dont le destin est particulièrement bien illustré dans ce bref extrait de sa tragique histoire :

« Bacalar fut mise à sac et détruite par un soulèvement indien en 1640. Deux ans plus tard, elle fut réduite en cendres par le pirate Diego el Mulato. A nouveau attaquée et partiellement détruite par d'autres pirates en 1648 et en 1650, elle fut également assaillie et pillée par le pirate Abraham Bluefield, qui déporta femmes et enfants sur l'une des nombreuses petites îles de ce qui forme aujourd'hui le Belize. »

Irrités par les raids incessants des pirates sur Bacalar et le commerce illégal des « coupeurs de bois de « teinture » anglais, les Espagnols signèrent un traité avec les Anglais en 1670 dans lequel ils reconnaissaient certains des comptoirs des coupeurs de bois du Belize. Cependant, les pirates n'en cessèrent pas pour autant leurs assauts jusqu'en 1750, date à laquelle le fort fut reconstruit et agrandi. Si cela dissuada les pirates pendant un certain temps, Bacalar n'en fut pas moins attaquée trois fois encore au cours des révoltes des Mayas et détruite cinq fois par des ouragans, dont le dernier remonte à 1956. Le fort de Bacalar étant situé très loin dans les terres, les pirates avaient toute liberté d'agir sur la côte où ils avaient établi de nombreuses colonies. L'une d'elles se trouvait à Ambergris Key, l'île que nous étions en train de longer alors que nous nous dirigions vers San Pedro.

Lorsque nous nous retrouvâmes dans les eaux territoriales du Belize, Angel nous supplia de le laisser retourner pêcher ses langoustes, expliquant que désormais nous ne risquions plus rien et trouverions sans peine notre chemin.

« Il n'y a plus ni récifs, ni coraux. »

Il avait simplement omis de mentionner les hauts-fonds.

Je le laissai donc partir. C'était une décision stupide; jamais je n'aurais dû faire confiance à un fils de pirates.

Heureusement, je possédais une carte anglaise assez détaillée de cette partie du Belize et, assis sur mon banc arrière, je pris les commandes. Nous commençâmes à descendre le long de la côte. Le vent était tombé et nous ramions lentement. Je doutais fort que nous arrivions à San Pedro dans la journée.

Ce fut cependant un grand soulagement de devoir pagayer le long d'un rivage abrité du vent. C'était la première fois, ce serait malheureusement la dernière. Plus de vagues, plus de rochers, plus de vent risquant de nous déporter sur des écueils. La journée promettant d'être longue, je décidai de faire tourner l'équipage. Jacques et Pascal, ainsi qu'Erica, Juan et Fidel feraient des quarts de deux heures.

Nous choisîmes de descendre en longeant la côte de l'île d'Ambergris, du côté abrité du vent. Nous avions vraisemblablement fait le même choix que les Mayas et les Itzas, les seuls sites archéologiques de l'île se trouvant de ce même côté.

Le premier est situé à San Juan, à proximité de l'embouchure du chenal de Bacalar Chico. Selon toute probabilité, les Mayas, eux aussi, préféraient les eaux calmes; ce qui ne signifiait pas pour autant que leurs pirogues ne pouvaient tenir la mer.

Je pagayais presque machinalement, calquant mon rythme sur celui de mon voisin de devant, dont je connaissais maintenant le dos par cœur. De temps à autre, je marquais la mesure pour réveiller mon équipage endormi. Çà et là, un obstacle obligeait les rameurs de gauche ou de droite à ramer plus fort. J'avais finalement cessé d'employer les termes traditionnels, « bâbord » et « tribord », en trois langues, car en cas d'urgence c'était un véritable suicide. Je me limitais donc à « gauche » et à « droite » en espagnol, des mots simples qui, au bout de trois semaines, étaient compris de tous.

Naviguer sans carte détaillée, parmi des îlots de palétuviers et le long d'une côte toute plate, n'est pas tâche facile. Les boussoles de scouts que nous avions emportées se révélèrent très utiles pour aligner les îles que nous voyions au loin, répondant aux doux noms de *Chérie, Moustique, Savannah,* ou *Serpillière...* Ces îlots nous permettaient de nous faire une idée approximative de notre position.

Vers cinq heures de l'après-midi, craignant de m'être égaré, j'envoyai le canot en éclaireur. Il en résulta que nous avions encore pas mal de chemin à faire. Aussi, nous changeâmes à nouveau d'équipe.

Une heure plus tard, une vedette rapide, l'air peu engageant, et que nous prîmes pour un garde-côte ou la police maritime, s'approcha de nous, ralentit, nous regarda et s'éloigna avant de disparaître. Qui que ce fût, nous n'avions pas donné l'impression de valoir la peine qu'on nous adresse la parole.

En fin d'après-midi, je m'usai les yeux à scruter la côte pour tenter de localiser l'entrée du canal conduisant à San Pedro, sur la côte caraïbe d'Ambergris.

J'ai surtout été fasciné par le nom de cette île. J'ai pourtant mis longtemps avant de savoir ce qu'est en fait l'ambre gris.

Durant des siècles, on a prêté à cette matière mystérieuse et d'origine inconnue des propriétés quasi miraculeuses. Grisâtre, malléable, dégageant une odeur de terre, on trouvait l'ambre gris à la surface des eaux orientales ou dans les Caraïbes. Cette substance mystérieuse coûtait fort cher car d'aucuns prétendaient qu'il s'agissait d'écume de mer solidifiée ou d'excréments d'oiseaux aux vertus magiques. D'autres pensaient que c'étaient des champignons marins. Cet ambre se présentait généralement en petites boules, mais formait parfois d'énormes masses pouvant atteindre quatre-vingt-dix kilogrammes!

Ce n'est qu'à la fin du XIXe siècle que l'on en découvrit l'origine. L'ambre gris était en fait une sécrétion d'intestins des cachalots âgés ou malades assez semblable finalement aux calculs biliaires. Il arrive qu'on trouve des becs de calamar dans l'ambre gris qui, lorsqu'on l'extrait directement de l'intestin d'un cachalot, a une texture plus molle et dégage une odeur nauséabonde. C'est seulement après qu'il a séjourné en mer qu'il durcit et acquiert cette odeur douceâtre. On a attribué à l'ambre gris nombre de vertus médicinales et les Orientaux l'utilisaient pour parfumer leurs mets. Aujourd'hui, on ne l'emploie plus qu'en parfumerie; dilué dans de l'alcool, il dégage des effluves « fleuris »; il sert également de fixateur dans la préparation de divers parfums. Il est onéreux, on ne le trouve plus guère sur l'île du même nom, les cachalots ayant pratiquement disparu.

Vers six heures et demie, dix heures après avoir quitté Xcalac, nous arrivâmes en vue d'une baie peu profonde. La disparition de deux bateaux que nous avions aperçus devant nous laissait présumer qu'il s'agissait de l'entrée du lagon de San Pedro. J'hésitais pourtant à rallier San Pedro le jour même, le soleil étant déjà bas sur l'horizon. A titre de précaution, j'envoyai le canot en explorateur afin qu'il repère le chenal. Au bout de quelque temps, ne le voyant pas revenir, je mis le cap vers l'est avec optimiste. Dix minutes plus tard, nous étions échoués.

Coincés dans la vase, nous eûmes beaucoup de peine à remettre l'*Itza* à flot et à retrouver des eaux plus profondes. L'arrivée d'un bateau de vacanciers nous apporta quelque espoir. Depuis mon séjour dans la prison de San Pedro, l'île avait vu fleurir des hôtels qui commençaient à attirer les touristes, pour la plupart des plongeurs s'intéressant aux coraux et au fameux « gouffre bleu » qui se trouve juste en face de San Pedro. Ce puits naturel, d'environ cent cinquante mètres de profondeur, est le résultat d'effondrements successifs de la croûte calcaire sur dix-huit mille ans. Une étrange formation géologique que le commandant Cousteau a rendu célèbre au cours d'une expédition à Ambergris Key.

Le bateau de touristes approcha et ses passagers commencèrent à nous photographier en faisant des commentaires amusés. De toute évidence, ils nous considéraient comme des farfelus, à moins que nous fussions des saltimbanques présentant un numéro extravagant monté par un hôtel du coin. Les quelques questions que je me risquai à poser sur l'entrée du chenal, en anglais du plus pur Oxford, en jargon américain ou en espagnol, ne reçurent pour toute réponse que ces sourires condescendants que l'on réserve habituellement aux enfants ou à l'idiot du village.

Finalement, le bateau repartit et disparut derrière les palétuviers, nous abandonnant à notre triste sort. Nous n'étions pas plus avancés qu'au départ. C'est alors que nous repérâmes un second bateau, un voilier. Nous commençâmes à ramer dans sa direction et, tandis que nous approchions, le voilier en question se révéla être échoué sur un banc de vase ou de sable, ses deux passagers tentant vainement de le dégager. C'étaient bien les dernières personnes à interroger... Aussi continuâmes-nous à ramer tant bien que mal dans l'eau peu profonde.

Le jour baissait rapidement et c'est avec soulagement que nous vîmes reparaître notre canot et ses occupants. Ils s'étaient eux aussi retrouvés coincés et n'avaient pas la moindre idée de l'endroit où se trouvait le chenal pour San Pedro.

Nous nous frayâmes précautionneusement un chemin entre les îles de palétuviers. La nuit tombait et nous essayions de battre à la course le crépuscule tropical ; San Pedro ne semblait en effet pas très loin, comme le laissait présager une tour radio émergeant des feuillages.

Espérant à chaque fois que le prochain cap révélerait San Pedro, nous pagayions toujours, dépensant les dernières énergies de la journée. Mais, cap après cap, ce n'étaient que palétuviers. La nuit m'obligeait à prendre une décision. J'avisai ce qui ressemblait à une petite plage de sable :

« Nous allons nous arrêter là. »

Ce n'était malheureusement pas l'étape idéale : l'endroit était infesté de moustiques et, en guise de plage, nous nous trouvions sur un banc de sable gluant de la pire sorte. Tandis que nous tirions l'*Itza* à sec sous les palétuviers rouges, s'élevait un véritable concert de jurons trilingues ponctués de claques...

« Nous allons laisser la pirogue ici pour la nuit et nous prendrons le canot jusqu'à San Pedro », décidai-je, comprenant que nous ne survivrions pas à une nuit dans ces marais : il n'y avait en outre aucun endroit où planter une tente, ni d'arbres où suspendre nos hamacs ou une moustiquaire.

Nous abandonnâmes donc la pirogue, soigneusement cachée dans les palétuviers, et commençâmes à nous frayer un chemin dans l'obscurité lorsque, à quatre cents mètres de là, apparurent les lumières de San Pedro. Nous avions manqué la petite ville de peu.

En cette longue journée de onze heures, nous avions couvert plus de cinquante kilomètres. C'était une sorte de record pour une pirogue qui, chargée au maximum, pesait plus d'une tonne et demie.

A grand-peine dans le noir, Tito mit le cap sur les lumières vacillantes qui nous aveuglaient. A une allure d'escargot, agitant vainement nos lampes de poche, nous finîmes par atteindre un lieu d'apparence correcte pour débarquer.

Tel Christophe Colomb foulant pour la première fois le sol de l'Amérique, je mis solennellement pied à terre... et glissai sur un tas d'immondices. Nous avions accosté dans la décharge municipale de San Pedro.

Il n'y avait pas moyen de faire marche arrière et, comme un acrobate, j'avançai à tâtons entre les tessons de bouteilles et les boîtes de conserve. Une fois sur la terre ferme, je repérai une petite jetée vers laquelle je dirigeai notre canot remorquant le Zodiac.

Je me mis en devoir de trouver les autorités portuaires locales, afin de leur annoncer la grandiose arrivée, dans la décharge publique de San Pedro, de l'Expédition Maritime Internationale d'Archéologie Maya.

Tandis que je m'aventurais dans les rues sablonneuses le long des maisons de bois bordées de vérandas, j'entendis tout à coup des explosions et des tirs de mitraillettes. Surgit alors une sorte de monstre qui traversa la rue, suivi de silhouettes masquées. Le choc de cette vision dépassait le simple rameur maya que j'étais devenu, et je mis un certain temps à comprendre que nous étions au dernier jour du carnaval. Toute la population de San Pedro était attroupée autour d'un grand feu, où on allait bientôt brûler l'effigie du roi du carnaval. La foule bigarrée courait autour du feu de joie qui illuminait la façade jaune et brune d'un bâtiment. Je finis par reconnaître le commissariat, ce même commissariat où j'avais naguère passé mes premiers jours à San Pedro.

A la lueur du feu et essayant de couvrir les pétarades des fusées, je me présentai à un certain capitaine X dont je ne révélerai pas l'identité, le chef de la police locale. Le genre d'homme dont on dit qu'il est « l'un des meilleurs officiers des forces de police du Belize », parfaite caricature de l'inspecteur de police borné britannique. Il dévisagea longuement mon allure dépenaillée et je détaillai ses bottes trop grandes et les galons étincelants de son uniforme. Nous n'étions manifestement pas faits pour nous entendre.

Fort de mon expérience de ce genre d'individu zélé en Inde et ailleurs, je m'annonçai cérémonieusement :

« Je suis venu vous informer de l'arrivée de mes bateaux au Belize en provenance du Mexique, capitaine. »

Puis j'ajoutai du même ton officiel et courtois :

« Nous sommes échoués sur la côte derrière la ville, capitaine. Nous attendons vos instructions. »

Le policier noir m'accorda le regard soupçonneux qu'il réservait aux hippies et aux drogués.

« Retournez à votre bateau. Nous allons venir », dit-il avec une indifférence très étudiée. Puis, avec un grognement féroce :

« Faites en sorte qu'aucun des membres de votre équipage ne quitte votre navire jusqu'à notre arrivée. »

« Bien, capitaine. »

A l'instant même, je me retournai et vis Jacques et Pascal, caméra au poing, qui filmaient la fête. Lorsque je retournai au bateau, je tombai en chemin sur Erica.

« Où sont les autres ? »

Erica sourit.

« Oh, ils se sont éparpillés un peu partout, mais Juan et Fidel gardent nos affaires et le canot. »

« Dis à tout le monde de revenir, ordonnai-je en espagnol, imitant mon fameux capitaine X. Sinon, on va avoir des problèmes. Personne n'est censé quitter le navire sans autorisation. »

« Quitter le navire ?! »

Erica me regarda comme si j'étais subitement devenu fou, puis, comprenant de quoi je parlais, elle se ravisa et courut rassembler l'équipage.

18

Archipels de soleil

Prenant grand soin de ne pas souiller ses bottes, le capitaine X, le visage renfrogné arborant un air dégoûté, arrivait à la décharge publique. Il jeta un bref regard circulaire :

« Où sont vos bateaux et votre équipage ? » lâcha-t-il.

Seuls quelques membres de l'équipe nous avaient rejoints, les autres déambulant encore dans San Pedro.

Je présentai le capitaine de notre bateau ; avec ses pantalons déchirés et ses pieds nus, Juan avait l'air bien suspect. Quant à notre canot, qui sombrait à moitié sous notre chargement, il n'avait rien du vaisseau amiral de notre flotte mythique.

« Il est hors de question que vous débarquiez. »

Tel fut le verdict du capitaine X.

Je compris qu'il était plus que temps de sortir l'artillerie lourde. Fouillant fébrilement dans ma poche, je cherchai en vain la lettre de Mr. Harriot Topsey, chef du département d'archéologie du Belize. J'expliquai alors brièvement que nous étions une expédition officiellement reconnue et que notre projet avait reçu l'approbation du ministère des Affaires étrangères et du Développement économique.

« Et d'après ce que j'ai compris, des mesures ont été prises pour que nous puissions débarquer ici à San Pedro. »

« Je sais, j'ai reçu des instructions », grommela le capitaine sans se départir de sa raideur.

« Nous avons laissé notre pirogue dans les palétuviers quelque part sur la côte », ajoutai-je piteusement.

Cette dernière phrase eut pour effet d'ôter à notre projet le peu de respectabilité qu'il avait pu conserver dans l'esprit du capitaine X.

« Que tout le monde me suive au commissariat. »

Quelques minutes plus tard, notre petite procession, s'intégrant parfaitement au contexte du carnaval emboîtait le pas à l'impeccable officier noir britannique. Marchant au pas cadencé sous les tirs de fusées, nous traversâmes une foule d'enfants masqués, d'ivrognes et de matrones, croisant de temps à autres des touristes américains imbibés de gin. A mi-chemin, nous tombâmes sur Tito.

« Hé là, où est-ce que vous allez tous comme ça ? » lança-t-il joyeusement. Je lui jetai un regard implorant qui se voulait éloquent, mais il était trop tard. Le capitaine X s'approcha.

« Encore un des vôtres? demanda-t-il avec mépris. Il n'a absolument pas le droit de vagabonder ainsi. »

J'épargnerai les détails de la comédie officielle à laquelle il fallut se livrer dans le commissariat, où nous dûmes remplir formulaire sur formulaire, afin d'essayer d'expliquer légalement les raisons de notre présence à San Pedro. Finalement, il fut établi que nous étions attendus, des instructions ayant été données pour que nous puissions entrer au Belize avec notre étrange embarcation moyennant simple présentation de nos passeports.

« Messieurs Juan et Fidel Canche n'ayant que des certificats de naissance seront donc expulsés dans les vingt-quatre heures. »

« Quoi ?! »

« Expulsés. Reconduits à la frontière. Et il faudra qu'ils paient une amende de cinq cents dollars », laissa tomber le capitaine X.

« Mais vous ne pouvez pas faire ça! protestai-je. Ils font partie intégrante de l'expédition. Et d'ailleurs, j'ai prévenu le gouvernement que certains de nos membres ne disposaient pas de passeports. »

« Ils sont extradés, répondit le capitaine X, impassible. Voici l'ordre d'expulsion. Ils disposent de vingt-quatre heures pour quitter le pays. »

« Mais comment voulez-vous qu'ils fassent? il n'y aucun bateau pour le Mexique, ici. »

« Vingt-quatre heures, répéta le capitaine. Soyez là demain matin avec eux à neuf heures précises. Bonne nuit et bienvenue à San Pedro. »

Juan et Fidel, qui n'avaient jamais quitté le Mexique et ne se faisaient qu'une très vague idée de ce à quoi pouvait ressembler l'étranger, étaient presque en larmes. J'étais furieux; il était évident que le policier éprouvait un malin plaisir à humilier de pauvres Indiens mexicains. Si je ne m'étais pas contenu, j'aurais presque pu le tuer dans un excès de racisme à rebours. C'était vraiment le carnaval.

Il était neuf heures passées et nous étions tous épuisés et affamés. Il nous restait pourtant à trouver un gîte pour la nuit. Nous avions essayé, en téléphonant du commissariat, de trouver un hôtel qui tolérât l'invasion de quatorze marins mayas aventuriers, mais sans succès.

Finalement, nous dûmes coucher dans trois pensions différentes.

Nos démêlés avec la police momentanément oubliés, nous nous éveillions à la réalité d'un monde de rêve, un paradis où les boissons fraîches n'étaient pas des mirages. Après tant de jours le long d'une côte désolée, c'était pour nous la redécouverte des joies de la civilisation. Nous trouvâmes rapidement un bar tenu par des Américains. L'endroit était bourré à craquer; une foule en liesse noyait le carnaval dans le gin-tonic, la bière Belikin et les Cuba-libres. C'était exactement ce dont nous avions besoin. Je fis préparer un banquet dans un restaurant chinois.

« Tout se passera bien », affirmai-je. Je faisais passer les verres d'alcool à mes compagnons, le foie rongé de jalousie; je devais être au pire de mon hépatite. Nous avions atteint le Belize et accompli la moitié de notre trajet, et nous étions tous – à part moi – sains et saufs. Théoriquement, nous devrions retrouver l'*Itza* le lendemain, à moins qu'on nous l'ait volée ou que la marée l'ait emportée. Enfin, cette fois, je ne dormirais pas en prison.

Mardi Gras céda la place au Mercredi des Cendres. Dès neuf heures du matin, j'étais au commissariat. Habitués aux bureaucrates mexicains, Fidel et Juan Canche voyaient leur dernière heure arriver. Je ne cessais de leur répéter que tout allait s'arranger, qu'ils ne devaient pas se faire de souci. Mais le capitaine X devait me contredire. Dans un espagnol fortement britannique, il les avertit qu'il leur restait désormais douze heures pour quitter le pays.

Résolument décidé à me battre jusqu'au bout contre cet officier borné, je lui rétorquai qu'il lui faudrait me tuer avant.

Tout d'abord, j'appelai le ministère des Affaires étrangères. Ensuite, je tirai les sonnettes de tous les ministères possibles et imaginables, de l'archéologie aux douanes, et expliquai d'un ton outragé de quelle mesure discriminatoire mes amis mexicains étaient les victimes. Naturellement, tout cela ne servit à rien.

Je retournai au ministère de la Justice où, loin de me faire justice, on m'expliqua que le capitaine X était un excellent officier, peut-être un peu zélé, mais irréprochable.

Zélé ! Le mot était un peu faible. C'était la parfaite caricature de la machine à faire respecter la loi. Le cœur sec, imperturbable, le capitaine X entendait bien prouver que la loi était la loi et qu'il en était le gardien.

Mes deux compagnons n'avaient plus que quelques heures pour quitter le pays. Que pouvais-je faire ?

Mon dernier espoir était l'ambassade du Mexique au Belize. Père de deux Mexicains, mon admiration pour ce pays ne connaît pas de bornes ; mais j'avoue que j'éprouve toujours une certaine réserve vis-à-vis de la bureaucratie mexicaine. En appelant l'ambassade, j'étais persuadé que je gaspillai un temps devenu précieux.

J'avais tort, ô combien ! Sous son habit de fonctionnaire, le conseiller de l'ambassade, le *senor* X, cachait l'homme le plus efficace et le plus aimable qu'il m'ait été donné de rencontrer. Il appela immédiatement les ministères auxquels je m'étais vainement adressé et s'assura qu'une entorse puisse être faite aux sacro-saintes réglementations. Il prit ensuite la responsabilité de procurer à Fidel et Juan Canche des permis de résidence temporaire.

C'est ainsi que le capitaine X fit une jaunisse bien pire que la mienne, et dut à contrecœur déchirer les deux ordres d'expulsion et rédiger les deux permis temporaires. Il était cinq heures et quart lorsque je quittai le commissariat : cette histoire m'avait fait perdre plus de huit heures. Comble de l'humiliation, le capitaine me fit payer cinq dollars pour ce stupide quart d'heure! « Heures supplémentaires après la fermeture, ajouta-t-il avec un sourire, nous fermons à cinq heures. »

Tandis que je me battais contre les moulins à vent de l'administration, l'équipage s'était occupé de récupérer l'*Itza* qui se trouvait à présent face à San Pedro. Une petite foule s'était rassemblée pour admirer notre antique embarcation. Je m'aperçus qu'une colonie de termites avait entrepris de ronger le siège avant, y creusant d'inquiétantes galeries. D'où venaient-ils? Ces insectes sont tout aussi redoutables que les fameux tarets des eaux chaudes. Cependant, notre pirogue restait heureusement à l'épreuve du taraud, le *taredo navalis*, plus connu sous son nom commun de *ver de mer*, et qui constitue le véritable fléau des mers du Sud.

« Même les peintures insecticides n'en viennent pas à bout », nous avertit Richard Woods. Ce biologiste marin, spécialiste de l'histoire d'Ambergris, est un homme charmant grâce auquel j'ai appris bien des choses fascinantes sur les récifs, les palétuviers, les tarauds, et l'histoire de San Pedro.

Depuis notre arrivée à San Pedro, une tempête arrivant du sud-est s'était levée. Lorsque Robert et Pierre arrivèrent en avion de Belize City, je préférai attendre un jour de plus avant de poursuivre notre route.

J'étais si mal en point que je dus prendre le lit. Je refusai pourtant de rentrer en avion à Merida pour y subir un check-up, comme me le conseillait Jacques. C'est alors que Sergio arriva avec son Cessna, et un paquet de films supplémentaires.

Le 18 février, par un vent qui faisait voltiger le sable des ruelles de San Pedro, nous décidâmes de mettre l'*Itza* à l'épreuve du mauvais temps. Je dirigeai les manœuvres depuis une jetée pour lancer la pirogue en plein vent, avec huit, puis dix personnes à son bord. C'était également l'occasion de voir quelle charge l'*Itza* pouvait supporter, test essentiel pour prouver que de telles embarcations étaient à même de transporter assez de fret pour concurrencer les routes terrestres.

Cette épreuve révéla que nous pouvions affronter à la rame des vents très violents, mais que notre allure pâtissait sérieusement de la hauteur des vagues. C'était bien entendu tout à fait normal et, en toute logique, les Mayas auraient probablement évité de prendre la mer par un tel temps.

Le reste de la journée fut consacré à concocter un mélange d'huile de lin et de craie pour obtenir du mastic et obstruer les trous des termites et les diverses fentes de la coque qui, par endroits, commençait à laisser l'eau s'infiltrer. En effet, avec le temps, le bois avait séché et se rétrécissait autour des pièces insérées par Exaltacion pour combler les trous nécessaires au passage des nœuds dans le bois.

Le vent était toujours très violent lorsque nous quittâmes San Pedro le matin du 19 février, en compagnie d'un guide jovial parlant uniquement espagnol, mais avec un invraisemblable accent anglais.

Une heure après que San Pedro eut disparu de l'horizon, nous atteignions l'extrémité d'Ambergris et devions alors adopter un nouveau type de navigation. Désormais, il nous faudrait sauter d'île en île pour rallier Belize City.

Deux possibilités se présentaient : soit couper depuis d'Ambergris jusqu'aux marécages du continent, à trente kilomètres à l'ouest, soit descendre au large vers le sud, le long de la barrière de corail située en pleine mer, à cinquante kilomètres des côtes, en faisant étape sur les petites îles qui parsèmeraient notre route jusqu'à Belize City.

Nous optâmes pour la seconde solution, et choisîmes donc de pratiquer le « saut de puce », supposant que c'était probablement la façon de procéder des navigateurs précolombiens. L'itinéraire côtier, en revanche, était sans doute emprunté par les bateaux effectuant la liaison entre les nombreux comptoirs de la baie de Chetumal et le Sud.

Sauter ainsi d'île en île présentait les désagréments d'une navigation perdant de vue toute terre, mais ce n'était rien comparé aux risques que nous avions pris au large de la barrière de récifs le long de la côte du Yucatan.

Au départ de l'extrémité d'Ambergris, nous nous dirigeâmes vers la petite île de Cay Corker, pagayant de toutes nos forces, le vent nous empêchant d'utiliser notre voile. Une heure et demie après qu'Ambergris eut disparu de l'horizon, nous arrivions en vue de Cay Corker, petite ligne grise dans le lointain.

Il fallut qu'une vedette filant sur Belize City nous dépassât pour que nous prenions à nouveau conscience de notre lenteur. Nous commencions peu à peu à comprendre le rythme particulier de la vie des navigateurs mayas.

Nous avions couvert trois cents kilomètres en onze jours de mer. Notre « vitesse commerciale » était d'environ vingt-cinq kilomètres pour des journées de six heures. Cependant, nous savions que nous pouvions, si le besoin s'en faisait sentir, ramer jusqu'à dix ou onze heures par jour. Les anciens négociants mayas, avec leurs esclaves galériens, devaient voyager entre six et neuf heures par jour et couvrir quotidiennement entre vingt-cinq et trente-six kilomètres.

Nous avions ainsi pu constater, à notre surprise, que les vents contraires ne modifiaient que très légèrement notre vitesse, sauf s'ils frisaient la tempête. En fait, nous avions remarqué qu'un fort vent de proue, légèrement de côté, nous aidait à progresser, la longue coque de la pirogue tenant en quelque sorte le rôle d'une voile.

Nous avions également observé que le très puissant courant nord-sud qui longe la côte n'affectait pas tellement non plus notre allure. Tout allait pour le mieux. J'étais simplement préoccupé de savoir si je tiendrais le coup jusqu'au bout.

Rester assis dans une pirogue des heures durant, sous le soleil tropical, obligé de ramer ou de tenir le gouvernail d'une lourde embarcation peu maniable, n'est pas vraiment le traitement idéal de l'hépatite, qu'elle soit A ou B. Malgré tout, je m'en accommodais bon an mal an, braillant mes ordres, avec peut-être juste un peu plus d'agressivité que nécessaire. En dépit de ce contexte, j'appréciais la beauté de cette mer à l'humeur et aux couleurs changeantes, et l'apparition de plus en plus nette de la silhouette de Cay Corker, petite île paradisiaque dont les cocotiers et les charmantes maisonnettes de bois défilaient sous nos yeux tandis que nous la dépassions.

Il était encore tôt et je décidai de poursuivre jusqu'à l'île suivante, Cay Chappel, étroite bande de terre de trois kilomètres de long qui, nous avait-on dit, abritait un hôtel de grand luxe.

L'après-midi était bien avancé, et nos bras comme nos reins commençaient de nous faire souffrir, lorsque nous atteignîmes l'extrémité nord de Cay Chappel, ravissant bouquet de cocotiers déposé sur un banc de sable doré. Luttant contre un fort vent de proue, nous pûmes finalement débarquer sur un quai menant à un long bâtiment de bois, le fameux hôtel.

L'île appartient entièrement à une compagnie minière qui y fit construire un hôtel plutôt fonctionnel, mais pas déplaisant, ainsi qu'une piste d'atterrissage. L'arrivée de notre pirogue géante attira les habituels regards intrigués de quelques touristes curieux. Nous fûmes très bien reçus par la directrice de l'hôtel, et passâmes directement de la plage au bar, puis du bar à un excellent dîner de poulet. Une escale de rêve.

Cette nuit-là, nous campâmes à la belle étoile sur l'herbe, face à la mer. Nous n'avions d'autre abri que nos pauvres moustiquaires tendues entre deux cocotiers.

A l'aube, le vent relativement fort me fit douter de la sagesse d'une sortie en mer. Il fallut que nous concentrions toutes nos énergies, pris dans une mer démontée, pour parvenir à contourner l'extrémité sud de l'île, hisser nos voiles, et filer sur la prochaine île, Long Cay, dont la silhouette se profilait au loin et que nous dépassâmes bientôt. Nous virâmes ensuite plein ouest en direction cette fois des palétuviers de Porto Stuck.

Cay Corker, Porto Stuck, Gallows Point, Frenchman's Cay, Hen and Chicken Cay, tels étaient quelques-uns des noms naïfs et pittoresques des milliers de petites îles et bancs de sable qui jonchent la mer intérieure, entre la barre de corail et le continent. Tout un univers de minuscules îlots peuplés de pêcheurs dont l'existence, aux yeux des citadins de nos pays surdéveloppés, semble paradisiaque.

Il fallut finalement reprendre les rames pour rallier Porto Stuck – « Port Collant » – suivant un ruban de mer bleue qui nous conduisit directement à un banc de vase – d'où probablement ce nom étrange. Nous parvînmes à nous dégager et, de là, empruntâmes un canal balisé par de longues perches. Dès que nous eûmes passé Porto Stuck, le vent tomba et nous continuâmes à ramer, guidés par notre homme de San Pedro qui se tenait debout dans le canot.

Très vite, nous fîmes l'expérience de ce que je craignais le plus : la grosse chaleur. Jusqu'à présent, le vent et le ciel couvert nous avaient épargné les effets néfastes du soleil tropical.

La mer avait pris une teinte vaseuse, pareille à un miroir noir et brûlant, et le soleil, qui dardait ses rayons dans notre dos, rendait nos pagaies aussi pesantes que des masses d'arme. Nous avions l'impression de ne pas avancer. Pendant des heures, nous dûmes pagayer dans une eau lourde et épaisse comme de la poix. Au bout de deux heures, totalement épuisé par la fièvre, je dus, pour la première fois, céder ma place et aller me reposer dans le canot à moteur. Les huit rameurs semblaient poursuivre un horizon qui se dérobait comme un mirage. Tous les quarts d'heure, l'équipage s'arrêtait pour boire, afin d'éviter la terrible insolation, conséquence d'un épaississement du sang dû à la perte d'eau massive engendrée par une transpiration excessive.

Enfin, image floue dans un bain de chaleur, apparut notre but : Belize City, balisée par les carcasses géantes de deux cargos vides ancrés au large.

Tandis que nous avancions, se dessinaient plus précisément les silhouettes des maisons du front de mer de Fort George Point, le quartier chic de Belize City. Nous étions assoiffés et épuisés, et cette vision de la première grande étape de notre odyssée vers le sud nous redonna courage. Notre enthousiasme était au beau fixe alors que nous joignions nos derniers efforts pour atteindre les quais de béton gris où se trouvait le bâtiment des douanes, bâtisse de bois délabrée, situé à l'embouchure de la rivière Belize. Fièrement, je sautai sur le quai, prêt à annoncer notre arrivée. Hélas, je trouvai porte close : nous étions samedi.

« Il faut que vous jetiez l'ancre au large et que vous attendiez jusqu'à lundi », me déclara sans la moindre compassion un policier de faction.

Et c'était reparti... Pessimiste, je repensais à l'accueil qui nous avait été réservé à San Pedro. Il était hors de question que nous restions assis à attendre dans le canot pendant deux jours. L'équipage était épuisé et j'étais malade. Personne ne comprendrait-il donc que ramer dans une pirogue précolombienne et diriger un cargo, ce n'est pas vraiment la même chose ?

En désespoir de cause, j'essayai d'appeler Belmopan, la capitale administrative. Bien entendu, tous les bureaux étaient fermés. Je me souvins alors de Meb Cutlack, le rédacteur en chef du *Beacon*. Il représentait notre dernière chance. Fidèle à sa réputation, Meb appela immédiatement quelques amis influents, et quelques minutes plus tard, un haut représentant des douanes accomplit pour nous des formalités provisoires, par téléphone, « jusqu'à lundi ». Nous pouvions débarquer légalement.

Nous étions tous éperdus de reconnaissance envers Meb et son épouse, qui vinrent tous deux nous accueillir avec des boissons fraîches, un régal auquel les anciens Mayas, je le crains, n'avaient probablement pas eu la chance de goûter.

Pierre avait pris les mesures nécessaires pour que nous puissions séjourner dans le sous-sol d'une pension située à proximité des douanes. Nous retournâmes en ramant jusqu'au phare de Fort George afin d'amarrer l'*Itza* devant l'élégant Fort George Hotel. Là-bas, ayant retrouvé le minibus, nous transportâmes notre équipement jusqu'à la pension, située sur le front de mer. Celle-ci était excellente, mais il n'y avait que trois chambres pour quatorze personnes... La moitié d'entre nous dormit sous la tente dans le petit jardin de l'hôtel.

J'étais trop épuisé pour participer à l'installation et j'allai m'allonger dans l'une des chambres. A peine avais-je fermé l'œil que je fus réveillé par la police. Notre allure déguenillée avait en effet inquiété l'hôtelier, qui craignait de ne pas être payé. Je dois admettre que nous avions plutôt l'air de bandits de grands chemins, la peau tannée et les cheveux décolorés par le soleil et le sel. Fidèles émules de leur collègue de San Pedro, les policiers nous interrogèrent et mirent quelque temps à comprendre nos motivations : pourquoi avoir descendu la côte à la rame pour arriver et camper au milieu de la ville ?

Finalement, ces messieurs nous laissèrent, mais ce ne devait pas être la dernière fois que nous nous heurterions au zèle des officiers de l'Académie de police du Belize.

On sait peu de choses des colonies établies par les anciens Mayas sur la côte et les innombrables petites îles du Belize. Ce qui est certain, c'est qu'aucun de ces nombreux sites n'ont l'importance de ceux situés sur les côtes du Yucatan, à deux exceptions près cependant : Altun Ha, un site classique, assez éloigné à l'intérieur des terres, au nord de Belize City, et Santa Rita, juste en face de Chetumal. Je vois à cela plusieurs raisons.

Tout d'abord, à la différence de la côte du Yucatan, il était difficile, sinon impossible, de faire pousser du maïs sur les îles sablonneuses ou sur la côte marécageuse. Mais la raison principale tient au fait que, à l'image de leurs descendants, les Mayas classiques du Belize et du Guatemala n'étaient tout simplement pas des marins. Certes, ils avaient des pirogues, mais qu'ils utilisaient uniquement en rivière.

Cela est encore vrai de nos jours. Jusqu'à une époque récente, les habitants du Belize se déplaçaient encore à travers tout le Belize en pirogue, le réseau routier étant quasi inexistant. Mais les pirogues qu'ils utilisent et construisent encore aujourd'hui ont la proue trop basse pour affronter la mer. Lorsqu'ils sortent pêcher ou pour se rendre dans les îles, ils en surélèvent les bords avec des planches, s'inspirant des pirogues importées par les Garifunas, descendants du peuple Caraïbe, déportés au siècle dernier sur les côtes des Moustiques et dans le sud du Belize.

Juste en face de Belize City, à quelques centaines de mètres de la ville, se trouve Mojo Key, qui tire son nom de la rivière vers laquelle nous nous dirigions à présent. Aujourd'hui, Mojo Key est le site du Belize Yacht Club; cet îlot est également célèbre pour les objets mayas qu'on y retrouva enfouis dans la vase. On découvrit notamment des pirogues miniatures sculptées dans des os de lamantins (peut-être des jouets), ainsi que diverses pièces de poterie importées, preuves de l'existence d'une navigation maritime et d'un commerce intenses dans la région.

Il est très possible que Mojo Key et les autres comptoirs insulaires aient été habités, non pas par des Indiens locaux, mais par les négociants et marins du Nord.

En attendant que les douanes nous autorisent officiellement à pénétrer à Belize City, nous avions tout le loisir d'examiner les nombreuses pirogues encore utilisées par les habitants. A l'inverse de la nôtre, aucune d'entre elles n'avait la proue relevée. En revanche, en provenance des îles affluaient des flottes entières de petits voiliers à fond plat, sans aucun doute un legs de l'époque des pirates.

Comme d'habitude, ma principale préoccupation fut de dénicher un pilote capable de nous emmener au sud. C'est tout à fait par hasard que je tombai sur Edward Spencer, un Garifuna grisonnant de Stan Creek, d'un tempérament exalté, difficile, mais attachant.

« Je connais l'homme qu'y vous faut, s'exclama-t-il. C'est Bamboo. Ouais, Bamboo. Sûr, Monsieur, Bamboo est votre homme. Y connaît la région comme le dos de sa main. »

Nous trouvâmes Bamboo dans un petit marché d'un bas quartier de la ville, où il tenait un étalage de légumes.

C'était un véritable colosse à la peau noire et aux cheveux blancs, sûr de lui et duquel émanait une certaine sagesse sécurisante.

« Je veux descendre au sud par l'intérieur des terres jusqu'à Manatee bar, expliquai-je. Je sais qu'il existe des canaux qui mènent au lagon du nord, puis à celui du sud, à partir duquel nous pourrons rejoindre la mer à Manatee bar. »

Je faisais référence à un itinéraire que nous avions repéré en nous penchant sur nos cartes. Au lieu de longer la côte, nous pouvions – espérais-je – naviguer sur les eaux intérieures pendant toute une journée. Pour nous guider, il me fallait un homme de la trempe de Bamboo.

« J'ai vécu dans le lagon du sud et j'ai voyagé dans la région des lagons pendant des années », m'assura-t-il avec l'autorité d'un homme qu'il vaut mieux ne pas contredire. Enchanté, je me félicitai d'avoir déniché un vieux loup de mer, certain que tout se passerait à merveille.

« Viens nous retrouver demain à sept heures à la Belize Guest House », lui lançai-je avant de prendre congé.

« Sûr, sûr... Bamboo sera là », répondit-il tandis que je m'éloignais avec Edward Spencer.

Ayant accompli nos formalités de douanes le lundi matin, j'appelai le département d'archéologie pour contacter Harriot Topsey, son directeur qui devait théoriquement se joindre à nous. Puis, épuisé, je m'allongeai sur le lit.

Les résultats d'un examen que j'avais subi à l'hôpital de Belize City semblaient révéler que je ne souffrais pas d'une hépatite, mais de quelque chose de plus grave. Jacques estimait que c'était de la pure folie de continuer, mais je m'entendis lui répondre que je préférais mourir en mer, pagaie en main. Tout plutôt que d'abandonner mon projet.

« Ce pourrait bien être une tumeur. »

Tel fut le dernier et lugubre diagnostic de Jacques. Il s'était fondé sur une analyse – heureusement erronée – effectuée par un laboratoire local mal équipé.

« Pour être en sécurité, tu devrais vraiment prendre un avion pour Miami ou Merida. Ils n'ont pas d'échographes dans tout le Belize », me pressait-il.

« Un échographe... Une tumeur... » Tout à coup, je me sentais très malade.

« Dis-moi la vérité : qu'est-ce que je risque ? »

« Si tu as une tumeur qui bloque le canal biliaire, tu risques de te retrouver brusquement dans le coma. Auquel cas, comme je te l'ai déjà dit, tu n'auras que six heures pour être transporté dans un hôpital avant qu'il ne soit trop tard. »

Six heures, en pirogue, cela faisait vingt-cinq kilomètres. Je préférais n'accorder aucun crédit à ce sombre diagnostic...

A sept heures du matin le lendemain, le mardi 23 février, Bamboo, ponctuel, arriva pour nous aider à charger les bateaux. Tandis que les autres s'échinaient, Edward Spencer me persuada de l'emmener aussi avec nous; il était, expliqua-t-il, natif de la région de Stan Creek, où Bamboo devait nous quitter, et connaissait la côte par cœur jusqu'au Guatemala.

« A Stan Creek, tout le monde te dira tout le bien qu'on pense de moi. »

Je ne pouvais que me laisser convaincre. Tant d'assurance ne souffrait pas la contradiction, et était caractéristique des Garifuna – peuple incroyablement susceptible et agressif, descendant de la belliqueuse tribu caraïbe. Certains affirment d'ailleurs que ces Indiens furent les premiers « cannibales » connus, ce terme étant en fait une déformation de « carribal », nom d'une peuplade caraïbe du Venezuela. Le sang de certains de ces Indiens des Antilles s'étant mêlé à celui d'esclaves noirs, il existe aujourd'hui deux tribus caraïbes, une noire et une « rouge ». A maintes reprises, ces Indiens s'étaient révoltés, combattant sans relâche la présence anglaise aux Antilles. Désespérant de soumettre leurs tribus, les Anglais en déportèrent cinq mille vers les îles du Honduras, d'où un grand nombre s'enfuit sur la côte des Moustiques, tandis que d'autres se rendirent au Belize. Ces derniers, les Garifuna, parlent encore leur langue originelle, le caraïbe, et ont conservé ce caractère belliqueux que j'avais pu moi-même remarquer sans le savoir... En effet, j'appris plus tard que les policiers du Belize sont recrutés parmi les Garifuna!

C'est ainsi que j'embauchai Edward Spencer. Je le chargeai de conduire avec Pierre le minibus jusqu'à Stan Creek, tandis que nous, nous embarquions avec Bamboo.

La mer était d'huile, miroir rosé dans la douce lumière de l'aube. Nous contournâmes le phare de Fort George, longeant les grandes maisons coloniales pour entrer dans l'embouchure de la rivière Belize. Lentement, nous glissâmes devant un marché, encombré de pirogues chargées de bananes, d'ananas et autres fruits tropicaux débarqués des bateaux à voile ancrés un peu plus loin dans la rade. Nous passâmes ensuite sous le pont de fer tournant qui relie les deux parties de la ville. Ce pont est manœuvré par dix hommes qui poussent une espèce de clé géante. L'opération, répétée plusieurs fois par jour, bloque la circulation et interrompt presque toute l'activité de Belize City pendant une bonne demi-heure. Après le pont, nous suivîmes le bord de la rivière, dont certaines des maisons de bois délabrées par les ouragans, à demi détruites, gisaient encore sur leurs pilotis.

Belize City est « une ville construite sur des copeaux d'acajou et des bouteilles de rhum », a écrit l'archéologue J. Eric Thompson, grand spécialiste des Mayas du Belize. Au point le plus élevé, la ville se trouve tout juste à quarante centimètres au-dessus du niveau de la mer; c'est ainsi que, du « haut » de l'*Itza*, nous pouvions observer à loisir les rues de la ville.

Émerveillés, des petits enfants noirs regardaient notre grande pirogue et son étrange équipage, puis hélaient leurs mères qui se penchaient aux fenêtres pour nous voir passer. Lorsque nous atteignîmes les faubourgs de la ville, les bergers s'encombrèrent de carcasses de bateaux victimes des tarauds et des intempéries. La misère a toujours été le fléau du Belize, en dépit des grandes fortunes amassées par les sociétés forestières et les entreprises fruitières et sucrières gérées par les Anglais.

Cependant, tout l'argent provenant des ressources du Belize fut reversé sous la forme d'une aide financière considérable apportée par les Anglais à la colonie. Aujourd'hui encore, le budget de la Défense du pays, qui constitue un poste très onéreux, incombe à l'armée britannique. Il s'agit de défendre le pays contre son voisin guatémaltèque, qui revendique le Belize comme partie intégrante de son territoire. Cette prétention est infondée, les Espagnols n'ayant jamais réussi à annexer la région, dominée par les Mayas rebelles et les boucaniers. Le Guatemala ne devrait pas non plus y parvenir tant que l'armée anglaise restera au Belize. Jusqu'à présent, les batailles de cette « guerre » se sont surtout déroulées à coups de timbres-poste, le Guatemala imprimant sur les siens la devise *« Belice es nuestro »* (le Belize nous appartient). L'un des incidents de cette prétendue guerre, justifiant peut-être l'arrogance des forces de police du pays, vaut d'ailleurs une petite parenthèse.

En 1957, lors d'une visite dans la jungle de la province de Peten, Ydigoras Fuentes, le président du Guatemala, atteignit un village nommé Fallabon – translitération en espagnol de l'anglais *fireburn* – près de la frontière du Belize. *El presidente* se souvint alors des revendications guatémaltèques sur ce petit pays; flanqué de toute son escorte de politiciens bedonnants, il entreprit de traverser la frontière à pied, « rien que pour leur montrer. »

C'était sans compter avec la susceptibilité agressive des policiers du Belize.

Pas le moins du monde impressionné par le rang de ce visiteur impromptu, le policier en faction de Fallabon brandit son pistolet et... captura tout bonnement le président du Guatemala. On imaginera sans peine la fin de l'histoire, le policier appelant ses supérieurs pour faire son rapport et expliquer qu'il détenait en prison « un homme qui prétendait être le président du Guatemala. » L'affaire sema la panique à Belize City, et sans doute à Londres d'où descendit l'ordre de « relâcher de toute urgence le président et les membres de son cabinet ».

On m'a raconté que cet officier de police, que je rencontrai en 1959, avait reçu la Victoria Cross. Quoi qu'il en soit, l'incident avait donné à ses collègues de bonnes raisons de ne pas craindre des archéologues se prenant pour des marins mayas...

19

Manatee bar

Au bout d'une demi-heure, les taudis et les baraques qui longeaient la rivière firent place au feuillage de grands arbres, dont d'immenses palétuviers. Après avoir passé des semaines en pleine mer, pagayer ainsi entre deux mystérieuses murailles de végétation tropicale avait quelque chose d'à la fois romantique et asphyxiant.

Nous avions soudainement quitté notre monde éclairé de soleil pour plonger dans un univers obscur et hors du temps. Cette étrange sensation fut brusquement interrompue par la bruyante apparition d'un canot militaire kaki où s'entassaient des soldats anglais en armes et tenue de combat, se livrant sans doute à un exercice de simulation dans la jungle. Ces jeunes blondinets en treillis de camouflage considérèrent avec étonnement notre curieux équipage, luisant de sueur et brûlés de soleil, pagayant comme un groupe de galériens sur la route de l'éternité, le tout sous la houlette d'un homme aux yeux jaunes.

Ils devaient se demander à quelle sorte de jeu nous nous adonnions. Ils nous adressèrent pourtant des signes amicaux avant de s'éloigner, nous abandonnant aux cris des perroquets et aux sifflements des geais alors que nous nous dirigions vers l'embouchure du canal Burdon.

Je n'ai pas réussi à savoir pour quelles raisons ni à quelle époque ce canal fut percé; cela remontait probablement aux années vingt, Burdon étant le nom du gouverneur de la colonie à l'époque. Nous avions en outre des raisons de croire qu'un tel canal existait déjà du temps des Mayas, reliant les grands marigots côtiers, et ouvrant vers le nord le réseau intérieur des lagons dits du Nord et du Sud.

Sur dix kilomètres, le canal Burdon fend en ligne droite les marécages de palétuviers, avant d'atteindre le lagon Jones. Ce dernier est finalement relié à la mer par un petit cours d'eau que Bamboo nous poussa à prendre; notre carte indiquait la présence d'un autre canal partant du lagon Jones, mais celui-ci en direction du sud, et coupant la rivière Sibun pour rallier le lagon Nord, grand lac côtier.

Nous avions en effet examiné soigneusement nos cartes lorsque nous nous étions perdus. Bamboo (ainsi baptisé dans son enfance car il était souple et malin), charmant compagnon au demeurant, n'avait en fait pas mis les pieds sur ces lieux depuis des années; il n'avait jamais vu ni entendu parler de ce canal, qui figurait pourtant sur nos cartes vieilles de vingt ans !

Il me fallut un certain temps pour le convaincre de l'existence de ce canal. Vexé, Bamboo jura par toutes les îles du Belize qu'il n'y avait jamais eu d'autre canal qui sortît du lagon Jones. Je lui brandissais ma carte sous le nez, mais Bamboo ne savait pas la lire.

Qu'allions-nous faire? Se pouvait-il que notre carte soit fausse? A Belize City, on nous avait pourtant confirmé cette possibilité de rallier le lagon du Nord.

Nous commençâmes donc à chercher ce mystérieux canal dont Bamboo niait l'existence.

Durant plus d'une demi-heure, nous cherchâmes vainement la moindre trace de sortie. Bamboo jubilait. « Je connais le chemin », répétait-il en secouant la tête devant ma carte.

Ce ne fut que par hasard et après une manœuvre compliquée à travers les roseaux que nous finîmes par trouver l'entrée de ce qui ressemblait à un canal abandonné. Il nous mena lentement à travers jungle et palétuviers, au cœur d'un univers enchanté. A l'inverse du canal que nous avions emprunté le matin, celui-ci semblait couper à travers un terrain sec où des arbres magnifiques nous protégeaient de leur ombre bienfaisante du soleil de midi. Les locataires des lieux, hérons et grues, surpris par notre silencieuse approche, s'envolaient dans un bruissement d'ailes à travers ce tunnel de végétation, immense cloître s'ouvrant devant nous. Les oiseaux se posaient un peu plus loin et attendaient notre arrivée pour prendre de nouveau leur envol, tels les hérauts chargés d'annoncer les progrès de notre pirogue.

Nous avions ramé pendant plus de cinq heures lorsque enfin, au détour d'un rideau de roseaux, notre tunnel merveilleux déboucha sur les eaux bleues du lagon du Nord.

Nous abordions un monde nouveau, avec à l'ouest les pyramides de collines abruptes et couronnées d'arbres, et, dans le lointain, une haute chaîne montagneuse. Pendant près d'un mois, nous n'avions connu qu'un univers d'horizons plats et de cieux infinis. Le relief des collines nous apparaissait comme une vision de terre dans un océan de palétuviers. Les rivages du lagon Nord, dominés par les abruptes collines de Pecary, me rappelaient Tahiti; sans doute à cause de ce même contraste entre les eaux bleues et le vert sombre des montagnes. On peut imaginer que les Mayas du Yucatan et les Chontals du lointain Tabasco marécageux devaient, comme nous, accueillir cette vision avec joie, car elle annonçait les riches régions tropicales du Sud.

Une légère brise soufflait sur le lagon et c'est avec joie que nous nous empressâmes de hisser notre voile. Malheureusement, le vent tourna et commença de nous déporter; il fallut revenir à la rame. Bien entendu, nous ne savions pas où nous passerions la nuit, mais ce genre d'incertitude faisait partie des charmes du voyage; toute exploration doit renfermer sa part d'inconnu.

En nous laissant guider par la vitesse de notre embarcation, nous avions redécouvert les itinéraires du passé. Ce qui nous semblait à l'origine un voyage pratiquement impossible le long des centaines de kilomètres d'une côte inhospitalière s'était mué en une suite d'expériences quotidiennes, prêtant une dimension plus humaine à notre long itinéraire.

Jusqu'à présent, la seule constante de notre voyage était le beau, le spectacle d'une mer au charme imprévisible et de rivages sauvages et changeants.

Une fois de plus, dans la lumière d'or qui inondait le lagon et les collines environnantes, nous nous trouvions transportés à une époque révolue. Celle des Indiens précolombiens qui, sur ces mêmes rivages, ignorés du reste du monde, avaient traversé les siècles entre le ciel et les eaux bleutées, menant une existence que j'imaginais des plus agréables.

J'oubliais cependant la faculté qu'a l'homme de gâcher la vie la plus délicieuse avec des angoisses et des tourments issus de sa seule imagination. Le peuple maya était assujetti à la tyrannie de ses dieux et l'ambition sanguinaire des seigneurs de la côte. Nul doute que la religion et la politique aient réussi à instaurer au pays des Mayas – comme elles l'ont fait en Occident – un climat de tension et d'angoisse qui devait peser sur la vie des simples pêcheurs de la côte.

J'eus le triste privilège, lors de mes longs et solitaires voyages dans le monde, de constater combien politique et religion se nourrissent et prospèrent par la peur qu'elles se plaisent à orchestrer pour mieux affermir leur emprise sur les hommes. Une peur que les princes de ce monde prétendent éradiquer en levant des armées pour la paix, peur dont les prophètes clament qu'elle disparaîtra lorsque nous aurons obéi aux exigences de dieux imprévisibles et terrifiants.

Il est probable que les Mayas, traversant ce paradis naturel, aient tremblé devant leurs cruelles divinités. Des dieux qui, lorsqu'ils ne se repaissaient pas de cœurs humains, devaient être apaisés par des offrandes sans nombre au moindre autel, dans le plus petit temple qui se trouvât sur le chemin. Des dieux qui encourageaient l'instinct guerrier afin d'apaiser leur faim de chair humaine et d'étancher leur soif de sang.

A cette crainte des dieux s'ajoutait celle des princes aux énormes coiffes arrogantes et aux corps alourdis de bijoux, des tyrans représentés sur tant de stèles mayas, debout sur les cadavres mutilés des serfs vaincus. Ces représentations étaient peut-être un peu exagérées, mais il semble bien que la civilisation maya, comme celle des Aztèques et, avant eux, les Toltèques, ait reposé sur la terreur. L'histoire de ce peuple est finalement bien peu différente de celle de l'Europe de l'Ouest et du Moyen-Orient où l'homme, durant des siècles, a cherché à dominer et anéantir ses voisins au nom de la vaine gloire dont il couvrait son prince, l'élu d'un dieu qui se nourrissait du sang de soldats innocents offerts en sacrifice sur les champs de bataille.

Ces sombres pensées n'étaient pas que vaines spéculations; à mesure que l'*Itza* progressait lentement vers le sud, je voulais examiner de près les différentes théories avancées sur les causes de l'effondrement de la civilisation maya classique. Or, l'une de ces théories soutient que cette civilisation a disparu à la suite d'un soulèvement du peuple contre les lettrés, prêtres et princes, pour mettre un terme à l'exploitation qu'ils perpétraient au nom des terribles *chacs*. Une révolution populaire ne peut effectivement être écartée. Presque toutes les civilisations parvenues à haut degré d'exploitation des masses ont dû pâtir d'un retour de manivelle. Pourquoi pas les Mayas ?

Les Mayas se seraient donc rebellés, massacrant prêtres et princes pour établir une sorte de gouvernement populaire. Privés de la classe des lettrés, ils auraient cessé d'écrire et d'édifier temples et palais. Très bien. Pourtant, cette suite d'événements n'est pas sans soulever nombre de questions dérangeantes.

Une telle théorie n'explique pas, en effet, pourquoi après cette « révolution », les paysans auraient péri ou émigré. L'histoire montre que de tels soulèvements, s'ils changent les orientations d'une société, parviennent rarement à faire disparaître toute forme d'art ou d'architecture. Généralement, on assiste à l'émergence d'une nouvelle classe dominante qui prend le relais de l'ancienne. Ce n'est pas le cas ici.

D'autre part, les cités mayas des basses terres semblent avoir bénéficié d'une indépendance politique considérable. Aussi est-il fort improbable qu'une rébellion spontanée ait pu éclater au même moment et avec un égal succès dans tant de métropoles différentes et indépendantes.

Ces réflexions me ramenaient toujours à notre théorie du commerce maritime. En effet, quelle que soit la grandeur d'une civilisation, les seules forces auxquelles elle ne peut résister sont celles de l'économie. Un regard plus approfondi sur cette civilisation, en s'attachant à l'examen des cités (*civitas*, la cité en latin, a aussi donné le mot civilisation) montre que l'existence de toute ville repose sur la puissance de son économie. La subsistance de cités et de sociétés urbaines raffinées comme celles des Mayas nécessitaient une solide source de revenus. Une agriculture prospère sur un sol riche constituait le pilier de la richesse des villes de l'Assyrie et de l'Égypte. Mais rien ne semble indiquer qu'il en fut de même pour les grandes cités mayas de la jungle. Au contraire, les grands centres des basses terres étaient édifiés sur un sol rocailleux relativement improductif; des découvertes récentes démontrent que de grands travaux publics tels que des canaux et des cultures étagées, des réservoirs et des ouvrages de terrassement sophistiqués, s'imposaient pour améliorer le rendement agricole. Rien ne laisse supposer non plus qu'un grand bouleversement climatique ou une catastrophe naturelle ait modifié les ressources agricoles de ces villes, dont les abords étaient si pauvres qu'ils restent incultivables encore aujourd'hui.

Tout ceci tend à prouver que ces villes tiraient leur richesse non pas de l'agriculture, mais du commerce.

Nous savons également que traditionnellement, les grands centres religieux sont souvent d'abord d'importants marchés. Une grande partie, sinon la totalité, de la richesse des cités mayas des basses terres pouvait donc provenir du négoce et en particulier d'un florissant commerce nord-sud, que favorisait la différence de climat et de végétation entre ces deux régions du Yucatan et, par extension, entre l'altiplano aride du Mexique central et les basses terres tropicales des Mayas.

Ce commerce continua après le déclin de l'Empire maya, et prospérait encore à l'époque de la conquête espagnole. Il est d'ailleurs encore relativement actif aujourd'hui.

L'une des marchandises les plus prisées de ce négoce étaient les longues plumes vertes de l'oiseau quetzal. Cette curiosité était tellement recherchée et de si grande valeur que les quetzals jouissaient d'une protection légale. Quiconque osait tuer cet oiseau précieux méritait la mort; ce fut probablement le premier arrêt protégeant une espèce animale. On trouvait encore des plumes sur les marchés mexicains, à des prix exorbitants, lors de l'arrivée des Espagnols. C'était aussi le cas du cacao, si prisé que son nom signifiait « cœur et sang » en nahuatl. On peut considérer, sans grand risque d'erreur, que le cacao était la marchandise dont le commerce était le plus important, en volume comme en valeur. Je pense que le cacao, qui ne poussait pas dans le nord du Yucatan, région sèche et aride, constituait la clé de voûte de la richesse des cités des basses terres jalonnant les routes commerciales.

Le cacao était tellement recherché que les Mayas des régions arides en cultivaient une petite quantité au fond de puits naturels. La valeur de ces puits humides, que les Mayas appelaient *koop*, était telle qu'ils constituaient les seules parcelles de terrain du Yucatan qui ne soient pas propriété publique : ils appartenaient exclusivement aux caciques.

Si l'on considère les propriétés addictives du cacao et le fait que ses fèves servaient de monnaie, il paraît assez logique que le négoce de cette denrée ait été la source de la richesse des cités mayas des basses terres. On comprendra alors aisément pourquoi, sur la stèle 19 de Tikal, le grand prince se fait appeler « fabricant ou négociant de cacao », titre de noblesse provenant de son incomparable richesse qu'il consacra en partie à la construction des plus beaux monuments de Tikal. Il est peut-être dommage de ramener une civilisation ainsi voilée de mystère à de vulgaires considérations économiques. Malheureusement, l'histoire n'est pas toujours aussi romantique qu'on le souhaiterait.

« L'argent est le nerf de la guerre et la guerre le pouvoir des princes. » Le pouvoir politique est soutenu par les armes, et ces dernières coûtent de l'argent. Nous n'avons hélas aucune trace écrite des relations affaires-politique-religion à l'époque maya. Il paraît cependant certain que l'effondrement des riches villes du Sud ne fut pas essentiellement lié à des causes politiques, sociales ou religieuses ; en effet, partout ailleurs, la religion et le système social mayas continuèrent de prospérer. Il se serait donc simplement produit un transfert des richesses de l'intérieur vers les régions côtières, et ce grâce aux pirogues des Itzas qui sillonnaient les routes commerciales maritimes.

Tandis que nous ramions, nous discutions ces différentes théories. José-Luis, qui connaissait parfaitement Comacalco, nous expliqua que le développement de ce port coïncidait précisément avec le déclin de Palenque et des autres sites de la vallée de l'Usumacinta.

Au Belize, la situation semblait identique. Les grands centres archéologiques de l'époque classique étaient tous situés en amont des nombreuses rivières du pays, négligeant la côte. Toutes ces cités, comme au Guatemala, avaient disparu au IXe siècle, à l'exception de celles édifiées près de la mer,

Altun-Ha et Santa Rita. Pure coïncidence ? Ne serait-ce pas plutôt une conséquence du changement des routes commerciales ? Parmi ces grandes villes côtières ayant connu un grand essor à cette période, on cite également la célèbre Nito.

Nito apparaît au XVIe siècle dans toutes les chroniques comme la grande cité commerciale du Sud tropical. C'est à Nito que les princes Itzas se rendaient depuis Chunyaxche et la baie de l'Ascension. C'est à Nito également que les Chontales-Acalans de l'époque de la conquête avaient établi des stocks et une colonie d'une certaine importance, gouvernée par le frère de leur prince. C'est à Nito enfin que les négociants mexicains possédaient tout un quartier occupé par leurs agents commerciaux.

Curieusement, nous n'avons retrouvé aucune trace de cette cité prospère. Sans doute, comme bon nombre de sites côtiers des tropiques au sud de Chetumal, ses maisons de bois n'auront pas survécu à l'épreuve des siècles. Mais peut-être ne possédait-elle pas non plus de grands temples, sa vocation étant essentiellement commerciale. Ce grand centre de négoce international était divisé en quartiers administrés par des gouverneurs « étrangers » – surtout des Itzas et quelques Mexicains – s'attachant davantage à la construction de hangars et entrepôts bon marché qu'à l'édification de coûteux temples de pierre.

En revanche, la partie nord, dans la région de la baie de Chetumal et le long de la côte du Quintana Roo, avait été colonisée par les Chontales qui établirent des colonies permanentes et érigèrent des temples permettant aux marchands de passage d'offrir de l'encens à leurs divinités tutélaires afin de s'attirer leurs bonnes grâces. Le reste de la côte du Belize était trop marécageux pour que des colonies permanentes s'y installent. Les Itzas ne faisaient donc qu'y passer, tout comme nous, dressant des camps dans les quelques endroits précis où ils pouvaient trouver de l'eau.

Bamboo, qui s'était muré dans un silence renfrogné depuis l'histoire du lagon de Jones, se dérida lorsque nous lui demandâmes de nous guider vers l'embouchure de la rivière reliant le lagon Nord au lagon Sud. Il mit tout de même un certain temps à localiser le chenal. Heureusement que nous avions notre *lancha*, sinon nous aurions passé une heure à tourner en rond avec l'*Itza*.

L'après-midi touchait à sa fin lorsque nous nous engageâmes dans Main Creek, ruban d'eau bleu pâle serpentant entre des bancs de terre recouverts d'herbes et de palmiers. Une heure plus tard, nous aboutissions dans un étroit lagon boueux. A l'aide des perches plantées dans l'eau pour en indiquer la profondeur, nous louvoyions à travers les bancs de sable et les îlots.

Nous atteignîmes finalement le lagon Sud. C'était une seconde mer intérieure, légèrement plus longue et plus étroite que sa jumelle du nord. A l'arrière-plan, les montagnes s'assombrissaient dans la lumière du soir.

« Nous sommes à environ une demi-heure de la rivière qui mène à la mer », cria Bamboo depuis le canot. Cette rivière conduisait à Manatee Bar. La plage serait sans doute le meilleur endroit où passer la nuit, la brise marine permettant d'échapper au supplice des moustiques.

« J'ai bien peur qu'on n'y soit pas avant la nuit », s'inquiéta Charles Stevens.

Nous décidâmes finalement d'envoyer le canot et le Zodiac en éclaireurs pendant qu'il faisait encore jour.

Je compris vite mon erreur. « Toujours s'arrêter pour dresser son camp en plein jour » était une règle que j'observais scrupuleusement dans l'Himalaya. Il n'y avait aucune raison qu'il en fût autrement ici.

A peine les canots avaient-ils disparu que le soleil commença à descendre sur l'horizon. En quelques minutes, le ciel avait revêtu sa robe du soir. La silhouette sombre des montagnes se profilait sur des camaïeux de rouge, de bleu, de vert et d'orangé et se reflétait dans le lagon en feu. Les derniers vols d'oies, de cormorans, d'ibis et de hérons se projetaient en ombres chinoises sur le ciel qui s'obscurcissait.

Puis ce fut la nuit.

Nous avions atteint une espèce de passage sortant du lagon Sud, celui – croyais-je à tort – dans lequel s'étaient évanouis nos canots. C'était une sorte de rivière d'environ soixante mètres au lit bordé de hauts palétuviers noirs. Il faisait trop sombre pour s'y aventurer sans risquer de nous perdre.

Je ne pouvais m'en prendre qu'à moi. Nous étions là, assis

bêtement, sans savoir où aller, lorsque nous entendîmes le Zodiac qui apparut bientôt entre les arbres, arrivant d'un autre chenal.

Nous avions ramé près de douze heures. Je ne pouvais même plus soulever ma pagaie.

Nous fîmes les derniers kilomètres dans l'obscurité totale, évitant à grand-peine les îlots de palétuviers. Nous nous guidions à la lueur de la cigarette de Juan dans le Zodiac. Au détour de la rivière, nous arrivâmes en vue d'une plage sablonneuse éclairée par un feu ronflant. Nous avions atteint Manatee Bar. La journée était terminée.

J'étais trop malade pour fermer l'œil. A trois heures du matin, le vent tomba et l'attaque survint. Au début, je crus qu'il s'agissait d'un étrange symptôme de l'hépatite. Finalement, je me levais, pour trouver Charles Stevens en train de se baigner dans la mer :

« Je ne sais pas ce que j'ai, j'ai la peau en feu! »

Je vis alors tout le monde debout en train de se gratter.

« Les mouches du *chicle* », nous dit alors Bamboo, assis près des braises rougeoyantes et enveloppé d'une couverture.

Jamais je n'avais subi ces terribles mouches, si petites qu'elles se faufilent à travers les mailles d'une moustiquaire. Connues aussi sous le nom de mouches des sables, elles provoquent des ulcères de l'oreille, lésions incurables d'aspect cancéreux. On trouve également cette maladie au Moyen-Orient où elle porte le nom de fièvre de Bagdad.

Une brise légère se leva en même temps que l'aube. Nous étions maintenant à vingt-huit kilomètres de Stan Creek, où nous devions retrouver Pierre et Edward Spencer.

Nous commencions à voir la fin de notre expédition. J'avais en effet calculé qu'il ne nous faudrait pas plus de six jours pour rallier enfin Punta Gorda où nous rejoindrions la rivière Mojo. Ce serait alors la fin de notre voyage maritime. Nous remonterions alors la rivière jusqu'aux monts mayas, notre destination finale. Bien que ces six jours ne représentent désormais plus grand-chose pour nous, je me sentais tellement malade que je doutais de pouvoir tenir jusqu'au bout. La fièvre ne me lâchait plus et j'étais épuisé. Pourtant, il fallait continuer coûte que coûte. Il en allait de notre honneur et de celui de l'*Itza*.

Je n'avais jamais vu une équipe animée d'un tel enthousiasme. Nous étions tous devenus des fanatiques, aveugles à tout ce qui ne se rapportait pas à notre mission : atteindre la rivière Mojo. Heure après heure, jour après jour, coup de rame après coup de rame, nous consolidions en nous cette volonté de réussir.

Lorsque nous partîmes au petit matin, une légère brise s'était levée. Rapidement, nous hissâmes la grand-voile et la pirogue s'élança vent arrière. Des dauphins nous tinrent compagnie quelque temps. Malheureusement, nous ne vîmes aucun manati, le fameux lamantin qui a donné son nom à la rivière et à la Manatee Bar.

Le lamantin est comestible. Sa viande a, paraît-il, la saveur du porc et constituait l'un des mets favoris des Mayas. La légende veut qu'un fouet dont la lanière est en cuir de lamantin provoque une blessure inguérissable. De nombreuses histoires courent sur ces étranges mammifères. Ils seraient à l'origine du mythe des sirènes, les femelles ayant des mamelles semblables à la poitrine humaine. Mais en réalité, leurs apparitions peuvent se révéler beaucoup moins romantiques, même assez impressionnantes. J'ai aperçu mon premier lamantin lors de mon second voyage sur la côte du Quintana Roo. L'eau était bleue et transparente comme celle d'une piscine d'à peine cinq mètres de large. J'eus alors la peur de ma vie en voyant émerger ce que je pris d'abord pour le ventre d'une baleine, une monstrueuse chose grise et visqueuse surmontée d'une tête bouffie. Le monstre roula dans l'eau et exhiba un énorme battoir en guise de queue. Des espèces plus petites peuplent le littoral de la Floride où les lamantins jouent un rôle utile, se nourrissant des herbes obstruant les canaux et les voies d'eau. Longtemps chassée pour sa viande, c'est aujourd'hui une espèce protégée. Le lamantin aime sortir en mer, où je l'ai souvent vu jouer. Le Manatee Bar devait être un de ses lieux favoris, mais j'eus beau scruter la surface de l'eau, je ne trouvai aucune trace de ces étranges sirènes mayas.

Le vent continuait de souffler dans notre dos et je décidai de hisser une seconde voile grâce à notre livarde de rechange. L'*Itza* prit des allures de papillon préhistorique avec ses deux ailes rectangulaires de papyrus. Avec ce curieux gréement, nous filions à vive allure, fendant le large. De splendides plages de sable orangé paressaient au pied de hautes montagnes envahies par la jungle. Je repensai à Tahiti, savourant l'exotisme et la beauté de cette partie de Mayaluum, le pays des Mayas. Mon cœur se mit à tambouriner lorsque je compris qu'il s'agissait là des premiers contreforts des montagnes mayas, au pied desquelles nous attendait notre destination finale.

A bout de forces, je passai le gouvernail à Charles Stevens avec lequel j'avais partagé l'étroit banc de poupe. Cette promiscuité n'avait pas toujours été facile à supporter. Vivre à six ou huit personnes dans une étroite embarcation exigeait une bonne dose de patience. Nous finissions par connaître par cœur nos moindres faiblesses et manies et à nous en irriter. Pourtant, j'admirais le self-control et la patience de chacun, non seulement envers moi, le chef à la jaunisse, mais les uns envers les autres. Bien que nous soyons souvent épuisés, je n'ai que très rarement entendu d'accès de colère ou de plaintes – à part les miens.

J'admirais en particulier Erica, seule femme à bord, et qui pagayait comme les autres, tout en conservant une attitude ouverte et naturelle avec tous les membres de l'équipage.

Les frères Canche avaient fait la preuve de leur caractère facile, et, s'ils ne partageaient pas notre passion pour l'archéologie, ils dépensaient généreusement toutes leurs énergies.

José-Luis, le jeune et timide archéologue du Tabasco, s'était révélé passionnant et plein d'enthousiasme. En fait, tout le monde s'entendait à merveille sur notre Babel flottante, et ce malgré nos différences. Que destinait, en effet, les Français Jacques, le médecin-cameraman, et Frédéric, l'ingénieur, Tito von Wutenau, l'homme d'affaires mexicain d'origine allemande, et Charles Stevens, le professeur américain, Peer Winfield, frais émoulu de l'Université, Pascal, à peine sorti d'une école technique française, et Robert Jordan, le jeune photographe américain, à parcourir un bout de chemin ensemble ?

Nous atteignîmes Stan Creek en début d'après-midi. Nous étions désormais poussés par un vent de force 4 et je scrutais la côte à la recherche d'un endroit pour passer la nuit. Toutes les plages étaient exposées aux lames et, aucune crique n'étant en vue, nous franchîmes la barre de sable qui bloquait l'accès à la rivière de Stan Creek afin de trouver un endroit abrité.

Tandis que nous passions ce banc, nous croisâmes une pirogue pilotée par un vieillard noir et un enfant. L'embarcation, qui luttait contre les vagues, tanguait et semblait prendre l'eau. Mais ce qui me frappa, c'est qu'elle était la première pirogue que nous rencontrions en mer depuis le début de notre voyage !

Nous décidâmes de camper en ville, à Stan Creek, où nous retrouvâmes Pierre et Edward Spencer.

Lorsque je dis à ce dernier que j'avais beaucoup apprécié Bamboo mais que je l'avais trouvé incompétent, Spencer, craignant alors que je mette en doute ses propres compétences, se lança dans un discours outragé ; il me répétait qu'il était natif de Stan Creek : « J'ai été élevé sur un bateau et j'ai été pêcheur pendant trente ans ! » – attrapant tous les passants par le bras pour qu'ils attestent de ses capacités.

Il nous causerait des ennuis, j'en étais certain, ou au mieux se révélerait aussi incompétent que Bamboo, mais je ne voyais pas comment m'en débarrasser.

Dangrega, Stan Creek, est en fait la ville la plus désolée que j'aie jamais vue. Elle semble sortie tout droit d'un film hollywoodien de série B avec son saloon à portes battantes, ses cases pareilles à celle de l'Oncle Tom, son église en bois brut, une fourrière pour animaux errants, un pont de bois branlant et un hôpital archaïque.

Je devais en principe obtenir de l'officier municipal l'autorisation d'accrocher nos hamacs aux cocotiers près de la rivière, mais personne ne paraissait se soucier de notre présence. Malade et épuisé, je laissai les autres camper pour aller prendre une chambre dans une pension, rudimentaire mais sympathique.

J'admirais Jacques qui non seulement ramait comme les autres, mais se levait à l'aube et transportait pratiquement toute la journée une caméra de sept kilos. De tempérament égal, toujours sérieux avec juste ce qu'il fallait d'humour, Jacques était l'archétype du jeune homme doué et consciencieux.

Nous quittâmes Stan Creek le lendemain à l'aube. Le ciel était gris, les nuages fuyaient à vive allure, poussés par un froid et violent vent du nord.

20

Placenza

Magré la force du vent, je décidai de hisser à nouveau la seconde voile. Lorsque les deux voiles furent hissées, elles se gonflèrent avec un bruit sourd. Poussée par le vent, l'*Itza* s'élança plus vite que prévu et Charles dut m'aider à attacher à la hâte les écoutes aux pitons du banc de poupe.

La pirogue se mit alors à rebondir sur les vagues comme sur des montagnes russes, soulevant des nuages d'embruns. L'un après l'autre, les caps de la côte défilaient sous nos yeux : Sitee Point, où nous aperçûmes la cahute d'un pêcheur et des rochers solitaires, puis Jonathan Point.

Nous nous retrouvâmes bientôt en pleine tempête de vent du nord. Nous avions déjà atteint Blair Atholl, où j'avais initialement prévu que nous passerions la nuit. Grâce à nos deux voiles, nous avions couvert en trois heures et demie une distance que j'avais prévue en six.

« On continue ! », criai-je à l'équipage. Nous nous relayions pour manger, faisant passer le fromage et les œufs durs que nous engloutissions avec du pain de mie acheté à Stan Creek. L'hépatite m'avait rendu totalement indifférent à ce que je mangeais et peut-être un peu trop également au sort de mes compagnons, dont seul Pierre essayait d'améliorer le régime. J'avais désormais ma propre réserve d'eau, une mesure « sanitaire » destinée à éviter une éventuelle contamination de l'équipage.

L'*Itza* filait à vive allure lorsque soudain, dans un moment d'inattention, alors que nous prenions une vague de biais, la grand-voile vira de bord et, claquant au-dessus de nos têtes, alla frapper la petite voile. La pirogue vacilla et roula dangereusement sous le choc. J'entendis un craquement de mauvais augure tandis que je pesais de toutes mes forces sur la pagaie pour rétablir le cap tout en appelant les autres à la rescousse pour qu'ils se saisissent des rames. La grand-voile se remit en place mais, la livarde s'étant brisée, elle ne pouvait plus prendre le vent correctement.

J'allais faire descendre la voile lorsque je me souvins qu'il nous restait une livarde de rechange au fond du canot. Quelques instants plus tard, nous étions repartis. Nous avions eu de la chance de ne pas nous renverser.

Le temps se gâtait.

Vers trois heures, nous distinguâmes la silhouette de False Key, première île que nous rencontrions sur notre route depuis notre départ de Belize City. Au vu des nuages noirs qui s'amoncelaient, j'hésitai à rallier dès maintenant la côte. L'ensemble de l'équipage choisit de poursuivre, décision dont la sagesse me semblait douteuse.

Sur la mer, au-delà de False Key, les moutons apparaissaient de plus en plus nombreux. L'eau avait pris une sinistre teinte grise sous le ciel sombre. Lorsque nous eûmes doublé False Key, nous fûmes pris dans la tempête. Nous nous laissions glisser vent arrière, ravis de notre allure, grisés par le choc des vagues contre la coque et les embruns. A ce rythme-là, nous allions arriver à Placenza!

Placenza était l'étape que nous avions prévue pour le jour suivant. Jamais l'*Itza* n'était allée aussi vite. Mais ce n'est que plus tard, sur le film, que j'ai pu apprécier pleinement l'allure svelte et racée de notre embarcation avec son gréement de papillon et ses grandes voiles primitives, sa coque élancée fendant les vagues comme une lame.

Nous nous retrouvâmes bientôt devant une plage de sable dont les petits bungalows rappelaient la Nouvelle-Angleterre, annonçant un charmant village, Seine Bight. Depuis le début de notre voyage, nous avions recherché les anciens canaux mayas et les voies d'eau intérieures protégées. Nous redoutions la mer et ne savions trop dans quelle mesure accorder notre confiance aux performances des pirogues primitives. Mais, désormais, il semblait certain que des embarcations comme la nôtre n'avaient finalement rien à envier aux bateaux modernes. Aussi peut-on penser que les Mayas ne se souciaient guère de trouver des voies navigables abritées, comme celles que nous avions empruntées entre Belize City et Manatee Bar. Forts de notre expérience, nous avions en effet toutes les raisons de croire que les Mayas préférant la haute mer, longeaient le littoral de Belize en direction du sud, naviguant d'île en île.

La tenue en mer de l'*Itza* nous révélait l'image de navigateurs précolombiens plus hardis que nous ne l'avions imaginé. Nous avions douté à tort des compétences des précolombiens. Bien que Thor Heyerdahl et son radeau – le *Kon Tiki* – aient prouvé de façon spectaculaire que les Indiens d'Amérique avaient pu traverser le Pacifique et peupler de nombreuses îles (entre autres celles de Pâques et Hawaï), bien des universitaires demeuraient sceptiques. Et ce en dépit des cultures sur les îles du Pacifique de plantes comestibles provenant d'Amérique, telles que le yucca (ou manioc), la patate douce et le coton à vingt-six chromosomes.

Ce refus obstiné de reconnaître aux Indiens d'Amérique des talents de navigateurs est étrange. Est-il lié à la sacro-sainte théorie selon laquelle ces peuplades seraient arrivées d'Asie en traversant à pied le détroit de Behring ? Et pourquoi certaines n'auraient-elles pas pris la mer ?

Nous oublions trop vite que nous devons à ces Indiens certaines des embarcations les plus populaires et performantes, comme le kayak, étanche et ultraléger, et le canoë canadien. En regard de ces deux bateaux, nos embarcations européennes de même taille font bien piètre figure. Nous pouvons maintenant citer également les robustes et fiables pirogues de haute mer des Chontales.

La technologie est très souvent issue d'un besoin et non du génie d'une civilisation. Les Grecs n'ont pas inventé la machine à vapeur, l'Angleterre n'a pas engendré beaucoup de philosophes ; à chacun ses nécessités. Les universitaires européens croyaient que les Indiens d'Amérique, isolés sur un si grand continent, tellement éloigné de l'Asie, n'avaient jamais à naviguer en pleine mer. Une telle approche fait abstraction des îles des Caraïbes, toutes peuplées de tribus aux langues assimilées, preuve de l'existence de liens étroits qu'elles entretenaient par une intense navigation hauturière.

Nombre d'études devront encore être menées pour que soit éclairci le rôle de la navigation maritime précolombienne en Amérique du Nord et du Sud, mais nous pouvons d'ores et déjà nous attendre à des surprises : les Indiens américains étaient très probablement d'aussi grands navigateurs que les Polynésiens.

Alors que le soleil commençait de décliner, nous nous dirigions à vive allure sur Placenza. La mer était déchaînée. Le canot à moteur luttait difficilement contre les énormes vagues dont l'*Itza* s'accommodait avec une relative aisance.

Alors que nous arrivions en vue de Placenza Point et de Placenza Cay, la force du vent ne cessait d'augmenter. Il ne fallait peut-être pas trop tenter le diable ; j'hésitai un instant à abaisser l'une des voiles puis, défiant toute prudence, je décidai de continuer ainsi.

J'étais stupéfait de la résistance de nos voiles. Même mouillées, voire piétinées, elles n'avaient ni pourri, ni moisi, demeurant parfaitement intactes. Nos minces cordes de sisal s'étaient elles aussi révélées d'une solidité à toute épreuve. La fibre rugueuse de cet agave du Yucatan est pourtant méprisée par les marins d'aujourd'hui qui lui préfèrent des matériaux comme le coton ou le nylon.

Le ciel était noir et le vent du nord soufflait de plus belle. Nous n'étions plus qu'à quelques centaines de mètres de la plage de Placenza, l'une des plus renommées du pays, avec ses bungalows douillets réservés aux riches citoyens du Belize. En une journée, nous avions couvert soixante kilomètres, un nouveau record. Nous ne disposions d'aucun instrument permettant de calculer précisément notre vitesse. En comptant en combien de secondes un morceau de bois jeté de la proue atteignait la poupe, et nous reportant à nos cartes, nous l'avions évaluée à environ quatre ou cinq nœuds à l'heure. C'était une vitesse honorable pour une embarcation de cette taille.

Nous abordâmes sur une petite plage à l'abri de Placenza Point. A un jet de pierre du rivage, je me dirigeai vers une petite cabane nichée sous les cocotiers, la poste locale. Sur les conseils de la postière, nous descendîmes un peu plus bas sur la côte où nous pûmes planter nos tentes et utiliser les chambres d'un charmant petit hôtel sur pilotis. Nous dressâmes notre réchaud et Tito se lança dans la préparation d'un des mémorables repas dont il avait le secret.

J'en profitai pour aller faire un tour et découvris derrière l'hôtel une énorme pirogue, plus longue que la nôtre de trois mètres et légèrement plus large, d'un mètre cinquante environ. L'hôtelier m'expliqua qu'elle avait été construite non loin d'ici, à Mangrove Creek, pour un universitaire américain qui avait l'intention d'effectuer un voyage similaire au nôtre le long de la côte. J'avais bien entendu parler à Belize City de ce projet, plus ou moins retardé ou annulé. La pirogue avait été creusée dans le tronc d'un *cieba* et prenait déjà l'eau; il fallait la réparer. On nous avait effectivement dit dans le Tabasco que le bois de *cieba* tenait au mieux un an ou deux.

Nous étions naturellement très intéressés par cette embarcation construite selon les traditions de la région. Contrairement à la nôtre, cette pirogue était plate. Il nous parut évident que ses extrémités basses, son manque de profondeur et ses proportions la rendaient très vulnérable aux vagues. Elle ne pouvait certainement pas tenir une mer aussi démontée que celle que nous avions affrontée cet après-midi.

Pourquoi les Mayas du Belize, envahis par les marins itzas, n'avaient-ils jamais tenté de copier leurs bateaux? Tout d'abord, au Belize, les *piches* ou *guanacastes*, arbres les mieux adaptés à la construction des pirogues de mer, ne sont pas aussi hauts que ceux du Tabasco. En outre, les vieilles traditions ont du mal à disparaître, même lorsqu'apparaissent des améliorations notables susceptibles de leur être appliquées. C'est ainsi que dans les régions méditerranéennes conquises par les Vikings, on ne trouve nulle part la moindre trace de leurs bateaux pourtant plus performants.

Tous réunis pour le dîner, je remarquai que nous avions comme un air de famille. Nous avions tous la peau brûlée par le sel, le soleil et le vent, les cheveux desséchés et décolorés par les embruns, et les habits déchirés et tachés de sel. Nous avions vaincu cette côte coup de rame après coup de rame, vague après vague, et une commune fierté se lisait sur tous nos visages.

Je me plaisais à penser que nous avions peu à peu acquis une attitude psychologique proche de celle des anciens Itzas. Notre image de la côte, nos étapes, notre état d'esprit étaient les leurs, et nous voguions à la même vitesse le long d'une même côte, unis à travers les siècles dans un même effort.

Comme chaque soir, après le dîner, je dépliai mes cartes. A partir de Placenza, la côte tournait légèrement vers le sud-ouest pour former la baie du Honduras avec, au fond, celle de l'Amatique, notre destination finale. Quatre-vingt-dix kilomètres à vol d'oiseau nous séparaient de l'embouchure de la rivière Mojo; encore quatre-vingt-dix kilomètres de mer avant de glisser sur des eaux calmes. Je n'avais plus qu'une unique obsession : atteindre l'estuaire au plus vite. Pour la première fois, j'eus peur de la maladie, peur de la mort. Et si, dans les derniers kilomètres, l'*Itza* sombrait ? Tout avait été trop beau. La chance nous avait partout accompagnés. Combien de temps encore ? N'allait-elle pas se lasser ?

A la hâte, nous avalâmes un petit déjeuner frugal, thé, pain, confiture et fromage avant d'embarquer. Pour Spencer, le pilote, la navigation côtière en pirogue était quelque chose de nouveau. Il connaissait la mer, certes, mais seulement à la manière des marins d'aujourd'hui, voguant de port en port. Nous partîmes à sept heures et demie, dans le froid. Le soleil tendait faiblement de percer l'épaisse couche de nuages, répandant une pâle lueur rosée.

Bientôt, Placenza ne fut plus qu'un point sur l'horizon. Quelqu'un fit observer que les pêcheurs n'étaient pas sortis. Je n'y prêtais guère d'attention, ne pensant à aucun moment que le temps puisse présenter quelque danger.

D'après la carte, nous ne devions doubler qu'un seul village, Monkey River, inaccessible par route, à mi-chemin entre Placenza et Punta Gorda. Nous y passerions la nuit.

A notre grand soulagement, le soleil fit enfin son apparition. Nous étions à l'abri de Placenza Point et la mer était calme. Poussés par le vent, nous avancions à bonne allure sans le moindre effort.

Les Indiens d'Amérique centrale ne pouvaient ignorer le vent; comment ignoraient-ils la voile? Il est vrai que dans le cas de petites embarcations, de bons rameurs – en particulier des esclaves galériens – réalisent des performances bien supérieures à celles d'une voile.

Les Romains et les Grecs également furent de grands amateurs de rame. De même, il n'y a pas si longtemps, – seulement deux cents ans, à l'époque de Louis XV – il existait de fabuleux et énormes trirèmes. Et les drakkars vikings, mus par des rames et des voiles, étaient deux fois plus rapides que les caravelles de Christophe Colomb!

Je pense que certains des Indiens d'Amérique connaissaient la voile (ce que semblent prouver des textes mentionnant des voiles dans la région de l'Équateur précolombien) mais ils lui préféraient simplement la pagaie et de solides rameurs.

Désormais nous étions mieux à même de comprendre ce choix. Si l'on comptait les jours que nous avions passés à ramer et ceux pendant lesquels nous avions utilisé nos voiles, les premiers étaient de loin les plus nombreux. Si nous avions navigué exclusivement à la voile, je suis certain que nous serions encore loin de la fin de notre expédition. En outre, nous aurions couru le risque d'être déportés par le vent sur les récifs.

Le vent continuait à souffler du nord. Nous avancions à excellente allure sur des eaux relativement abritées. Nous doublâmes Harvest Cay, puis une petite île issue d'un conte de fées avec ses plages dorées et ses bosquets de cocotiers, Palmetto Cay. Quant à la côte, c'était toujours l'habituelle muraille de palétuviers. Les montagnes mayas avaient disparu de notre horizon. Vers dix heures, nous arrivions déjà en vue de Great Monkey Cay, pui, très vite, nous aperçûmes Little Monkey Cay. Ces deux îlots montent la garde à l'embouchure de la Monkey River, où nous avions pensé nous arrêter pour la nuit. Bien sûr, si le vent persistait, nous pourrions poursuivre bien au-delà.

Je consultai à nouveau ma carte. Après Monkey River, elle indiquait des nuées de petites îles formant un archipel qui bloquait l'entrée de la baie profonde de Port Honduras. Des petites lignes ondulées signalaient des récifs, une barre parallèle à la grande barrière située au large, beaucoup plus loin.

Parmi les îles de cet archipel, s'en trouvait une, nommée Wild Cane Key, où furent découverts de nombreux vestiges mayas. Je tenais à la visiter. Encore eût-il fallu que Spencer sache l'identifier...

« Pour sûr que je connais toutes ces îles comme le dos de ma main, mais n'allez pas vous y perdre. »

Il était évident qu'il n'avait pas la moindre idée de son emplacement, s'étant jusqu'à maintenant montré incapable de nommer les îles que nous croisions depuis Placenza. Pourtant, nous avions fini par nous attacher à ce bon vieux truand. Je me contentai donc de le taquiner, m'en remettant à nos cartes, espérant qu'elles suffiraient à nous préserver des récifs.

Ma santé ne s'améliorait pas. J'étais très faible et j'avais considérablement maigri. Mes compagnons aussi d'ailleurs; Tito von Wutenau était squelettique et Jacques maigrissait et pâlissait de jour en jour. Peer et Robert, nos deux jeunes visages pâles américains, étaient brûlés par le soleil et bien plus efflanqués qu'au premier jour. Durant un mois, nous étions restés assis, livrés aux caprices du vent, de la pluie et du soleil. Nous avions vécu sans autre protection que nos chapeaux et nos moustiquaires. Nous ne pouvions pas même profiter d'un toit de palmes comme les anciens Indiens. Il semble qu'ils jouissaient d'un plus grand confort que nous. Je parle ici des négociants qu'avait rencontrés Christophe Colomb en 1504, dans ce même golfe du Honduras, non loin de l'endroit où nous nous trouvions. Comme l'écrivait son fils Ferdinand, leur pirogue « était aussi grande qu'une caravelle d'environ huit pieds de large, constituée d'un simple tronc d'arbre [...] Au milieu se trouvait un toit de palmes comme il s'en trouve sur les gondoles de Venise. » Bien sûr, nous n'avions rien d'aussi sophistiqué. Nous avions même dû nous défaire de l'appentis de palmes qu'avaient dressé Fidel et Juan à Chunyaxche, celui-ci ralentissant considérablement notre allure.

21

La Mojo

Cette fameuse rencontre d'une grande pirogue au cours du quatrième voyage de Christophe Colomb fait l'objet d'une controverse. En arrivant près de l'une des îles de la baie du Honduras, l'île de Gunanaja – également connue sous le nom d'*Isla de los Pinos* – les hommes de Christophe Colomb y trouvèrent des esclaves entravés tirant deux grandes pirogues dans une rivière. Elles appartenaient au chef de la province de Maiam, ou Maia, située sur le continent, au Honduras. La plus grande avait à son bord un équipage de vingt hommes et était chargée de ce que l'explorateur prit pour des marchandises, un étrange assortiment de vêtements de coton et pièces de même étoffe, d'épées d'obsidienne, hachettes de cuivre et cloches, de maïs et racines, ainsi qu'un « certain vin de maïs, semblable à la bière d'Angleterre; ils avaient aussi en leur possession de nombreuses amandes qui servaient de monnaie en Nouvelle-Espagne et qu'ils semblaient considérer d'une très grande valeur ».

Cette dernière remarque fait bien sûr référence aux fèves de cacao, que les Européens venaient de rencontrer pour la première fois.

Christophe Colomb fut ravi d'avoir découvert ces pirogues qui lui prouvaient « combien cette contrée était pourvue de maintes richesses et commodités ».

Le lendemain, il arriva en vue de la côte du Honduras, son premier aperçu du continent nord-américain. Au lieu de se diriger vers le nord, ce qui lui aurait permis d'aborder le Yucatan, le navigateur opta pour le sud, en direction de Panama, à la recherche d'un passage à l'ouest qui le mènerait aux Iles des Épices. C'est ainsi qu'il manqua de peu la découverte des riches univers mayas et aztèques.

Ce n'est que plus tard que son autre fils, Diego, prétendit que Colomb avait en fait découvert le Yucatan et les Mayas, rappelant pour preuve l'histoire de la pirogue géante : le chef n'avait-il pas déclaré qu'il était maya, ou plutôt du pays de Maiam ? Pour avérer cette affirmation, on mena des enquêtes judiciaires en Espagne auprès de témoins de l'époque. Nombre de gens crurent par la suite que cette pirogue était en effet une embarcation marchande maya. En réalité, son fret, composé de marchandises provenant à la fois des zones tropicales et du nord, semble n'avoir été qu'un nécessaire de voyage. De plus, la présence à bord de la femme et des enfants du chef tendrait à prouver qu'il s'agissait d'un simple voyage d'agrément et non d'une liaison commerciale. En fait, Maiam est bien une région de la côte hondurienne, située juste en face des Bay Islands, et n'a jamais été peuplée de Mayas.

Ce qui est surprenant, c'est que nous ne possédions guère d'autre description détaillée de bateaux précolombiens et de leur fret. Celle de la pirogue aperçue par Christophe Colomb est l'une des plus précises, mais il ne s'agit pas de pirogue itza ou maya à la proue relevée. Nous devons la première évocation d'une embarcation maya, ou peut-être chontale-itza, à Bernal Diaz del Castillo qui, lorsqu'il découvrit en 1517 avec Fernandez de Cordoba la pointe nord du Yucatan, écrivit : « Le matin du quatre mars, nous vîmes dix vastes canoës appelés *piraguas,* remplis d'habitants de cette ville [*il s'agissait de Nouveau-Caire, près de Cancun*] s'approcher de nous à voile et à rames. Ces *piraguas* ont la forme d'auges. Elles sont vastes et formées d'un seul tronc évidé, et nombre d'entre elles peuvent contenir jusqu'à quarante Indiens. » Cet extrait est la seule mention de pirogues d'une telle taille, les autres chroniqueurs parlant de vingt Indiens pour les plus grandes.

Il est intéressant que Bernal Diaz parle ici de voiles, comme lorsqu'il raconte avoir observé, sept ans plus tard dans la baie de l'Amatique, une pirogue naviguant « à la voile et à rames ». L'embarcation transportait une cargaison de sel et de maïs et se dirigeait vers le bas de la baie de l'Amatique, sans doute vers Nito. Plus tard, dans ces mêmes parages, Cortès s'empara d'une pirogue manœuvrée par « trois esclaves conduits par un marchand » qui naviguait également en direction de Nito. Selon l'universitaire américain Clint Edwards, « les marchands donnèrent à Cortès des informations détaillées sur la route côtière à suivre, qu'ils avaient déjà empruntée à plusieurs reprises avec leurs marchandises, et désignèrent un passage à travers un *estero* (lagon) qu'ils utilisaient lorsque la mer était trop grosse. »

Nous nous interrogions sur l'emplacement de cet *estero*, n'ayant vu aucun lagon intérieur le long de la côte depuis Placenza.

C'est donc en pleine mer que nous doublâmes Punta Ycaco et que nous nous trouvâmes soudain en face de la première des nombreuses petites îles de l'archipel qui ferme l'entrée de Port Honduras.

Laquelle de ces îles était Wild Cane Cay, Spencer était bien incapable de nous le dire, et la carte ne nous en apprenait pas davantage. Aussi nous nous préoccupâmes essentiellement d'éviter les bancs de vase et les récifs de corail. Notre tâche aurait été facilitée par une carte marine appropriée, mais nous n'avions pas réussi à nous en procurer pour cette dernière partie de notre voyage.

Nous nous frayâmes rapidement un chemin entre les îlots. Il y avait quelque quatre-vingts îles au total, dont certaines n'étaient encore que des bancs de vase, des îles en formation, qui ne figuraient d'ailleurs pas sur nos cartes. Après avoir navigué ainsi pendant plus d'une heure, je décidai de continuer en direction de Port Honduras. L'orage de la veille semblait s'être calmé, mais le vent était toujours assez violent lorsque nous traversâmes la baie. Alors que nous progressions vers le sud, nous vîmes apparaître sept monticules abrupts en forme de pyramide, les premiers contreforts des monts mayas.

L'extrémité sud de la baie de Port Honduras est fermée par une étroite péninsule pointue curieusement baptisée Pointe du Porc aux Boulettes. Des ruines y furent découvertes, ce qui me décida à y passer la nuit. Cependant, lorsque nous arrivâmes en vue de la pointe, elle nous apparut rocheuse et inhospitalière. Il était quatre heures. Que faire ? Continuer ?

Fort malade, harassé de fatigue, doutant de parvenir un jour à la rivière Mojo pourtant si proche, je décidai qu'il fallait à tout prix rallier Punta Gorda le soir même. C'était stupide. Nous risquions d'être surpris par l'obscurité dans une mer démontée. D'un autre côté, avec le vent qui nous poussait, je me persuadais que nous y parviendrions avant le coucher du soleil.

Cependant, il nous fallut plus de temps que prévu pour arriver à la pointe suivante, la bouche de Rio Grande, une rivière du sud du Belize dont les rives sont totalement désertes. Nous étions maintenant à dix kilomètres de Punta Gorda. J'étais impatient d'arriver. L'air commençait à fraîchir et le soleil descendait rapidement lorsque nous distinguâmes une côte montagneuse où se dessinaient les petites cabanes de Cattle Landing, un village proche de Punta Gorda.

Punta Gorda est la ville la plus méridionale du Belize, une communauté de Caraïbes noirs longtemps demeurée à l'écart de la petite colonie.

Mon cœur battait d'excitation, de fierté et de fatigue lorsque nous abordâmes sur une plage vaseuse. Un ultime sursaut d'énergie pour tirer la pirogue sur la plage, et nous pûmes enfin laisser libre cours à notre joie. Désormais, dix kilomètres seulement nous séparaient de la rivière Mojo; nous avions gagné notre pari!

Notre arrivée à Punta Gorda fut une surprise pour nous tous; nous avions parcouru quatre-vingts kilomètres en une seule journée. Quatre-vingts kilomètres en dix heures! Un véritable record!

En un éclair, la nouvelle de notre arrivée se répandit comme une traînée de poudre dans les rues de Punta Gorda, gros bourg proche de la frontière du Guatemala, à une quinzaine de kilomètres au sud.

La ville avait des allures de westerns. Des maisons de bois brut avec des vérandas à chaque étage bordaient la rue principale, abritant des hôtels, des magasins, ou, de loin en loin, un saloon. Bien que très pauvre, Punta Gorda garde une certaine dignité, malgré les écoles des missions où les « indigènes » sont traités avec quelque condescendance par les missionnaires nord-américains, seuls blancs au sein de cette communauté à dominante garifuna.

Il subsiste encore quelques vestiges de l'administration anglaise : bibliothèque municipale écroulée, petites églises de bois, femmes noires coiffées de chapeaux à rubans et vêtues de robes fleuries menant des enfants en uniforme vers des écoles encore marquées par le profond clivage anglo saxon entre catholiques et protestants.

Punta Gorda, dernière ville avant la frontière, est le centre administratif du district de Toledo du Belize, peuplé principalement d'Indiens Ketchi. On y trouve un vaste commissariat et un poste de douane.

Il faisait noir, il était tard, et aucun restaurant ne pouvait servir quatorze personnes sans préavis. La chance vint une fois encore à notre secours, amenant sur notre chemin Pierre et la camionnette chargée de vivres. Nous trouvâmes rapidement un logement, trois chambres minuscules et le sol bétonné d'un garage d'hôtel.

Le lendemain de notre arrivée, prévenu par téléphone, Sergio arriva en avion de Mexico, parfaitement ponctuel, pour permettre à Jacques de filmer l'entrée triomphale de l'*Itza* dans l'estuaire de la rivière Mojo. Nous nagions tous en pleine euphorie.

La matinée était déjà bien avancée lorsque, après deux jours de repos, l'*Itza* se dirigea vers le sud pour entreprendre la dernière étape d'un voyage qui, si tout se passait bien, s'achèverait en apothéose au pied des monts mayas.

Il ne nous fallut que trois heures de rame pour couvrir la distance qui séparait Punta Gorda de l'embouchure de la rivière Mojo. Alors que nous approchions de Mother Point, qui marque l'estuaire de la rivière, nous aperçûmes les collines nimbées de brume du Guatemala et du Honduras, fermant la baie de l'Amatique au sud. Nous avions enfin atteint le terme de notre voyage en mer. Nous étions le 28 février ; en un mois exactement, nous avions rallié Chunyaxche à la rivière Moho.

Si nous décomptions les jours où nous étions restés bloqués à terre à attendre une amélioration du temps, nous avions mis seulement dix-huit jours à parcourir six cents kilomètres ! La vitesse à laquelle nous avions progressé dépassait nos plus optimistes calculs. Même en déduisant les deux derniers jours, durant lesquels, sous l'influence de vents favorables, nous avions littéralement volé à la crête des vagues, nous avions prouvé que ce voyage pouvait aisément se faire à la pagaie en vingt-cinq jours. Nous détenions désormais la preuve que de grandes pirogues pouvaient supporter les mers les plus démontées. Enfin, nous avions appris, presque au prix de nos vies, que le plus grand danger, celui d'être retenu au-delà de la barre, pouvait être évité moyennant l'assistance de pilotes expérimentés possédant, comme les anciens Mayas, une connaissance précise du rivage et du climat. Nos calculs démontraient que nous pouvions facilement charger six cents kilos de cargo, soit cent kilos par rameur. Selon d'autres calculs, ce même trajet, effectué à pied avec une charge de trente kilos, aurait pris près de trois fois plus de temps. Le transport, et donc le commerce, en pirogue se révélait ainsi de cinq à six fois plus économique!

Ce n'est que lentement que nous comprîmes véritablement toute la portée de notre réussite. Notre expédition ouvrait de nouvelles perspectives sur le commerce et la communication des peuples antiques de l'Amérique centrale. La mer avait été l'épine dorsale du monde maya postclassique. C'était non seulement une voie de communication favorisant le négoce, mais aussi la circulation des idées et des politiques, un couloir d'échanges que découvrirent un jour des marins chontales du Tabasco.

L'ouverture de cette route maritime au IXe siècle par les Chontale-Putuns-Itzas fut au monde maya ce que fut aux Espagnols la traversée de l'Atlantique. L'arrivée dans la baie de l'Amatique de pirogues de haute mer avait engendré une véritable révolution économique et sociale. Du jour au lendemain, la côte était devenue une voie de communication, et ceux qui surent en tirer profit conquirent le pouvoir. Il était devenu inconcevable de peiner sur les routes terrestres avec de lourds chargements alors qu'il était possible de transporter davantage et à moindre effort par la mer. S'en était suivi le bouleversement que l'on sait et la chute d'une civilisation au profit d'une autre.

En entrant dans la Mojo, nous laissions derrière nous le Belize des pirates et des Caraïbes pour le monde des Indiens mayas ketchis, l'une des communautés traditionnelles qui a le mieux résisté à l'impact du colonialisme européen en Amérique centrale. Le long des rives de la Mojo, rien n'est venu interrompre le cours d'une existence dont les racines sont profondément enfouies dans le temps. Habitués à nous faire ballotter par les vagues, nous étions déconcertés par les eaux calmes de la rivière. Nous glissions en silence, nous laissant envoûtés par les bruits de la jungle.

Bientôt, au détour d'un méandre, surgirent les crêtes des monts mayas, notre destination. Le cœur gonflé d'émotion, caressant l'eau de nos rames, nous pénétrions lentement la contrée des anciens Mayas. Nous entrions maintenant dans les limbes d'un monde clos, nous laissant guider par les bancs de verdure. Effleurant à peine la surface du temps, nous glissions à travers les siècles, remontant doucement jusqu'à la source, jusqu'aux jours où la rivière avait retenti du clapotis des rames de *macouli* poussant les troncs de *guanacastes* équarris, réminiscence d'un monde englouti dans le silence et ressuscitant peu à peu dans le sillage de l'*Itza*.

La rivière Mojo est l'une des plus romantiques que je connaisse. Elle coule dans un lit de craie au cœur de la jungle tropicale. Au fur et à mesure que son cours se rétrécit, ses arbres majestueux joignent leurs feuillages pour former une voûte magnifique. La forêt est peuplée d'innombrables oiseaux exotiques, dont le célèbre quetzal. Sur les rives, se prélassaient des iguanes et, plus inquiétants, d'énormes boas.

La richesse de ce paradis tropical avait jadis attiré les négociants du Nord qui venaient s'y procurer des fleurs aromatiques et autres plantes exotiques, ainsi que des balles de caoutchouc pour le célèbre jeu de pelote. Nous savons que les Aztèques recevaient d'une seule de ces provinces tropicales dix-huit mille balles par an en guise d'impôt! Enfin, il y avait bien sûr le *chicle* et l'encens de copal, deux des plus précieux biens de la forêt. Outre ces marchandises, les Itzas achetaient du silex et de l'obsidienne en provenance de l'intérieur du Guatemala, près de Coban, non loin de Nito. Ils venaient aussi chercher des tuyaux de plumes remplis de poudre d'or, sans oublier les fameuses plumes vertes du quetzal, indispensable apanage de coiffures des riches caciques du Nord.

Mais la plus importante de ces marchandises était le cacao.

Pour s'en procurer, les nobles marchands apportaient des cargaisons de sel, des étoffes de coton habilement tissées, et des haches de cuivre.

Depuis que nous avions atteint la côte du Belize, nous avions doublé les estuaires de dizaines de rivières semblables à la Mojo s'enfonçant dans la jungle. C'est là que, un millier d'années plus tôt, s'étaient épanouies les immenses cités de la civilisation maya classique, avec leurs pyramides abruptes et leurs nombreux temples témoignant de l'orgueil des princes.

Qui étaient ces riches seigneurs, et pourquoi avaient-ils choisi d'habiter dans cet enfer vert ? D'où leur venait une telle richesse ? D'où, sinon d'un fructueux monopole qu'ils exerçaient sur le commerce terrestre ?

Alors que nous ramions en transpirant, épuisés, nous éprouvions tous la conviction profonde de l'utilité de notre expédition. Jusqu'à notre départ, les universitaires doutaient de notre théorie ; nous venions de leur démontrer l'apport économique d'une route commerciale maritime. Bien entendu, outre notre expédition, nombre d'arguments confirment notre thèse. Nous en avons exposé certains ; d'autres sont trop complexes pour être développés ici en détail. L'apparition tardive de nouvelles routes terrestres en compensation de ce nouvel itinéraire, par exemple, expliquerait la prospérité de certaines cités de la région de Rio Bec et du Puuc après l'effondrement général. Il était d'autre part indiscutable que le passage des routes terrestres à la route maritime s'était effectué entre les VIIIe et IXe siècles, comme l'attestait la construction des grands ports de la côte du Yucatan.

Nous avions également apporté la preuve irréfutable de l'aptitude des grandes pirogues chontales à transporter de lourdes charges sur des mers difficiles. Non seulement le long de la terrible côte des Ouragans, mais aussi sur de nombreuses routes maritimes encore inconnues aujourd'hui, dont la découverte pourrait changer notre vision des échanges commerciaux de l'époque précolombienne.

Avec l'arrivée des grandes pirogues de haute mer, commençait la longue agonie de la jungle. Les anciens seigneurs mayas furent ruinés et cessèrent de construire pyramides, temples et palais et d'ériger les immenses stèles proclamant leur gloire. Disparurent également les funérailles grandioses où l'on sacrifiait des esclaves et enterrait les serviteurs en compagnie de leurs maîtres parés de jade, déposés dans des sarcophages de pierre ciselée. Une brillante civilisation s'évanouissait. La misère s'installa dans les centres urbains; les techniques agricoles sophistiquées, cultures en terrasses et canaux d'irrigation, furent peu à peu abandonnées faute de moyens. Il fallut cependant un siècle entier aux cités, après la perte de leurs sources de revenus, pour être désertées. A l'aube de l'an 1100, elles étaient devenues ces villes fantômes que nous contemplons aujourd'hui.

Avec la ruine des Mayas des basses terres, les nouveaux seigneurs du Nord prirent le pouvoir. Les Chontales-Itzas devinrent les seigneurs du Yucatan du Nord, où ils étaient craints et haïs par les Mayas qui considéraient avec mépris ces nouveaux riches, les « étrangers », « ceux qui parlent mal la langue ». Les Chontales-Itzas imposèrent au Yucatan une architecture inspirée de celle des Toltèques du Mexique. Ces Chontales n'étaient pas tous des Itzas : diverses familles originaires du Tabasco, parmi lesquelles les familles Xool et Cocom, avaient envahi le Yucatan. A mesure que le temps passait, ils en vinrent à se battre pour la domination du Yucatan du Nord et le contrôle de la route maritime du cacao.

Au XIVe siècle, les Itzas perdirent leur pouvoir dans le Nord et émigrèrent vers le Sud pour se réfugier dans ces jungles qu'ils avaient jadis ruinées, où les seigneurs de la famille Canek régnèrent encore longtemps après la conquête espagnole. Établis sur une île du lac Tayassal, au cœur de la jungle du Peten au Guatemala, les princes itzas résistèrent à l'invasion des *Conquistadores* durant près de deux siècles, soit jusqu'en 1698! Ainsi furent-ils les derniers à perpétuer les traditions culturelles et commerciales des Mayas, d'un peuple que leur commerce maritime avait ruiné sept cents ans plus tôt. La roue de la fortune avait effectué un tour complet.

Il était tard lorsque nous arrivâmes à Santa Ana, un village d'Indiens ketchis.

Les Ketchis, arrivés du Guatemala il y a un demi-siècle,

appartiennent à la même ethnie que les Mayas; ils vivent dans le Belize du Sud, petite communauté isolée ne parlant ni anglais ni le maya du Yucatan.

Leur présence ici nous rappelle la guerre cruelle qui secoue la frontière du Guatemala et a engendré une nouvelle vague d'immigration en provenance de ce pays. Une guerre que le gouvernement guatémaltèque prétend mener contre les communistes, mais qui, en réalité, constitue le prétexte à une lutte sans merci entreprise contre les fermiers indiens, désireux d'exploiter leurs terres ancestrales au lieu de travailler comme journaliers dans les haciendas des Blancs. La répression à l'encontre de ces paysans a été des plus cruelles, et des milliers de réfugiés fuient chaque année vers le Belize et le Mexique pour y échapper. Cette guerre est hélas la vingt-troisième « révolte » des Indiens mayas contre la domination blanche et atteste de la vitalité de ce peuple d'Amérique qui n'a jamais vraiment été soumis.

Cette guerre nous décida à mettre un terme à notre voyage sur la rivière Mojo (nous avions d'abord pensé poursuivre sur une vingtaine de kilomètres au Guatemala, jusqu'au Rio Dulce, site présumé de Nito). A Santa Ana, j'essayai d'analyser l'état de la rivière en amont. L'eau était assez basse; je me demandais si nous réussirions à atteindre le prochain village, Santa Teresa. Nous étions bien décidés à tenter le coup et, quoi qu'il arrive, à remonter aussi loin que possible dans l'intérieur des terres pour atteindre les très anciennes plantations de cacao.

C'est avec joie que je retrouvai à Santa Ana Valentin Lopez, le même jeune homme qui, avec son père, m'avait accompagné lors de ma première remontée de la rivière Mojo en 1974. Il accepta d'être notre guide le lendemain. Il prendrait sa propre pirogue, un frêle esquif à proue basse dans lequel j'avais éprouvé mes premières frayeurs entre Punta Gorda et la rivière Mojo.

A l'aube du dernier jour de notre voyage, notre camp baignait dans la brume. Dans une hutte voisine, une femme était déjà occupée à moudre du cacao avec un rouleau sur un *metate* (pierre à moudre précolombienne légèrement convexe) : elle préparait le cacao froid du matin, l'ambroisie des anciens Mayas. Après avoir torréfié les fèves, elle les réduisait en une pâte à laquelle elle incorporait de l'eau sucrée. Dans le Mexique antique, une esclave destinée à être sacrifiée vivante avait une chance d'être épargnée si elle savait bien préparer le cacao; c'était en effet tout un art que de battre le chocolat pour le faire mousser en petites bulles « qui n'éclataient pas » afin de « mordre l'écume ».

Deux par deux, les Indiens des villages se dirigeaient dans une procession silencieuse vers la Mojo. Dans la pâle lumière de l'aube, ils montaient dans leurs pirogues et s'évanouissaient en direction des champs de maïs et des plantations de cacao.

Le brouillard s'était levé lorsque nous partîmes, suivis de la pirogue de Valentin, où avaient pris place Pablo, Fidel et Pascal, tandis que Jacques et huit autres membres de l'équipe s'entassaient tant bien que mal dans l'*Itza*. J'avais décidé de nous lancer à l'assaut du cours supérieur de la rivière, en franchissant les fameux rapides des « Portes de l'Enfer ».

Les premières centaines de mètres furent un enchantement. Puis, dans le lointain, on entendit les premiers grondements des rapides. Le courant augmentait, nous devions ramer de plus belle à l'approche du premier rapide. Ce n'était qu'une petite chute, et pourtant nous dûmes pagayer comme des forcenés, pour finalement sauter sur les rochers glissants et pousser lamentablement l'*Itza* jusqu'au sommet du rapide. Ainsi commença un combat acharné qui devait durer cinq heures. Nous ne devions à aucun moment cesser de ramer, afin de combattre le courant qui risquait de nous jeter sur des rochers de plus en plus nombreux. Nous arrivâmes enfin aux premiers éperons de calcaire qui marquent la mystérieuse entrée des Portes de l'Enfer, un couloir de pierre dont les parois, ciselées par l'eau, surgissaient comme autant de sentinelles mayas.

Elle était bien loin de nous, la mer, avec ses horizons brumeux, plus loin encore nos marais balayés par les vents. Déguenillé, amaigri et épuisé, l'équipage faisait corps avec la pirogue noircie et bosselée par les intempéries. A grand-peine, nous traversâmes une dernière série de rochers avant de heurter le fond; nous avions atteint la limite des eaux navigables, au pied des montagnes mayas où s'alignaient les premiers bosquets de cacaoyers.

ITZA OU LE MYSTÈRE DU NAUFRAGE MAYA

C'était la fin du voyage.

Nous avions enfin accompli un rêve impossible. Long et périlleux voyage de six cent soixante-quinze kilomètres dont six cents en mer, le long d'un itinéraire oublié qui nous avait plongé dans un passé englouti.

Pendant plus d'un mois, nous avions été suspendus entre passé et présent. Nous avions appris bien des choses sur les anciens Itzas et la chute des Mayas, mais aussi sur nous-mêmes : comment, dans la passion d'un combat commun, se forgent les liens sacrés d'une amitié qui, aux confins de la mémoire humaine, ne fit plus qu'un de nous tous.

Mon dernier regard pour l'*Itza* fut à Chetumal, d'où elle devait partir pour le musée de Cancun, digne hommage au savoir-faire de Tito Vélasquez et d'Exaltacion, ultimes héritiers d'une lignée millénaire.

C'est à eux, ainsi qu'à Pilar et Erica, Charles et Tito, Peer et Robert, José-Luis, Pascal, Pierre, Frédéric et Jacques, Juan et Fidel, que je dédie ce livre, en reconnaissance de leur patience à l'égard des humeurs de celui qui fut un temps capitaine de l'*Itza*.

TABLE DES MATIÈRES

Cet ouvrage a été réalisé sur
Système Cameron
par la SOCIÉTÉ NOUVELLE FIRMIN-DIDOT
Mesnil-sur-l'Estrée
pour le compte des Éditions Robert Laffont
le 25 octobre 1989

Imprimé en France
Dépôt légal : novembre 1989
N° d'édition : 32085
N° d'impression : 12756